KAMPENWAND
VERLAG

ISBN: 978-3-98660-084-6

Raiffeisenstr. 4 · D-83377 Vachendorf
www.kampenwand-verlag.de
Versand & Vertrieb durch Nova MD GmbH
www.novamd.de · bestellung@novamd.de · +49 (0) 861 166 17 27
Text: Susan Froitzheim
Bilder: Shutterstock ©Irina Mos, Askhat Gilyakhov
Druck: Custom Printing: Wał Miedzeszynski 217, 04-987 Warszawa, Polen

SUSAN FROITZHEIM

Das große 1x1 der *Jenseitskontakte*

MEDIALE HILFE FÜR TRAUER UND WAHRNEHMUNG

INHALT

»Die Bande der Liebe werden mit dem Tod nicht durchschnitten.«
Thomas Mann

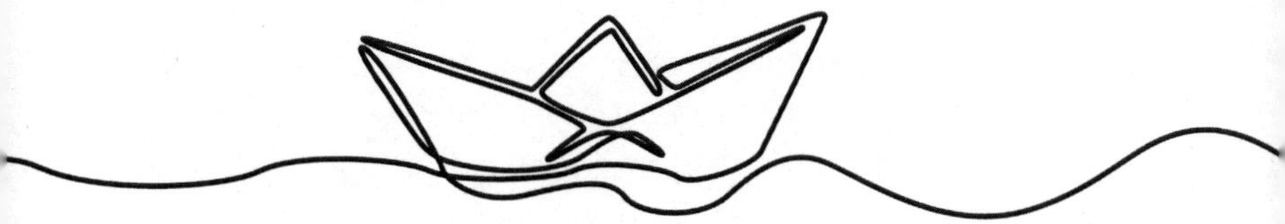

1
SUSAN

1.1

Über die Autorin

Ich bin 1969 in Friedberg/Hessen geboren. Gott, ist das lange her! Ja, es gibt bestimmt schönere Plätze auf diesem Planeten - aber gut, wen interessiert das schon als Kind. Groß geworden bin ich in einem Kaff, in dem jeder jeden kennt. Als ob das noch nicht ausreichend ist, lag mein Zimmer mit direktem, unverbautem Blick auf unseren Friedhof. Aus heutiger Sicht, damals schon sowas wie ein Zeichen! Nur »geblickt« habe ich das nicht. Medial war ich schon als Kind, auch wenn mir das erst heute so richtig bewusst ist. Immer war ich anders als andere. Diesen Satz konnte ich schon als Kind und heranwachsende junge Frau blind unterschreiben. Schon immer war ich die Außenseiterin, die komisch beäugt wurde. Dabei wollte ich nur eines, dazugehören und geliebt werden. Viele Jahre vergingen, ohne dass ich wusste, wer ich bin und was alles in mir steckt. Zu sehr war ich damit beschäftigt, mich irgendwie anzupassen, um gemocht zu werden. Auch ich bin viele Jahre dem materiellen Sinn, oder besser, dem schnöden Mammon im Leben hinterhergelaufen.

Schließlich wurde mir beigebracht: Haste nix, biste nix! Ich schuftete ohne Ende und war im Gegensatz zu allen anderen Familienmitgliedern, trotz meines bescheidenen Realschulabschlusses, bald die Bestverdienerin. Schon Mitte zwanzig war es mir möglich, in Frankfurts bester Meile, der Goethe Straße, einkaufen zu gehen. Da, wo andere sich die Nasen an den Schaufenstern plattdrückten und der große Wunsch vorherrschte, nur einmal selbst hier einkaufen zu können. Schon immer war ich bereit, selbstständig jedes Risiko auf mich zu nehmen. Eine Festanstellung war nichts für mich!

Ich wollte dafür bezahlt werden, was ich kann, bin und leiste, und eben nicht dafür, dass ich mit meinem Hintern den Stuhl warmhielt. Gesagt, getan! Und somit hatte ich ausreichend Geld, um tun und lassen zu können, was ich wollte.

War ich glücklich?! Ja, aber nur kurz! Der Rausch der neu gekauften wunderschönen Schuhe oder Klamotten hielt nicht lange an. Selbst die schönen Autos und viele reiche Männer, die sich für mich interessierten, machten auf Dauer nicht glücklich. Mit Liebe und dem Angenommen-Sein, so wie ich war, hatte alles Geld nichts zu tun. Wenn ich mich verbog, um so zu sein, wie jeder mich sehen wollte, dann stand ich hoch im Kurs! Ich bin stolz darauf, als Tochter einer Putzfrau, aufgewachsen ohne Vater, aus eigener Kraft und nur aus eigenem Tun heraus, alle Familientraditionen aufgebrochen zu haben. Dennoch fühlte ich mich irgendwie einsam! Familiär entsprang ich wie der Phönix aus der Asche - und das, ohne Abitur gemacht oder gar studiert zu haben. Ich hatte es geschafft, als einfaches Mädchen, geboren im unteren Mittelstand, zum Trotz der Anderen in den Verdienstolymp aufzusteigen. Dennoch merkte ich sehr schnell, dass Geld alleine mich nicht wirklich glücklich machte. Schon als Teenager war mir spätestens beim Gucken der ersten Schnulze im TV bewusst, dass ich Liebe für mich wollte. Das hört sich jetzt blöd an, aber so, wie alle Ehen innerhalb unserer Familien geführt wurden, wollte ich nicht leben. Für mich musste es Liebe sein! Bedingungslose Liebe. So wie sie war ich jedenfalls nicht bereit zu leben, bzw. mein Leben mit einem Partner zu teilen. Ich wusste immer irgendwie, dass alles Wichtige sich nicht mit Geld bezahlen oder kaufen ließ.

Tief in mir war klar, dass es nur um die Liebe gehen kann, in jedem Bereich. Erklären konnte ich damals diese Zusammenhänge weder für mich noch warum ich so fühlte oder dachte. Diese tiefgründige, in mir fest verankerte Erkenntnis habe ich in ihrer Tragweite erst viele Jahre später verstanden.

Liebe ist die höchste Energieform! Liebe ist etwas Universelles! Heute, mit über 50, weiß ich nun, was für mich ein Leben in Liebe bedeutet. Hier geht es nicht nur um die Liebe zu meinem wundervollen Ehemann. Hier geht es um die Liebe zu allem, was ich tue, und vor allem zu mir selbst! Mich in Liebe anzunehmen und darüber meine Medialität voll ausleben zu können. Geld ist toll, und außerdem ebenfalls pure Energie, mit der man sehr viel Schönes anstellen kann. Viele eigene Lektionen über den Energiefluss des Geldes habe auch ich schmerzhaft und freudig erfahren dürfen. Sehr viele! Neben der Erfahrung, über viel Geld verfügen zu können, hatte ich auch das Gegenteil erleben dürfen, nämlich überhaupt kein Geld zu haben. Ich weiß, wie es ist, mit Flaschenpfand nur spärlich über die Runden zu kommen. Es geht! Das kann ich dir sagen! Es geht alles! Auch durfte ich erfahren, wie viel Neid und Missgunst Geld mit sich bringen kann. Egal, ich bin heute überglücklich, all das für mich erlebt zu haben.

Zurück zu meiner Medialität! Was das Mediale angeht, lebte ich unendlich viele Jahre in großer Angst vor dem Unsichtbaren, und wollte mit »mir Angst machenden Dingen« eigentlich nichts zu tun haben. Tiefe, emotionale Erlebnisse führten über all die Jahre seit meiner Kindheit allerdings immer wieder dazu, dass sich trotz meiner großen Ängste das Jenseits zeigte, und ich viele Zeichen bekam. Zeichen, die ich nicht erkannt habe. Erst mit Ende 30 war ich überhaupt in der Lage, den Gedanken an Engel und Ähnliches sowie darüber das Mediale wieder mehr in mein Leben zuzulassen. Wie bei vielen Menschen begann damals auch für mich der gefühlte Wettlauf mit der Zeit, um herauszufinden, was eigentlich der tiefere Sinn meines Lebens ist. Ich begann für mich zu entdecken, was für mich »Medial sein« bedeutet, und was das Zulassen dieser Medialität in meinem Leben für Folgen hat. Alles bekam eine neue Wertigkeit!

Eines vorweg: Das wird hier keine Cinderella Story! Quer durch mein Leben hat das »Medial sein« immer auch bedeutet, mit anderen Menschen anzuecken, die sich selber für normal und mich für unnormal hielten. Für mich gehört zur Medialität auch, mich stetig selbst zu hinterfragen, mich selbst wahrzunehmen und mich zu leben. Das zu leben, wofür ich bestimmt wurde. Dazu gehört auch, mich anzunehmen, wie ich bin. Zu lieben wie, und was ich bin. Kurzum! Nicht den einfachen Weg im Leben zu trampeln, sondern auch die Bereitschaft zu haben, direkt gegen den Strom des Kollektivs zu schwimmen. Selbst dann, wenn ich mich ohnmächtig gegen alle äußeren Erwartungen fühle.

Heute weiß ich, warum das alles so gelaufen ist, und dass jede noch so blöde Erfahrung es in jeder Sekunde wert war. Damals war ich oft mit »nicht Untergehen im Strudel des Lebens« beschäftigt. Und wie alle habe ich mich unzählige Male gefragt, wieso zum Geier ich mir dieses Leben nur so ausgesucht hatte. Schon damals hörte ich oft den Ruf der geistigen Welt. Aber! Es war, als ob sie eine andere Sprache sprechen. Eine Sprache, die ich zwar hörte, aber lange nicht verstand. Irgendwann wurde der Ruf sowie die Zeichen und Phänomene allerdings sehr deutlich! So deutlich, dass ich um ein Leben mit meiner Medialität nicht mehr herumkam. Ich begann, mich mehr und mehr für das Unsichtbare zu öffnen. Selbst mit Anfang zwanzig wusste ich viel über Tischrücken und Ähnlichem, aber nahezu nichts über die geistige Welt.

Seit ein paar Jahren folge ich nun meiner Bestimmung als Medium. Schon immer mit den Luxusausgaben meiner Hellsinne sowie einem VIP Eingang zur geistigen Welt ausgestattet, öffne ich mich täglich für meine Möglichkeiten, Gaben und Fähigkeiten, um alles bewusst erleben zu dürfen. Heute weiß ich, dass jeder Aspekt meiner medialen Arbeit zu meinem persönlichen Wachstum beiträgt. Was soll ich sagen! Obwohl ich überglücklich und fröhlich bin mit meinen medialen Fähigkeiten, wurde irgendwann der Ruf der geistigen Welt, meine Erfahrungen und Erlebnisse in Büchern aufzuschreiben, immer lauter und lauter. Zuerst dachte ich! »Das ist doch nicht euer Ernst - ich kann überhaupt nicht schreiben!« Doch das schien dem Universum ziemlich egal zu sein.

Sie gaben keine Ruhe, bis ich irgendwann begann »Das 1x1 der Engelkommunikation« zu schreiben. Damals völlig verunsichert, was ich hier eigentlich tue, und ob das, was ich so verstand, wirklich richtig ist, entstand nach und nach mein Engelbuch. Noch ganz weit weg von mir selbst ließ ich mir nahestehende Personen, von denen ich dachte, sie könnten mich bei dieser besonderen medialen Aufgabe unterstützen, mitsprechen. Das endete darin, dass deren Gedanken gemischt mit meinen im ersten Engelbuch landeten. Zu oft hörte ich den Satz: »Nein, das kannst du so nicht schreiben«. Soviel zum Thema Verunsicherung!

Du musst nicht glauben, dass ich damals auch nur ansatzweise meinen Namen unter das Buch getippt hätte. Nix da! Ich lief ohnehin schon unter Hokuspokus. Das war mir zu heiß! Mein erstes spirituell-esoterisches Sachbuch veröffentlichte ich unter dem Namen G. Arcanjo. Dem portugiesischen Pseudonym für Erzengel Gabriel! Heute weiß ich, dass diese Buchversion in dieser Konstellation niemals hätte erfolgreich sein können. Ich hatte mir ja die Meinungen der Anderen umgehängt und das Buch entsprechend ihrer Wünsche geändert. Das war Anfang 2017! Immer wieder hörte ich vonseiten der geistigen Welt, dass ich das Buch bitte noch einmal anpassen solle! Nix da, dachte ich. Mir hat das »Getippe« damals gereicht.

Dann kam Corona und die jenseitigen Herrschaften ließen keine Ruhe. Nachdem ich viele Monate an dem Buch »Alltagshygiene« meines Mannes mitgewirkt hatte, konnte ich mich irgendwann den Neuerungen im Engelbuch nicht mehr entziehen! Gesagt, getan! Ich war ja der Meinung, ich müsste nur ein paar Zeilen umschreiben! Als ich das Buch aufklappte und begann, meinen Kram von damals zu lesen, fiel es mir wie Schuppen von den Augen! Ich war sprachlos! Kein Wort entsprach mehr dem, was ich heute bin, fühle und denke. In jedem Satz konnte ich die »Anderen« wahrnehmen und deren Sichtweisen, die ich damals vor meine eigenen gestellt hatte.

Na toll, das habt ihr ja gut eingefädelt, sagte ich zu meinem spirituellen Team!

Ich darf das ganze Buch ändern, nicht nur eine Seite? Echt jetzt? Fröhliches nicken aus der Abteilung über mir und natürlich gleichzeitig auch alle Unterstützung. Jetzt war es Zeit, die Ärmel hochzukrempeln und auch dieses Buch komplett und nur als Susan zu überarbeiten.

Das 1x1 der Engelkommunikation 2.0 entstand. Ich klatschte mein Bild und meinen Namen vorn auf das Cover und nun war ich bereit, wirklich als Susan nach draußen zu gehen. Jetzt bekam ich Beifall und viele nette Worte. Menschen erzählten mir, dass mein Buch ihnen zu anderen Sichtweisen verholfen hatte, und dass sie jetzt endlich mit ihrem Engel zusammenarbeiten konnten. Endlich begann die eigentliche Zeit, der Phönix aus der Asche 2.0 zu sein! Anfang 2020 wurde mir schon von meinen geistigen Wesenheiten mitgeteilt, dass ich ein weiteres Buch über Jenseits, Tod etc. schreiben sollte. Aber zunächst waren die Engel dran.

Ein Jahr später entstand dann »Das 1x1 der Unsterblichkeit«. Indessen war ich nicht nur Medium, sondern auch Autorin! Alles Vorherige fühlte sich nach dieser Veröffentlichung eher wie ein Miniphönix an. Menschen, die mich persönlich oder auch nur aus meinen YouTube-Videos kennen, berichteten mir, sie könnten mich beim Lesen des Buches, wie neben sich stehend reden und erzählen hören. Abgefahren! Ist das nicht der absolute Knaller? Ich war völlig überwältigt, als mir das von verschiedenen Lesern so berichtet wurde. Sie konnten mich so wahrnehmen, als ob ich ihnen mein Buch vorlese! Endlich war ein weiterer Punkt meiner Bestimmungsleiter erreicht. Ab diesem Moment durfte ich als Autorin in meinen Büchern aufzeigen, wie leicht sich Medialität in das alltägliche Leben integrieren lässt.

Vielleicht kennst du bereits mein oder besser unser Buch »Das 1x1 der Unsterblichkeit – Rendezvous mit dem Jenseits®«, in dem ich ausführlich die Themen ringsum, das Sterben, den Tod, den Übergang in die geistige Welt, das Jenseits und Jenseitskontakte beschreibe. Dieses Buch habe ich, wie alle meine Bücher, zusammen mit der geistigen Welt zu Papier gebracht. Heute allerdings noch mal ganz anders als damals.

Tief in meinem Herzen habe ich das große Bedürfnis, Menschen, die einen großen Verlust erlitten haben und sich zum ersten Mal die Frage stellen, ob es ein Leben nach dem Leben gibt, durch meine Sichtweisen und Erlebnisse aufzuzeigen, was möglich ist. Es gibt so viel mehr, als das, was wir uns mit unserem begrenzten Verstand vorstellen können. Es ist mir wichtig, Menschen aufzuzeigen, dass alles möglich ist, wenn sie sich selbst für alle diese Möglichkeiten öffnen. Es gibt ein Leben nach dem Leben!

Für viele beginnt damit der Einstieg in deren Medialität. Erstmals beim Schreiben meines Buchs »Das 1x1 der Unsterblichkeit« wurde mir vonseiten der geistigen Welt immer wieder deutlich gemacht, dass noch viele weitere Bücher zu den unterschiedlichen Themen folgen würden. Lustigerweise zeigte mir die geistige Welt beim Schreiben des Unsterblichkeit-Buches gleich schon die weiteren, noch folgenden Buchtitel auf. Im Ernst? Ja, es sollen noch viele folgen. Ich bin ein Tausendsassa, der vor Ideen nur so sprudelt und für alles brennt, was mit der geistigen Welt zu tun hat. Ich liebe es, kreativ zu sein und neue Dinge zusammen mit ihnen zu kreieren. Auch bin ich ein Mensch, der eine solche Geschwindigkeit in allem, was ich tue, an den Tag legt, dass diese Geschwindigkeit bei anderen Personen für 15 Leben ausreichen würde. Ich liebe einfach, mit den Energien der geistigen Welt zu arbeiten, was ich quasi auch immer tue. Wenn du es in Stunden fassen möchtest, dann habe ich eine 7-Tage-Woche. Immer mit Hummeln im Hintern, kann ich einzig bei der Arbeit mit der geistigen Welt still sitzen.

Jeder von uns hat so viel zu geben! Ich habe so viel zu geben! All das muss irgendwie noch in dieses Leben passen! Deshalb die Geschwindigkeit. Wenn Personen, die sich wünschen, wie ich zu sein wüssten, in welcher Geschwindigkeit mein Leben abläuft, würden ihnen die Haare zu Berge stehen, und sie würden umgehend von diesem Wunsch abrücken. Wie auch immer, selbst heute laufen für mich viele Zeichen, Dinge und paranormale Phänomene noch unter echte Wunder. Ich freue mich, all das hier mit dir teilen zu dürfen.

Es ist mir eine Ehre, dich an all meinen Erfahrungen und Sichtweisen zusammen mit ihnen teilhaben zu lassen. Alles das gehört zum Ausleben meiner seelischen Bestimmung, zu meinem Lebensweg. Falls dich also die Zusammenhänge des Jenseitigen sowie der Jenseitskontakte interessieren, ist dir dieses Buch vielleicht dabei behilflich, deine möglichen Wissenslücken auszugleichen. Neben dem Schreiben von Büchern und dem Erstellen von Meditationsübungen gehören nach wie vor Jenseitskontakte zu meinem Lebensinhalt. In die Öffentlichkeit zu treten und vor Hunderten von Leuten Jenseitskontakte zu geben, oder auch deren Fragen zu allem Jenseitigen zu beantworten, ist genau mein Ding. Zwar rutscht auch mir oft das Herz in die Hose, wenn ich den Eventsaal betrete, und so viele Menschen darauf warten, dass ich ihnen Himmel und Erde verbinde, aber all das gehört zu mir. Das bin ich!

Eine Prophetin des Himmels.
Die Mittlerin zwischen Himmel und Erde.

Als die geistige Welt mich dies erkennen ließ, stockte mir der Atem! Hammer! Heute, wenn mir beim Anblick eines voll besetzten Saales das Herz tief in die Hose rutscht, gehe ich raus und rocke zusammen mit der geistigen Welt jedes Event. Das haben sie mir schon unzählige Male als Erlebnis geschenkt! Wenn ich dazu bereit bin, Susan zu vergessen, und als Mittlerin zwischen den Welten alles durchzugeben, was gesagt werden darf, dann passieren

Wunder! Das Wunder, dass die Seelen sich berühren. Ach! Und eines weiß ich so sicher wie das Amen in jeder Kirche: Die geistige Welt würde mich niemals im Stich lassen! Niemals würden sie zulassen, dass ich mich wertlos fühle, weil Kontakte nicht platziert werden konnten. Wenn ein Jenseitskontakt während eines Events nicht verstanden wird und sich keiner meldet, dann kann dies unterschiedliche Gründe haben. Meist dauert es einen Moment, bis das Publikum die Zusammenhänge begriffen hat, aber dann wird auch diese Veranstaltung gerockt. Keine Seele zeigt sich einfach nur so zum Spaß! Alles hat einen tieferen Sinn! Bisher konnte jeder Jenseitskontakt verstanden werden, selbst dann, wenn innerhalb des Events eine sich aus dem Jenseits zeigende Person nicht sofort erkannt wurde.

Gegen Ende des Events können alle Kontakte verstanden und angenommen werden, dafür sorgen meine himmlischen Freunde schon. Sie verschwenden nicht einfach sinnlos Energien.

Wie zuvor erwähnt, in meinen Live-Events, die den passenden Namen «Rendezvous mit dem Jenseits®» tragen, verbinde ich für Hinterbliebene Himmel und Erde, und gebe die Informationen von Verstorbenen an ihre Hinterbliebenen durch. Hinterbliebene, die und deren Geschichten ich nicht kenne. Natürlich kenne ich auch die Verstorbenen zu den Hinterbliebenen nicht. Verstorbene, die vielleicht schon lange in der geistigen Welt sind oder aber gerade erst den Übergang vollzogen haben. Manche sind noch nicht einmal beerdigt. Zu Beginn stand mir die blanke Angst im Gesicht, so sehr hatte ich Respekt davor, mich öffentlich zum Depp zu machen und auf ganzer Linie vielleicht wegen meines Versagens ausgelacht zu werden. Aber diesem inneren Drang, aufzutreten, egal, wie viel Schiss in der Büx ich hatte, konnte ich mich einfach nicht entziehen.

Diese Liebe aus der geistigen Welt beim nach vorn gehen zu spüren, und darüber diese wunderbare Aufgabe erfüllen zu dürfen, spornt mich jedes Mal noch mehr an. Das volle Ausleben meiner Berufung überwiegt seit vielen Jahren dem »es anderen recht machen zu wollen«. Das ist nicht mein Job – zumindest weiß ich das Heute. Keiner muss gut finden, was ich tue. Es geht nicht um Ruhm, Erfolg oder Anerkennung. Es geht einzig darum, dass ich nicht anders kann, als alles zu geben und zu tun, was meiner Seelenbestimmung entspricht. Auch wenn viele Hinterbliebenen feste Vorstellungen haben, geht es in Jenseitskontakten nicht darum, ihnen zu sagen oder mitzuteilen, was sie hören wollen. Es geht um die Seele und das, was sie zu sagen hat. Oft sehen dies die Hinterbliebene allerdings anders. Sie haben eine fixe Vorstellung, was die geliebte Person aus dem Jenseits sagen, aufzeigen und vor allem wie oder womit sie sich beweisen soll. Darum geht es aber für mich nicht, denn ich begrenze oder limitiere meine jenseitigen Freunde nicht. Ich öffne mich voller Demut und Dankbarkeit der geistigen Welt, um als deren Mittler zu dienen. Sie, also die Jenseitigen wissen ganz genau, was jeder Hinterbliebene benötigt.

Selbst dann, wenn dieser oder diese keinen Schimmer in diesem Moment davon hat. Viele Jahre sind ins Land gegangen, bis ich für mich persönlich verstanden habe, dass auch ich mit den Erwartungen der Anderen umgehen darf, nicht nur mit meinen eigenen. Als Mittlerin gehört es zu meinen Aufgaben, alle Energien im Jenseitskontakt zusammenzuführen und zu halten, um diese Form der Kommunikationen für uns Irdische möglich zu machen. Zu Beginn meiner Medialität war ich viele Jahre damit beschäftigt »gut zu sein«, «alles für mich verstehen zu wollen» und vor allem, «die richtigen Informationen» weiterzugeben. Dabei habe ich so oft die Freude, meine persönliche Hingabe und den natürlichen Fluss, den alles hat, vergessen. Heute weiß ich es besser. Heute bin ich im natürlichen Fluss. Ich liebe es, wenn sich die Seelen während meiner Arbeit berühren und darüber endlich innerer Frieden und Heilung für alle eintreten kann. Ich habe den schönsten Job, den es gibt! Alles, was ich bin und kann, fließt in meine Arbeit mit dem Jenseits mit ein. Bei Jenseitskontakten kenne ich die Personen, die zu mir kommen, nicht. Ich muss immer lächeln, wenn mal wieder irgendeiner unter meine YouTube-Videos tippt, dass ich alle Informationen, die ich in den jeweiligen Jenseitskontakten hervorbringe, vorher stundenlang im Internet recherchiert hätte. Also Informationen über alle Hinterbliebenen und allen Jenseitigen, die zu diesen Hinterbliebenen gehören – das ist amüsant und utopisch zugleich. Geil, oder? Aber gut, auch das darf so sein. Jeder darf sein, wie er ist. Jeder!

Manchmal werde ich gefragt, wie viele Jenseitskontakte ich bereits gegeben habe. Ich habe es versucht hochzurechnen und war über das Ergebnis echt fassungslos. Ja, ich habe es dreimal nachgerechnet und war immer noch fassungslos. Über die Jahre habe ich mehrere tausend Kontakte gegeben. Darüber sind mir tausende wundervolle Möglichkeiten meines persönlichen medialen Wachstums geschenkt worden, für die ich unendlich dankbar bin. Jeden Tag werden es mehr. Sie geben mir so was wie Einzelunterricht im Wachstum meiner Medialität und meines Bewusstseins. Alles innerhalb des täglichen Übens, gepaart mit jenseitigem Coaching. Die geistige Welt ist einfach Hammer!

Dennoch denk daran: Die Form der Kommunikation ist bei jedem Menschen anders. Alles ist so einzigartig wie wir. Übrigens, je mehr ich in meiner Balance und damit zutiefst Susan bin, umso besser läuft es medial. Je mehr ich aus dem Wollen oder dem »das-Muss« herauskomme, umso besser läuft es! Das nur mal als kurze Lebensweisheit von mir. Vergiss den Verstand bei allem Medialen. SEI einfach, dann kommt der Rest automatisch. Zwar ist dieser Weg jenseits von leicht, aber dieser Weg, mag er manchmal auch sehr emotional sein, hat mir volle innere Zufriedenheit, Glück und das »Einfach-nur-Sein« dürfen, gebracht. Ich bin! Und es ist mir eine Ehre, dich auf deinem Weg in deine Medialität ein Stück begleiten zu dürfen. Und wer weiß, was morgen oder nächste Woche alles noch dazu kommt! Ich liebe mein Leben und ich liebe die geistige Welt, meine Heimat!

Jetzt aber endlich zu dir und deinen wundervollen Fähigkeiten. Dieses Buch kann dir dabei helfen, die Einfachheit in deiner Medialität und darüber deinen Kontakt mit dem Jenseits zu erkennen. Öffne dich voller Liebe, Demut und Freude für alle wunderbare Möglichkeiten, dich und deine Fähigkeiten sowie auch deine Lieben aus der geistigen Welt wahrzunehmen. Selbst dann, wenn du deine Fähigkeiten vielleicht erst viele Jahre später oder gar nicht für andere Menschen einsetzen willst.

Es geht einzig und alleine darum, du zu sein und dich in deiner besten Version von dir selbst zu zeigen. So, dann mal los, es warten viele Sichtweisen, Übungen und auch noch manche Herausforderung auf dich, denen du dich jetzt stellen darfst. Du kannst das, ich weiß es! Ich glaube fest an dich, selbst dann, wenn du noch nicht an dich glaubst. Ich weiß, dass auch du eine ganz wundervolle Seele bist!

In Liebe, deine SUSAN

1.2
Dieses Buch

Dieses Buch ist aus meinem tiefen Herzenswunsch heraus entstanden, um voller Liebe alles, was ich täglich erlebe, an dich weiterzugeben. Einem Gefühl, welchem ich mich nicht entziehen kann. Oft kann ich es selbst nicht fassen. Ich sitze hier und schreibe nun mein drittes spirituell-esoterisches Sachbuch, und das, obwohl ich mir dies hätte niemals vorher vorstellen können. Autorin und ich! Lachhaft! Das sah die geistige Welt anders! Deutlich darf ich beim Schreiben die großen, mich unterstützenden Energien der geistigen Welt wahrnehmen. Ganz dicht eingehüllt, kann ich deren Liebe, Ermutigung und Unterstützung in jedem Satz spüren. Auch ihre Dankbarkeit dafür, dass ich mich in tiefer Liebe und Demut für diese wundervolle mediale Zusammenarbeit verschrieben habe. Durch meine Erlaubnis nutzen sie alle meine Möglichkeiten als Susan, um darüber die wichtigsten Botschaften für uns alle in die Welt tragen zu können.

»Wir leben! Wir leben ewig! Wir sind immer in Liebe verbunden! Wir sind da! Wir sind immer an eurer Seite! Wir lieben euch! Wir sind einzigartig, jeder von uns! Wir sind eins mit dem Göttlichen! Wir sind das Göttliche! Wir sind!«

Sie führen mich durch jedes einzelne Kapitel. Alles begann mit einer Form des medialen Schreibens und entsteht mittlerweile im Zustand des Trance-Schreibens. Ich folge meinem Impuls, alles aufschreiben zu wollen, was ich mental höre, sehe oder wahrnehme. Sobald ich beginne zu tippen, baut sich die wundervolle Energie der Wesenheiten, die mit mir gemeinsam an diesem Buch arbeiten, auf. Wesenheiten, die nicht nur aus meinem spirituellen Team bzw. meiner persönlichen göttlichen Führung bestehen. Nein, ich kann deutlich auch neue, mir vorher unbekannte Wesenheiten wahrnehmen. Sie alle unterstützen mich mit ihren kraftvollen Energien. Selbst Verstorbene sind immer mal anwesend, um deren Sichtweisen hier ins Buch einfließen zu lassen. Also sitze ich hier und schreibe, ohne nachzudenken. So, als ob mir das Buch mental diktiert wird.

Ich schreibe voller Liebe alles auf, was ich wahrnehme. Meist kreuz und quer durch alle Bereiche und alle Kapitel hindurch. Manchmal denke ich! »Hä, was soll ich jetzt hier aufschreiben und wo bitte, soll das hin?« Mittlerweile hinterfrage ich aber diese Gedanken meines Verstandes nicht mehr, sondern folge einfach dem Impuls aus der geistigen Welt. Sie wissen schon, was sie tun und durchgeben. Ich als Susan muss das Durchgegebene im Moment des Schreibens weder ansatzweise noch bis ins Detail verstehen. Über das Schreiben eröffnen sie selbst mir neue Möglichkeiten und Sichtweisen, die ich vorher nicht hatte. Sie schenken mir darüber neues Verständnis und helfen mir, mein eigenes Bewusstsein zu erweitern. Ist ein Kapitel fertig, führen sie mich an die Stelle, an der ich dann dieses Kapitel einfügen darf. Sie, die geistige Welt, hält so viel des Gebens für mich bzw. uns bereit. Sie hält uns alle Möglichkeiten der Weiterentwicklung offen und unterstützt uns durchweg in jedem Lebensbereich. Diese hilft uns dabei zu erkennen, wie wundervoll, bereichernd und einzigartig die Welt inkl. des Unsichtbaren sein kann, wenn wir uns erlauben, unserer Seele zu folgen. Unsere Helfer aus der geistigen Welt sind immer für uns da, wenn wir ihnen ermöglichen, dass diese da sein dürfen!

Ich folge damit erneut meiner seelischen Bestimmung, alle meine Erfahrung für dich hier zusammenzutragen. Für dich! Damit du, der/die genau jetzt dieses Buch in den Händen hält, versteht, dass nichts einfach nur so geschieht. Nichts. Durch meine Gabe und mein Sein darf ich als Mittlerin Menschen begleiten, zu verstehen, dass jeder von uns einen Zugang zur geistigen Welt hat. Jeder, der dazu bereit ist, sich dieser wundervollen geschenkten Möglichkeit zu öffnen. Noch nie zuvor wurde mir vonseiten der geistigen Welt so deutlich gemacht, wie für mich diese Form des automatischen Schreibens in Trance funktioniert. Oft sitze ich hier und bin so überwältigt von dem, was geschieht, dass ich nicht weiß, wohin ich mich tun soll. Tief wird dabei meine Seele berührt. Passiert das alles wirklich, hinterfrage ich mich zwischendurch ganz kleinlaut und das, obwohl ich deutlich die mich unterstützenden Energien wahrnehmen kann.

Jetzt erst verstehe ich, wieso ich bei keinem meiner Bücher wirklich den Inhalt kenne und keine wirkliche Buchvorstellung machen könnte, ohne mir jedes einzelne Kapitel nochmals genau vorzunehmen. Ich habe es nicht geschrieben. Es waren nicht meine Gedanken. Es ist und war die geistige Welt, das Göttliche. Selbst meine eigenen Geschichten, die ich als Susan erlebt habe, lassen sie hier einfließen. Sie nutzen alles, um dir darüber aufzuzeigen, wie sich bei mir diese Kooperation deutlich gemacht hat und welche Chancen dir darüber geöffnet werden. Sie nutzen mich, damit auch du für dich verstehen kannst, dass dir ebenfalls alle Möglichkeiten im Leben zur Verfügung stehen. Alles liegt dir zu Füßen, wenn du bereit bist, dies zu erkennen und für dich zu nutzen. Ich bin unendlich dankbar, dieses neue Buch hier für euch bzw. für uns alle schreiben zu dürfen und darüber die tiefe Liebe und Verbundenheit der geistigen Welt für mein Tun so deutlich zu empfinden.

1.3
Trainingszeit

Was meinst du: Braucht man eine Ausbildung, um seine Gaben und Fähigkeiten entdecken und ausleben zu können? Meine Antwort wäre vor 10 Jahren: »Ja!« gewesen und ist heute: »Nein!« Obwohl ich heute weiß, dass mich die geistige Welt seit Anbeginn meines Lebens geschult und trainiert hat, habe ich das für mich erst viel später verstanden. Gerne erläutere ich es dir an dem, was ich an Kursen und Ausbildungen gemacht habe. Bestimmt verstehst du dann besser, wieso sich das Thema Ausbildungen für mich heute aus einer anderen Sichtweise heraus darstellt. Sieh mir nach, dass ich die entsprechenden Jahreszahlen dazu nicht mehr ganz zusammenbekomme - das ist an dieser Stelle aber auch wurscht. Über viele Jahre habe ich unzählige Kurse in England, Schottland, der Schweiz und in Deutschland besucht. Kurse, die oft als Ausbildung bezeichnet waren, um für mich herauszufinden, was ich wirklich medial draufhabe. Viele Jahre später, der Unsicherheit, des »komisch angeschaut werden« weiß ich nun, dass es ganz einfach ist, seine Medialität zu erwecken. Dazu braucht es keine Ausbildung, sondern nur Training.

Wenn hier einer ausbildet, dann die geistige Welt, und genau aus diesem Grunde ist dieses Buch entstanden. Medialität ist so einfach! Wir selbst machen es uns unnötig schwer. Unsere Glaubenssätze, Muster und Programme erschweren alles, oder einfach nur die Tatsache, jedem anderen gefallen zu wollen. Wenn du einmal für dich verstanden hast, was du bist und kannst, dann geht es einzig und alleine nur noch darum, diese besonderen Fähigkeiten zu trainieren und auszubauen. Und vor allem deine Fähigkeiten so lange zu trainieren, dass sie dir in Fleisch und Blut übergehen und ein Teil deines Alltags werden. Erst dann können die Energien in einer Normalität fließen, ganz ohne zu wollen. Ja, am Anfang, als ich überhaupt keinen Schimmer hatte, was ich kann und wer ich bin, waren diese vielen Kurse sehr hilfreich. Gefühlt bin ich an einem Ort aufgewacht, an dem ich endlich mal verstanden wurde. Endlich war nicht nur ich »irre und anders«, sondern alle waren so. Ein ganz neues Lebensgefühl, glaube mir. Ich durfte in dieser Zeit viele Facetten der Medialität kennenlernen und habe gleichzeitig Unsummen dafür im Jahr ausgegeben. Noch mal, bis zu meinem ersten medialen Kurs hatte ich keinen, der mir hätte sagen können, was genau mit mir los ist, und warum ich anders ticke als andere Kinder. Für mich waren diese Kurse ein Segen, endlich Normalität, endlich verstehen, was ich kann und erkennen, wozu diese Fähigkeiten eingesetzt werden können.

Im Bereich »Mental Mediumship« sammelte ich zahlreiche Erfahrungen beim:

- Arbeiten mit sensitiven (im englischen psychic) und medialen Energien (im englischen Spirit) in jeglicher Form,

- Lesen der Aura in jeglicher Form,

- Allem rings um die Zusammenarbeit mit meinem spirituellen Team oder meines Geistführers, Engeln, Erzengeln oder Elohim und Co.

- Geben von Jenseitskontakten in persönlichen Sitzungen,

- Geben von Jenseitskontakten vor Publikum als Plattform-Medium Arbeiten mit dem Thema Trance, Trance Speaking usw.

- Arbeiten mit dem Thema geistiges Heilen sowie Tranceheilung, spirituellem Schreiben und Trance-Schreiben,

- und vieles mehr!

Kleine Info für dich am Rande: Während sich alle Phänomene beim »Mental Mediumship« (Mentale Medialität) nur auf die eigene Wahrnehmung beschränken, können im Bereich »Physical Mediumship« (physikalische Medialität) alle im Raum Anwesenden, mit eigenen Augen sehen, was passiert. Aber weiter im Text. Zusätzlich zum »Mental Mediumship« sammelte ich alle möglichen Erfahrungen im Bereich »Physical Mediumship« beim

- Tische rücken, Levitieren eines Tisches oder Gegenständen

- Arbeiten mit dem Ouija Board/Brett oder Engelboard

- Automatischen Schreiben

- Teilnehmen an Séancen, bei denen Trompeten flogen und die geistige Welt sich materialisiere

- und vieles mehr.

Ich war wie ein Kind im Candy Shop, ich konnte gar nicht genug davon bekommen. Am liebsten hätte ich mich nur noch mit geistiger Weltthemen beschäftigt. Wer will schon sein altes blödes Leben, wenn es so viel Unglaubliches zu erfahren gibt. Das war die Zeit, in der ich für mich lernte zu »Sitzen«, und die Energien, um mich herum wahrzunehmen. Energien, die ich am Anfang nicht unterscheiden oder wirklich für mich wahrnehmen konnte. Ich wusste nur, irgendwas ist etwas anders, aber das war es dann auch schon. In all dieser Zeit habe ich verschiedene mediale Auszeichnungen und Zertifikate erworben. Heute immer noch unfassbar wichtig für viele Menschen! »SD1 Speaking and

Demonstration« für Jenseitskontakte; »H1-approved Healer«, »akkreditiertes, spirituelles Heilmedium/Geistheilung« sowie darüber hinaus unzählige angebliche Jahresausbildungen (Mediumship, Trance, Trance Healing etc.), die unterm Strich einzig meinem persönlichen Training dienten. Ich rede hier von Jahren. Jahre, in denen ich immer dachte, ich müsste alles Mögliche tun und kennenlernen, um für mich mehr Wissen zu erhalten. Jahre, in denen ich oft dachte, ich werde nie fertig. Aber auch Jahre, in denen ich dachte, wann endlich bin ich denn mal fertig? Übrigens: eine klassische Ausbildung, wie wir diese von unseren normalen Berufen her kennen, gibt es im Medialen gar nicht - auch so ein Trugschluss, dem viele aufsitzen.

Auch wenn der eine oder andere gerne behauptet, jahrelang ausgebildet worden zu sein, dann bezieht sich das nicht auf irdische Kurse. Medialität ist eine Lebensaufgabe, ein dauerhafter Prozess, und eben keine Berufsausbildung im klassischen Sinne. Die Einzigen, die dich wirklich ausbilden, sind deine Wesenheiten aus der geistigen Welt. Diese Vereinbarung des Erkennens und der Förderung haben sie mit dir weit vor diesem Leben ausgemacht. Sie trainieren und unterstützen dich beim Erkennen all deiner Gaben und Fähigkeiten. Man könnte bei all dem, was ich an Kursen gemacht habe, einzig von Trainingseinheiten sprechen, that's it! Das Arthur-Findlay-Collage in London-Stansted z.B. bietet nur Tages- oder Wochenkurse an. So etwas wie zusammenhängende Ausbildungsjahreskurse, wie es in der Öffentlichkeit verschiedentlich dargestellt wird, gibt es hier gar nicht. Wie auch immer, das Arthur-Findlay-Collage ist mega geil, ich liebe es, dort zu sein. Es ist wirklich wie bei Harry Potter. Bei jedem Bild hast du das Gefühl, der Typ bewegt sich und schaut dir hinterher. Auf fast allen Stühlen und Sesseln hatte ich immer ein Gefühl von: Da sitzt doch schon EINER! Im ganzen Haus bist du jenseits von allein, und paranormale Phänomene sind fest in der Tagesordnung verankert. Sehr, sehr geil und empfehlenswert. Für alle, die Schiss haben: Windeln mitnehmen. Scherz! Ach was, da musst du durch. Ich hatte auch Schiss und das nicht zu knapp.

Nachts über den Gang zur Toilette gehen wird dann zur echten Herausforderung! Das gehört zum Erfahrung sammeln dazu. Hier im College lernst du die Energien und die geistige Welt weit weg von jeglichem Dämonengeschwafel kennen - das macht es für mich aus.

Ist die Medialität Teil deiner seelischen Bestimmung, dann wirst du dein gesamtes Leben unter der Obhut der geistigen Welt ausgebildet, Diese Form der Ausbildung endet auch nicht mit diesem Leben. Wie mit meiner Ehe: Wegsterben klappt da auch nicht. Bei uns zu Hause funktioniert das »bis dass der Tod uns scheidet« nicht. Nix da, hier scheidet nix. Lach! Alles ist immer und ewig mit allem verbunden. Nicht gleichzusetzen mit unserer jetzigen Lebensform. Aber dennoch immer in Liebe verbunden.

Sehr viele Personen glauben tatsächlich, dass sie mit einem Kurs bereits fertig sind und alles können. Wochenendkurs und fertig ist die Nummer, eigentlich eine schöne Idee. Probiere dich aus, dann wirst du es für dich erfahren. Stand heute bin ich sehr glücklich, quer durch alle medialen Bänke hindurch alle möglichen Erfahrungen gesammelt zu haben. Die Quintessenz meiner Medialität habe ich allerdings nicht in diesen Kursen erfahren, sondern für mich selbst herausfinden dürfen. Was dir wirklich hilft, dieses für dich herauszufinden, sind viele Übungen und stetiges Trainieren deiner Gaben. Dieses Trainieren lässt dich die Erfahrungen sammeln, die du brauchst, um dich selber wahrzunehmen und weiterzuentwickeln. Das ist auch das Geheimnis für alle, die wenig Geld haben. Macht euch locker, ihr braucht nicht zwingend Kurse oder eine Ausbildung, es geht auch so. Die geistige Welt ist da, sie hilft dir genauso und ist immer am Start, wenn du dich für diese Zusammenarbeit öffnest. Ich zeige dir gerne, wie das geht. In diesem Buch habe ich nicht nur viel Wissenswertes für dich zusammengestellt, sondern auch Übungen aufgeführt, die es dir ermöglichen, deine eigenen Erfahrungen sammeln zu können. Die Übungen können dir helfen, den Mut zu fassen, auch mal über deinen Tellerrand hinaus, mit deinen Freunden und Bekannten, das Jenseitige auszuprobieren. Wichtig ist, dass du für dich verinnerlichst, dass alle Übungen hier nur Hilfestellungen sind. Es ist an dir, herauszufinden, welches Tool das Richtige für dich ist. Keiner sonst kann das, nur du. Eines noch: Bitte, gib dir Zeit! Mein Training findet nun seit über 50 Jahren, mehr oder minder jeden Tag, statt. Für mich so etwas wie ein Dauerbootcamp. Ich finde, es ist ein Unterschied, ob du nur um Dinge und Möglichkeiten weißt oder wirklich dazu bereit bist, diese in dein alltägliches Leben zu integrieren. Erst, wenn du beginnst, deine Medialität zu leben, fängt das Samenkorn deiner wunderbaren Medialität an, wie eine Blume zu wachsen. Wirf einen Blick auf die schönste Blume, die du kennst. Dieses einzigartige Gewächs entfaltet seine ganze Pracht auch nicht in zwei Tagen, selbst dann nicht, wenn du die Blume täglich mit Dünger gießt, besprichst oder streichelst. Es braucht einfach Zeit. Alles braucht Zeit und unterliegt einem Wachstumsprozess. Also gibt dir die Zeit, die dein Wachstum braucht.

1.4
Danksagung

Ich kann es immer noch nicht fassen! Niemals hätte ich gedacht, dass ich als kleine Realschülerin mit Lese- und Schreibschwäche, jemals Buchautorin sein werde. Nicht einmal in meinen kühnsten Träumen. Deshalb möchte ich mich an dieser Stelle zuerst einmal bei allen himmlischen und irdischen Weggefährten bedanken, die das hier überhaupt für mich möglich gemacht haben. Voller Dankbarkeit, Liebe und Demut bedanke ich mich bei meinem himmlischen Team und allen Wesenheiten, die ihre ganze Liebe und die Einfachheit des Seins durch mich in diesem Buch Ausdruck verleihen.

Danke, dass ihr mich in allem, was ich bin, immer unterstützt und ermutigt. Danke, dass ihr auch in meinen dunkelsten Stunden immer mein inneres Licht angeknipst habt, um mir zu zeigen, wie wundervoll ich wirklich bin. Danke, dass ich gemeinsam mit euch auch mit diesem Buch hier all euren wertvollen universellen Hinweisen veröffentlichen darf. Danke, dass ihr immer an meiner Seite seid und mir darüber dieses Leben so möglich ist. Ein weiteres großes Dankeschön gilt neben meinem wundervollen geistigen Team, meinen geliebten Verstorbenen und natürlich dem gesamten Universum. Danke, Danke, Danke!

Kommen wir mal zu meinen irdischen Helfern, die tief mit meiner Seele verbunden sind. Hier gebührt meinem geliebten Ehemann, der sich bestimmt manches Mal die Frage gestellt hat, wieso er ausgerechnet ein Medium heiraten musste, ein riesiges Dankeschön. Dazu fällt mir nur laut lachend ein:

»In guten wie in schlechten Zeiten«. Die Liebe ist die Basis unser es beider Seins. Egal, welchen Herausforderungen du dich durch mich auch immer stellen musstest, es hat uns immer noch mehr zusammengeführt und einander noch näher gebracht. Dafür liebe ich dich! Danke für deine bedingungslose Liebe! Danke für all deine Unterstützung.

Danke für dich!

In meiner Welt gibt es nur eine handverlesene Anzahl von Freundinnen, die mir stets mit Rat und Tat zur Seite stehen. Gerade dann, wenn das Medium SUSAN mal wieder in irgendwelchen tiefen Krisen hockt, alles infrage stellt und sich selbst nicht spürt. Gerade dann seid ihr alle da! Wie persönliche große Geschenke des Verstehens. Ein großes Dankeschön an euch. Danke für eure Liebe, euer unendliches Vertrauen, euer Mut machen und euer Sein. Danke, dass ihr in meinem Leben seid. Danke, Danke, Danke!

In vielen Trainingsjahren durfte ich ebenfalls zahlreiche wundervolle Tutoren kennenlernen, die mich liebevoll auf meinem medialen Weg unterstützt haben. Allen voran Paul Jacobs, Schüler und Freund von Gordon Higginson, Jackie Wright und Margaret Falconer, denen ich an dieser Stelle ein besonders Dankeschön sagen möchte. Auch wenn ich Gordon als Mensch nicht mehr erlebt habe, begleitet er dennoch schon lange meinen medialen Weg. Danke an euch für all das, was ihr mir hier auf diesem Planeten an Möglichkeiten eröffnet habt.

Ganz zum Schluss möchte ich mich noch bei allen Personen bedanken, die mittlerweile mein Leben begleiten. Ein Dankeschön an Nepomuk, Gianni und all die wunderbaren Menschen, die heute mit ihrem Tun zu einem Teil meines Lebens geworden sind. Selbst mit Angie und Wendell hat mich die geistige Welt zusammengeführt und das, obwohl ich als Susan beide nie kennengelernt habe. Über deren gemeinsame Bestimmung, das Buch

»Unfassbar – bitte glaube doch, dass ich mental mit dir spreche«, habt ihr auch mir sehr geholfen. Zum ersten Mal konnte ich beim Lesen eures Buches gleichzeitig deutlich eure Energien als Verstorbene aus der geistigen Welt bei mir wahrnehmen. So als ob wir gemeinsam eure Erfahrungen und Sichtweisen durchlesen.

Was für ein Geschenk! Ich möchte die Chance nutzen und euch von allen Menschen «Danke» für euer gemeinsames Werk sagen. Menschen, die diesen Dank nicht mehr persönlich oder zu Lebzeiten an euch richten konnten.

Angie, ich weiß, du bist mittlerweile gut bei Wendell angekommen! Ich weiß, er hat dich abgeholt und nun seid ihr in dieser Seelenform wieder in tiefer Liebe und Freude vereint. Das freut mich sehr. Danke, dass ihr mir diese besondere Erfahrung möglich gemacht habt. Ich grüße euch in die geistige Welt und freue mich, auch eure Unterstützung in meinem Tun zu erhalten. Ich habe euch das Kapitel „Unfassbares" gewidmet und freue mich sehr, dass es euch gefällt. Danke, Danke, Danke!

Auch wenn es keiner mehr hören kann, bin ich unendlich dankbar für die gesamte, großartige Unterstützung, die ich von allen in und durch alle Bereiche hindurch erhalten!

Danke, dass es euch in meinem Leben gibt.

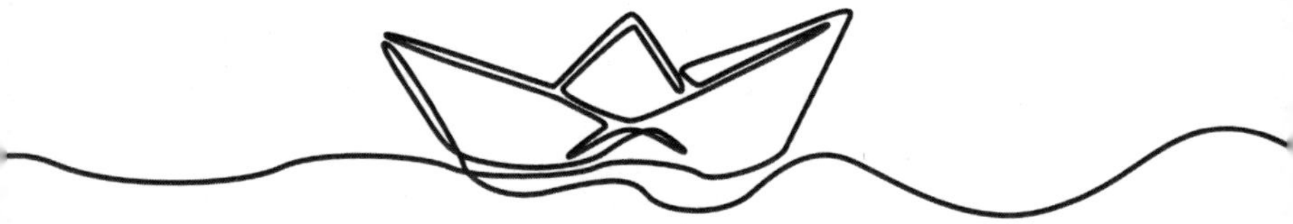

2 UNFASSBARES

2.1
I'm in Heaven

Wechselt der Mensch vom Diesseits ins Jenseits, dann wechselt dieser so, wie dieser zu Lebzeiten war bzw. wie er seine Lebensphilosophie ausgedrückt hat. Oft wird behauptet, dass die geistige Welt nach dem Übergang nur Licht und Liebe sei. Ja, das stimmt, und nein, dies zu erfahren ist das große Ziel der Seele. Jeder geht mit seiner gelebten Persönlichkeit und seinen Wesenszügen in die geistige Welt. Für die Wenigsten findet nach dem Übergang in die geistige Welt vom Grob-ins Feinstoffliche alles als »heilig und erleuchtet« statt. Alles hängt mit dem Bewusstsein der Person zusammen, bzw. wie bewusst diese war. War der Mensch verbittert, geht dieser verbittert. Waren diese lebensfroh, gehen diese lebensfroh. Das Einzige, was nach dem Übergang in die geistige Welt sofort entfällt, ist alles, was wir hier als »körperliche« Beschwerden oder Behinderungen bezeichnen. Warum? Weil sie jetzt in einem feinstofflichen Körper sind.

Als Seelenanteil hast du keinen menschlichen Körper mehr, und somit natürlich auch keine körperlichen Schmerzen oder Symptome. In der geistigen Welt angekommen, verweilt die Seele der Verstorbenen an unterschiedlichen Stationen. Ausgehend davon, dass es nur eine Gesamtseele gibt, ist jeder von uns nur ein Seelenanteil. Ähnlich wie das Röschen eines Blumenkohls. Stationen, die jede Seele durchläuft, mit der Hilfe anderer Lichtwesen an ihrer Seite. Bis hin zur Reflexion des Selbst und des vergangenen Lebens. Darüber erhält der jeweilige Seelenanteil die Chance, das eigene Bewusstsein stetig zu erhöhen bzw. zu erweitern, bis hin zur Quelle, dem Sein-

Bewusst. Das Sein-Bewusst beinhaltet dabei alle Bewusstsein (inkl. dem persönlichen Bewusstsein) eines jeden Seelenanteils.

Diese Verschmelzung des Seelenanteils mit der Gesamtseele findet dann irgendwann über die Quelle, der 7. Realität, statt. Das Sein-Bewusst stellt also den maximal zu erreichenden Zustand des Ganzen dar. Die Quelle, das Göttliche, die Zentrale der Universen.

Dieses Buch beschreibt den Übergang von der ersten Realität, in der die Erde eine Dimension darstellt, zur zweiten Realität, dem Jenseits. Dem Übergang habe ich aufgrund seiner immensen Bedeutung ein separates Kapitel gewidmet. Zurück zu deiner Lieblingsseele. Auch wenn ich in diesem Buch oft davon spreche, dass deine Lieblingsseele immer an deiner Seite ist, meint das nicht, dass diese als Stalker zu sehen ist.

Gut! Der Seelenanteil deiner geliebten Person ist da, weil du es dir wünschst. Du hältst die Seele nicht von irgendetwas Bestimmtem in der geistigen Welt ab oder hinderst diese durch deinen Wunsch am Weitergehen. Auch interessieren sich unsere geliebten Verstorbenen nicht für alle unsere menschlichen Belange! Sie stehen nicht neben dir im Bad, um dir beim Duschen zuzusehen oder hängen in deinem Schlafzimmer ab, weil sie dich schon immer mal nackt sehen wollten. All das sind eher menschliche Gedanken. Sie hegen den tiefen Wunsch, erkannt zu werden und darüber deine Nähe zu teilen. Die Verstorbenen möchten mit dir die Sicherheit des ewigen Zusammenseins teilen. Unser Verstand kann das Allumfassende, alles Universelle oder Jenseitige nicht verstehen. Sofort kommen wir an die Begrenzungen unseres menschlichen Verstandes. Wir können das Universelle nicht verstehen und auch über unseren Verstand nicht wahrnehmen.

Wie auch immer, all das hat mit dem Dasein deiner Lieblingsseele nichts zu tun. Sie ist da, auch wenn du dir das im Moment noch nicht wirklich vorstellen kannst. Wir Menschen brauchen immer

Beweise. Beweise für unseren Verstand! In Momenten der Ruhe kann auch ich Seelen überall und vor allem auch nachts oder früh morgens wahrnehmen. Gerne auch neben meinem Bett. Das hat etwas mit der Beschaffenheit der Energie in diesen Momenten zu tun. Keine Seele stalked dich! Auch wenn mich dieser Gedanke sehr belustigt – so bin ich eben. Sie sind nur da, wenn sie in deiner Nähe sein dürfen. Dieser Wunsch kann bewusst oder unbewusst ausgelöst werden. Ja, die geliebten Verstorbenen sind da, sie sind da, weil sie unsere Nöte sehen und erkennen. Sie sind da, um uns zu helfen, unseren Frieden zu finden.

Sie sind da, um uns zu zeigen, dass zwischen dem Diesseits und dem Jenseits nur ein Gedanke liegen kann. Sie kommen nicht, um uns Angst einzujagen, sich an uns zu heften. Auch nicht, um uns mit ihrem Willen zu steuern oder sonst irgendetwas Negatives. Sie kommen in Liebe.

Gehen wir jetzt mal davon aus, dass du auch in Liebe diesen einzigartigen und wertvollen Kontakt suchst. Das Tolle am Seelenanteil-Sein ist, dass diese überall gleichzeitig sein können. Hier und in der geistigen Welt. So wie du übrigens auch. Ein Teil unserer Seele ist gleichzeitig hier und in der geistigen Welt verankert. Wir sind hier und dort auch ohne es zu wissen oder zu spüren. Der Wert eines Jenseitskontakts ist unbezahlbar. Selbst dann, wenn der Hinterbliebene das Gefühl hat, alles selbst nur oberflächlich wahrzunehmen. Die Seelen berühren sich! Darüber kann Heilung geschehen und die Trauer als Prozess schrittweise ver- bzw. bearbeitet werden.

2.2 Motivation

Für zahlreiche Menschen ist es wichtig, nach dem Tod ihrer geliebten Person ein sicheres, deutliches Zeichen aus dem Jenseits zu bekommen. Ein Zeichen, dass ihre Verstorbenen noch leben und bei ihnen sind. Das treibt viele an, sich mehr und mehr mit diesem Bereich des Unsichtbaren auseinanderzusetzen. Sie erhoffen sich zu verstehen, dass es den Verstorbenen gut geht und diese immer an ihrer Seite sind. Auf einmal ist dieses Thema vorherrschend in ihrem Leben und überall präsent. Erst recht dann, wenn sie bereit sind, sich all den unsichtbaren Themen zu stellen. Viele kommen dann zu mir in persönliche Jenseitskontakt-Sitzungen oder nehmen an meinen Live-Veranstaltungen teil, nur um zu wissen, dass das Jenseits real ist. Es gibt keine Worte, die wirklich beschreiben können, was passiert, wenn die Seele eines Hinterbliebenen von ihrer geliebten jenseitigen Seele berührt wird. Meist spielen die Emotionen dann großes Kino. Aber dennoch geschehen Wunder, die sich mit Worten eben nicht beschreiben lassen.

Jenseitskontakte lassen sich nicht mit dem Verstand verstehen, genauso wenig wie alles Universelle. Diese lassen sich nur fühlen und wahrnehmen. Ist das der Fall, passiert etwas unglaublich Magisches und Wunderbares im Jenseitskontakt. Beweise, die die Hinterbliebenen im Kontakt von ihren Lieblingsseelen erhalten, tragen auf unerklärliche und unbestreitbare Art und Weise dazu bei, sich selbst wiederzufinden und darüber zu heilen. Die Sitzungsteilnehmer erfahren, ohne es zu begreifen, inneren Frieden, und ihr eigenes Herz kann heilen. Heilen, weil sie fühlen können und darüber Gewissheit erlangen, dass sie niemals alleine sind. Im nächsten Schritt verselbständigt sich deren Bedürfnis, noch mehr Nähe, Wissen und Erfahrungen in diesem Bereich machen zu dürfen. Der unüberwindbare Wunsch kommt, der Lieblingsseele noch näher sein zu wollen. Diese deutlicher wahrzunehmen und vielleicht riechen, hören und körperlich spüren zu können. Ja, selbst die Neugierde, einen Kontakt ins Jenseits herzustellen zu wollen, steigt.

Irgendwann können sich die meisten Hinterbliebenen dann diesem tiefen inneren Wunsch, selbst gerne den Kontakt zu ihren Verstorbenen haben zu wollen, nicht mehr entziehen. Bücher werden gewälzt, oder das Internet nach allem erforscht, was ihnen zu verstehen gibt, wie genau sich diese wundervolle Kommunikation zum Unsichtbaren als Standleitung aufbauen lässt. Sie verschlingen alle Möglichkeiten, um zu verstehen, welche Zeichen sie aus der geistigen Welt erhalten könnten. Mal ganz abgesehen vom tief sitzenden Wunsch, alles dafür zu geben, um nur noch einmal die Chance zu haben, die geliebte Person in menschlicher Form an ihrer Seite zu haben. Sie durchlaufen dabei ab diesem Zeitpunkt einen ganz neuen Prozess! Sie tauchen dabei in ganz neue, bisher ungewisse oder unbekannte Gefilde ab. Langsam beginnen sie ihr Bewusstsein zu öffnen und zu erleben, dass viel mehr gibt, als das, was sie für sich bisher als Verständnis zugelassen haben. Ihre Lieblingsseele ist auf der feinstofflichen Verbindungsebene täglich an ihrer Seite. Genau hier gilt es jetzt, durch das Durchleben ganz neuer Erfahrungen dem großen Ziel ein Stück näherzukommen.

Das Ziel in tiefer Gewissheit zu spüren, dass ihre geliebte verstorbene Person in Dauerschleife mit ihnen kommuniziert und auch ihre Nähe sucht. Selbst dann, wenn die Hinterbliebenen das für sich noch nicht einmal ansatzweise verstanden haben. Die geliebte Seele ist dennoch da! Und es wird auf deren Wunsch hin auch immer so sein!

2.3
Menschen und das Jenseits

Gerade für Menschen, die bereits Zeichen ihrer Verstorbenen erhalten haben, oder sich unbedingt Zeichen sowie die Nähe zu ihren Verstorbenen wünschen ist es wichtig, dass sie jemanden haben, der sie versteht, bzw. das von ihnen Erlebte nachvollziehen kann. Diese Geschichten gehören als Medium zu meinem Alltag. Unfassbar viele Phänomene passieren den meisten Hinterbliebenen jeden Tag, nur sprechen diese nicht darüber bzw. verstehen nicht, dass das, was um sie herum nach dem Tod eines geliebten Menschen passiert, deren Zeichen sind. Manchmal begleitet diese Trauernden das Gefühl, verrückt zu sein oder eben, sich alles nur einzubilden.

Über das Erlebte wird aus Scham und Angst nicht gesprochen. Keiner will als verrückt, verspottet oder schief angeschaut werden. Dennoch bleiben viele Fragen offen und vor allem bleibt die Faszination zu diesem Themenbereich. Viele Menschen suchen dann die Bestätigung und Unterstützung bei Gleichgesinnten. Bei meinen Live-Events erlebe ich oft, dass gerade, wenn die Jenseitskontakte durchgegeben sind, das Eis zum Publikum gebrochen ist und diese sich dann trauen, Fragen zu stellen. Oft hoffen die Hinterbliebenen in irgendeiner Art und Weise, für sich eine Bestätigung zu erhalten und sich darüber wirklich mit dem Jenseits verbunden zu fühlen. Sie hoffen, dass ihre Fragen beantwortet werden und darüber ein Weiterleben für sie ohne gebrochenen Herzen möglich ist. Sie suchen und brauchen jemanden, der sie aus tiefstem Herzen versteht.

Für mich ist es ein schönes Erlebnis, im und vor allem nach einem Jenseitskontakt zu erkennen, dass viele Trauernden durch diesen Jenseitskontakt ein Gefühl von »es ist alles in Ordnung« für sich mitnehmen konnten. Zumindest dann, wenn die Hinterbliebenen bereit sind, den Tod der geliebten verstorbenen Person als Realität für sich anzunehmen. Ich möchte hier erneut die Gelegenheit nutzen, diesen Punkt noch einmal deutlicher für dich zu erläutern. Theoretisch ist jedem von uns bewusst, dass jede Form von Leben oder Beziehung hier in dieser Dimension Erde zeitlich begrenzt ist. Kommt das Ende näher, so wird gerade beim geliebten Menschen um jeden Tag gefeilscht: Nein, nicht jetzt, nein, nicht du! Nein! Nein! Nein! Egal, wie lange sie ihre Lebenszeit mit diesem geliebten Menschen teilen durften, sie fühlen sich alleine, zurückgelassen und haben Mühe, mit ihrem tiefen Schmerz, klar und dem großen Verlust zurechtzukommen. Wird das »den Tod nicht annehmen wollen« zu deren Realität, fühlen sich die Hinterbliebenen ohnmächtig und wie im tiefen Schmerz stecken geblieben. Sie fühlen sich hilflos, dieser Situation gegenüber ausgeliefert. Fühlen sich im Stich und alleine gelassen, abgetrennt vom Ganzen, und meist auch zutiefst bestraft, dass sie all das nun aushalten müssen. In dieser Phase bleiben sie stecken, bis sie selbst dazu bereit sind, die Realität des Todes anzuerkennen und für sich anzunehmen. Der Tod des geliebten Menschen ist eine Tatsache und damit die Realität, welche ohne Bewertung oder Verurteilung der Situation einzig als »das ist« respektiert werden darf.

Auch ich finde es ganz furchtbar, wenn jemand mir nahestehendes verstorben ist. Der dann zu fühlende Schmerz zeigt mir deutlich auf, dass ich im »Nein« zur Realität und zum Tod der Person stehe. Das ist der Moment, in dem mein Verstand den Tod bzw., dass ich die Person mich nicht mehr in den Arm nehmen kann, drücken, anrufen oder einfach nur in meinem Leben, in meiner Nähe haben kann, nicht akzeptieren will. Momente, in denen ich aus menschlicher Trauer heraus noch nicht bereit dazu bin! Ich bin im »Nein« und somit im Schmerz! Gegen die Realität.

Trauer braucht Zeit. Zeit, die jeder von uns benötigt, da diese menschlichen Emotionen auch zu uns gehören und nicht unterdrückt, sondern voll ausgelebt werden möchten. Lasse ich den Schmerz zu, anstatt diesen »weg haben« zu wollen, wird es darüber möglich sein, in meinen persönlichen Lebensfluss zu gelangen. Natürlich dauert diese Phase mehr als zwei Tage. Die Chance liegt darin, mehr und mehr die Realität für mich anzuerkennen und darüber anzunehmen, auch wenn ich diese »beschissen« finde, und es eigentlich gerne anders hätte.

Ich kann dennoch die Realität in der tiefen Gewissheit akzeptieren, dass nichts im Universellen ohne Grund passiert. Nichts, auch wenn ich den Grund oder den tieferen Sinn dahinter nicht verstehe. Jeder Seelenanteil entscheidet selbst, wann diese sich von diesem physischen Körper löst und wieder ins Jenseits zurückkehrt. Jeder Seelenanteil, verfügt über das Geschenk der eigenen souveränen Wahl. Diese souveräne Wahl ist ein göttliches Geschenk des Universums oder der göttlichen Quelle an uns. Wir entscheiden, bewusst oder unbewusst, aber wir entscheiden. Kein anderer kann das für uns tun, nur wir selbst. Auf der anderen Seite gehört für mich zu diesem Prozess auch das »alles ist in Ordnung«, oder »gut, so wie es ist«, dass sich die Hinterbliebenen wirklich aus tiefstem Herzen heraus erlauben, die geliebte verstorbene Person nun als Seelenwesen anzunehmen. Erst dann kann das Wunder geschehen, dass die Anwesenheit dieser Seele deutlich für alle spürbar wird.

Solche Momente tragen zum eigenen Seelenheil der Hinterbliebenen bei. Es ist das tiefe Wissen im Herzen, dass ihr geliebter, verstorbener Mensch sie nie alleine lassen würde und immer an deren Seite sein wird. Wenn auch nicht mehr in physischer, sondern indessen in einer feinstofflichen Form, die viele Menschen weder sehen noch wahrnehmen können. Dennoch: Ihre Lieblingsseele ist da! Oft hilft den Menschen ein jenseitiger Kontakt auch dabei, ihr Leben in vielerlei Hinsicht zu verändern oder vielmehr wieder selbst in den Griff zu bekommen.

Ihnen hilft zu erkennen, dass:

- Ihr Lieblingsmensch als Seele immer noch da ist. Sie wurden immer geliebt werden.

- Ihr Lieblingsmensch als Seele ihr Leben verfolgt, auf sie aufpasst und ihnen mit vielen Impulsen und Zeichen auch aus dem Jenseits behilflich ist.

- Sie in ihrem Jenseitskontakt oder auch bei allen Zeichen, die sie, egal in welcher Form auch erhalten, nun wissen, dass alles keine Einbildung, sondern real ist, was um sie herum passiert.

- Paranormale Phänomene nicht verstanden werden, sondern einfach sein dürfen, wie sie sind.

- Sie keine Angst haben brauchen und immer beschützt sind.

Das sind nur ein paar Punkte, weshalb Jenseitskontakte so segensreich sein können. Sie bringen über das Verlieren der Angst vor dem Unsichtbaren innere Ruhe und einen unbeschreiblichen inneren Frieden zurück in das Leben der Menschen. Das alles lässt sich mit unserem begrenzten Wortschatz nicht beschreiben.

Dieser heilsame Gesamtprozess in und nach einem Jenseitskontakt spielt sich auf so vielen subtilen Ebenen ab, die auch die Hinterbliebenen kaum in Worte fassen können. Hierbei ist es völlig unabhängig davon, ob die Trauernden selbst einen jenseitigen Kontakt hergestellt hatten oder ob dieser durch ein Medium übermittelt wurde. Tief in uns allen ist das innere Wissen verankert, dass alles in Liebe verbunden und über diese Verbindung weder teilbar noch trennbar ist. Dies für uns zu erkennen erfordert, aus menschlichem Perspektivendenken sowie den darüber tief verwurzelten Glaubenssätzen und Programmen auszusteigen. Wir, als einzigartige Seelenwesenheiten, dürfen das erkennen und darüber in das, was viele »bewusstes Sein« nennen, mehr und mehr gelangen. Ach, eins noch: Dieser wundervolle Prozess ist nicht auf dieses Leben beschränkt und findet immer in der jeweiligen Geschwindigkeit des Seelenwesens statt. Grins….

2.4
Vorahnungen

Viele Menschen fragen sich, ob der Verstorbene vorher bemerkt hat, ob dieser bald sterben wird. Für mich lässt sich diese Frage nicht mit Ja oder Nein beantworten. Ja, es wird viele Personen geben, die unerklärliche Visionen haben oder vielleicht auch ein damit verbundenes unerklärliches Gefühl. Vielleicht sogar eine Vorahnung, dass all das mit dem Tod oder Ableben zu tun haben könnte. Dennoch weiß ich aus eigener Erfahrung, dass es nicht gerade einfach ist, diese Gedanken, Erfahrungen und Visionen für sich selbst zuzulassen. Angie beschreibt diese Situationen in ihrem Buch „Unfassbar" sowohl aus der Sicht ihres Mannes als auch aus ihrer Sicht heraus. Es gibt also, wie in allen Bereichen, verschiedene Perspektiven, aus denen man auf diese Art von Situation blicken kann. Oft höre ich, dass die Hinterbliebenen im Moment des Todes der geliebten Person ein »komisches« Gefühl hatten, welches sie direkt mit der Person und meist auch mit deren Tod in Verbindung bringen konnten. Getrieben von Angst und Panik, dass dieser Gedanke hoffentlich falsch und einzig einem Hirngespinst entspringen mag, stellen diese Menschen im Nachgang fest, dass sie wirklich zur Zeit des Todes mit der geliebten Person verbunden waren. Beide Seiten haben gespürt, dass etwas aus menschlicher Sich Schlimmes passieren wird. Beide waren verbunden und jeder hat diese Erfahrung aus seiner Perspektive heraus erlebt. Ich sage heute, erleben dürfen!

Auch kann ich sagen, dass, selbst wenn Personen eine Art Vorahnung auf ihren eigenen oder einen möglichen Todesfall haben, diese keine exakte Zeitbestimmung angeben können. Oft träumen Menschen von ihrem Tod oder dem Tod einer anderen Person und sind dann am nächsten Morgen völlig verunsichert, ob das denn wirklich sein kann. Sterbe ich jetzt? War das mein Zeichen dafür? Kann sein! Muss es aber nicht. Oft steht der Tod im Traum für den Abschluss eines bestimmten Lebensbereiches oder einer bestimmten, emotional schweren Situation.

Alles, was ich darüber weiß, ist, dass die Zeichen der geistigen Welt diesbezüglich sehr subtil sind. Diese gegebenen Informationen finden nicht leichtfertig statt. Meistens werden Hinweise, wie z.B. ein goldener Weg, das Durchgehen durch ein großes Tor oder Ähnliches gezeigt. Der Träumende spürt dann, dass die Person, die diesen Weg oder durch dieses Tor schreitet, eine gravierende Veränderung haben wird. Immer wird in diesen Vorahnungen entweder durch Bilder oder auch dem Gehörten deutlich aufgezeigt, dass keiner von uns Angst zu haben braucht. Die gezeigten Bilder werden als hell und freundlich, mit viel Licht, weiß, gold- oder silberfarben beschrieben. Die Worte sind immer mitfühlend und voller Liebe, so, als ob man gleichzeitig geliebt und gehalten wird. In den Situationen, in denen ich Vorahnungen zum Ableben bzw. baldigem Übergang eines Menschen erhalte, weiß ich nur, dass es bald so weit sein wird. Ich erhalte keine deutliche Zeitangabe. Als mein Onkel sehr krank wurde und mir diese Vorahnungen bewusst über meine spirituelle Führung aufgezeigt wurden, teilten sie mir mit, dass er bald gehen wird. Sie zeigten auf, dass der letzte menschliche Lebensabschnitt gekommen ist, in dem sich mein Onkel jetzt befindet. Damals wusste ich ok, es dauert noch. Vielleicht Monate, vielleicht ein oder zwei Jahre. Deutlich wurde nur, dass die Lebenszeit hier begrenzt ist.

Viele Jahre später kamen auch innerhalb meines persönlichen Entwicklungsprozesses noch deutlichere, genauere Angaben zum Todeszeitpunkt bzw. zum Übergang dazu, allerdings ohne genaue Datums- oder Uhrzeitangabe. Einzig über mein Gefühl und über hellsichtige Bilder konnte ich mit Bestimmtheit sagen, dass es noch nicht so weit war, obwohl die Ärzte hier eine andere Meinung vertraten. Sie sagten, dass mein Onkel die Nacht nicht überleben wird. Die Informationen aus der geistigen Welt waren hier deutlich anders. Nein, seine Zeit ist noch nicht gekommen, hörte ich, mehr nicht. Sie führten mich langsam an die Thematik »Zeitpunkt des Sterbens« heran. Die Informationen waren deutlich, wenn auch nicht bis ins letzte Detail. Über das letzte Detail, das Gehen, entscheidet jede Seele selbst. Sie wählt den Zeitpunkt des Gehens.

Ab diesem Seelenentscheid kann ich deutlich eine Stimme wahrnehmen, die mir sagt und körperlich aufzeigt: Es ist so weit. So auch zuletzt bei meinem geliebten Hund Emma. Das erste Mal hatte mein geistiges Team mir drei Wochen vor ihrem Tod mitgeteilt, dass sie bald sterben würde. Ich war fix und fertig. Keiner will wissen, dass sein geliebtes Tier oder ein Mensch stirbt, den man über alles liebt. KEINER! Dennoch verrieten sie nicht, wann Emmas Zeitpunkt zum Gehen war. Dann eine Woche vor ihrem Tod: Wieder ein gefühlter Schlag in die Magengrube, mit einem tief sitzenden Schmerz und der Weigerung, das baldige Sterben annehmen zu müssen. Nein, das kann nicht sein! Bestimmt spinne ich nur, dachte ich! Emma lebt! Sie hat noch viele Jahre vor sich! Höre auf, so etwas zu denken! Einen Tag, bevor Emma dann über die Regenbogenbrücke ging, wusste ich, dass nun der Zeitpunkt unausweichlich gekommen ist. Am nächsten Tag hörte ich: »Heute ist Emmas Tag!« Nein, es ist nicht einfach, mit diesen Informationen umzugehen, weder für mich noch für sonst jemanden. Ja, ich dachte zu Beginn, ich spinne, als ich diese Stimme das erste Mal darüber zu mir sprechen gehörte. Ich weiß, es ist vonseiten der geistigen Welt ein großes Geschenk. In großem Vertrauen, das sie mir diese einzigartige Möglichkeit geschenkt haben, lassen sie mich das Sterben und den Tod bewusst erleben. Dieses zu durchleben, ist zugegeben nicht die einfachste emotionale Erfahrung. Dennoch hat mir alles im Nachgang geholfen, zu 100 % meiner Wahrnehmung zu vertrauen. Selbst dann, wenn ich diese zum Zeitpunkt der

Durchsage für mich als Mensch infrage gestellt habe, und sie weder wissen noch hören wollte. Ich bekomme sie trotzdem. Es ist ein Geschenk in tiefer Liebe, mit allem verbunden zu sein, und diese Verbindung in allen Lebens- und Todeslagen deutlich spürbar zu erfahren.

2.5

Was wünschen sich Verstorbene

Aus meinen Jenseitskontakten, aber auch aus meinen persönlichen Erfahrungen mit allen Verstorbenen heraus wage ich ganz kühn zu behaupten:

Sie alle wünschen sich nichts mehr, als dass jeder Mensch, der eigentlich genauso Seele ist, wie sie versteht, dass das Leben nie endet. Es ist ewig! Jeder von uns, jedes derzeit auf der Erde lebende Wesen, wird diese Erfahrung machen dürfen. Jeder! Das Leben hier auf diesem wundervollen Planeten ist endlich! Ob wir das nun vom Verstand her akzeptieren wollen oder nicht. Wir können dieser, unserer Realität nicht entfliehen, es ist, wie es ist! Wir alle sind spirituelle Wesenheiten. Seelenanteile, die in dieser ersten Realität innerhalb der »Dimension Erde« die Chance bekommen haben, so viele emotionale Erfahrungen wie möglich zu sammeln. Erfahrungen, die uns helfen, unser Bewusstsein zu erweitern, und unsere Schwingungen zu erhöhen. Jede Inkarnation ist ähnlich, wie eine persönliche Fort- und Weiterbildung der Gesamtseele zu sehen. Die Verstorbenen wünschen sich, dass wir verstehen, dass es ein Leben nach dem Leben gibt, und dass wir genau aus diesem Grunde keine Angst vor dem Sterben und dem, was danach kommen könnte, haben müssen. Nur so können sie auch uns helfen, die Perspektive und Sichtweise zu wechseln, und voller Liebe die gewaltige Verbindung zu erschaffen, die die unsichtbare Wand zwischen dem Dies- und dem Jenseits durchdringt. So, dass alle zusammen glücklich sind, und vor allem gemeinsam jedes Leben genießen und darüber weiterhin zusammen sein zu können: Das Diesseits und das Jenseits vereint, durch alle Leben und Erfahrungen hindurch. Wir sind nie alleine, niemals.

2.6
Persönliche Wünsche

Was meinst du: was wünschen sich die verstorbenen Personen, die uns so sehr fehlen, am meisten? Natürlich wissen sie, wie es dir geht, und dass du manchmal oder vielleicht sogar sehr oft vor Schmerz gar nicht weißt, wie du ohne sie leben sollst. Natürlich bekommen sie auch mit, wie oft du dir wünschst, dass dieser Verstorbene doch nur noch einmal bei dir sein könnte, oder dich am besten nie verlassen hätte.

All das wissen und bekommen unsere Verstorbenen mit. Warum? Weil sie alles miterleben, was in deinem Leben passiert. Aber noch einmal, was, glaubst du, wünscht sich deine geliebte verstorbene Person, jetzt wieder nur Seele geworden, am meisten? Jetzt ist sie ein feinstoffliches Seelenwesen, es gibt kein Zurück mehr in die menschliche Form.

Auch wenn das gerade schwierig für dich ist, zuzulassen. Dennoch gibt es ihn, den großen Wunsch deiner geliebten Seele. Sie wünscht sich nichts Sehnlicher:

- Als bei dir zu sein, und dich, mit ihrer Energie tröstend, einhüllen zu dürfen. Als dass du für dich irgendwann verstehen kannst, dass sie immer an deiner Seite ist.

- Als dass deine Tränen irgendwann trocknen, und du voller Liebe an die schönen Zeiten und wundervollen Emotionen, die ihr zusammen hattet, denken kannst. Durch eure gemeinsame

Liebe kann die Wand zwischen dem Dies- und Jenseits immer transparenter werden. Deine geliebte Seele kann darüber näher bei dir sein.

- Als dass du glücklich bist, damit sie mit dir glücklich sein kann.

- Als dass du für dich verstehst, dass sie dich niemals alleine lassen würde, und dir auch jetzt immer mit Rat, Hilfe und ihrer Energie zur Verfügung steht.

- Als dass ihr täglich in Kontakt treten könnt, damit auch hier voller Liebe die Kommunikation zwischen euch wachsen kann. Sie hilft dir, deinen medialen Fähigkeiten und Gaben immer weiter zu öffnen.

- Als dass du fühlen kannst, dass sie bei dir ist.

- Als dass du fühlen kannst, dass euer gemeinsames Leben zwar jetzt in einer anderen Form, aber dennoch immer weitergehen wird. Weil ihr in Liebe, der höchsten Energieform, immer verbunden seid.

- Als dass du deine Skepsis ablegst und nicht aufgibst, selbst den Kontakt zu deiner geliebten verstorbenen Person auf- und weiter auszubauen.

- Als dass du weißt, dass sie natürlich auch gerne noch in menschlicher Form an deiner Seite wäre. Ihr habt beide in euren Lebensplänen genau diese Abmachung des Todes vereinbart habt. Es war der Wunsch eurer Seelen, weit vor dieser Inkarnation.

- Zu verstehen, welch großes Geschenk und Glück es ist, auch über den vermeintlichen Tod hinaus, immer in tiefer Liebe miteinander verbunden zu sein.

- Dass du nie alleine bist und sein wirst.

- Das dich deine Lieblingsseele niemals alleine lassen könnte. Sie hilft dir täglich, mit dem, was sie jetzt weiß und kann, auch dein Leben zu bestreiten.

- Dass du für dich verstehst, dass alles zum göttlichen Plan gehört, dass Gott überall ist. Gott ist für uns da, selbst dann, wenn wir nicht an die Existenz des Göttlichen und Universellen glauben wollen.

- Dass eure wichtigste Verbindung die Liebe und Dankbarkeit ist. Dass deine Lieblingsseele dich über alles so liebt, wie du bist!

2.7

Das Loch in der Wolke!

Vier Wochen nach dem Tod meines geliebten Hundes Emma trug sich folgendes Ereignis zu: Unser Büro liegt direkt an einem schönen Spielplatz, welchen die Kinder der Schlossinsel gerne nutzen. Auf dem Weg zum Kindergarten laufen viele Schlossinsel-Kinder an unserem Büro vorbei. Wir haben unfassbar viele Gummienten Enten im Schaufenster sitzen, von der Engel Ente bis zur Wikinger-Ente ist hier alles dabei. Die Kinder lieben es, ihre Nasen an die Fenster zu drücken, die Enten zu zählen oder die unterschiedlichsten Formen für sich und andere zu entdecken. So auch Anna. Anna, ca. vier Jahre alt, stand eines Tages mit einem Geschenkband in der Hand winkend vor unserer großen Scheibe.

Gudrun, unsere Büroseele, beste Freundin, Trauzeugin, sowie mein lebendes, laufendes Geschenk, öffnete ihr die Türe. Anna schenkte ihr an diesem Tag ein rotes Geschenkband, welches sie aus dem Kindergarten mitgebracht hatte. Am nächsten Tag stand Anna auf dem Nachhauseweg nach dem Kindergarten erneut winkend vor unserer Scheibe. Gudrun öffnete ihr die Bürotür und verkündete strahlend, dass sie Annas gestriges Geschenkband an Emma weitergeschenkt habe. Sie zeigte dabei auf Emmas Bild, welches auf ihrem Schreibtisch steht. Dort hing nun Annas Geschenkband direkt an Emmas Bilderrahmen in einem glitzernden Schmetterling. Anna schaute etwas verblüfft und wollte im nächsten Moment wissen, wieso Gudrun Emma dieses Geschenk gemacht hat, und wo Emma eigentlich sei. Anna hatte bis zu diesem Zeitpunkt noch nicht bemerkt, dass Emma nach ihrem letzten Besuch hier verstorben war. Sie hatte Emma seit einigen Wochen weder wie sonst beim Gassi noch im Büro angetroffen. Gudrun erklärte Anna, dass Emma inzwischen im Hundehimmel sei, und es ihr dort ausgezeichnet gehen würde. Anna fragte erstaunt: »Wieso? Was war denn mit Emma?« Gudrun erläuterte ihr, dass Emma sehr krank war, und dass sie aus diesem Grunde schnell verstorben sei. Anna schaute wieder auf Emmas Bild und ihr Geschenkband.

»Dann ist Emma ja jetzt da oben im Himmel«, sagte sie und streckte dabei den Finger in die Luft. Direkt kam: »Aber, wie kann Emma das denn dann von da oben sehen?«, und zeigt mit ihrem Finger erneut auf ihr Geschenkband. »Ach, da ist bestimmt ein Loch in der Wolke, wo sie jetzt durchschauen kann«, kam prompt als selbsterklärende Antwort von Anna hinterher. Zufrieden mit ihrer Erkenntnis drehte sie um, verabschiedete sich und ging mit Mama und Schwesterchen nach Hause. Warum erzähle ich dir das? Weil diese Metapher des Loches in der Wolke so ein geniales Bild ergibt. Genauso ist es. Ich sage zwar immer, die Türe zum Jenseits, aber ein Loch in der Wolke ist so viel passender. Außerdem habe ich sofort ein fettes Grinsen im Gesicht, wenn ich an diese Geschichte denke. Die Wolke stellt die unsichtbare, meist unüberwindbare Wand dar, die nur wir von unserer Seite hier überwinden können.

Nur so können unsere Lieben aus der geistigen Welt ganz dicht bei uns sein. Sie dürfen nicht bei uns »abhängen« (liebevoll gemeint), wenn sie dazu keine Erlaubnis haben. Ähnlich, wie bei dem Schutzengel. Der Engel ist da, darf aber erst mit dir arbeiten oder dir wirklich nahe sein, wenn du diesem dazu die Erlaubnis gibst.

Hier noch ein anderes Beispiel. Bist du vertraut mit Zoom, dem Online- Programm für Videokonferenzen? Zoom funktioniert nur, wenn du die Einladung zur gemeinsamen Konferenz annimmst, und im nächsten Schritt auf den Link zum Meeting klickst. Keiner kann dich zwingen, daran teilzunehmen. Deshalb ist es so unglaublich wichtig, dass du um dieses kleine Detail weißt. Du bestimmst, wer Kontakt zu dir haben darf. Alles folgt im Jenseits den universellen Gesetzmäßigkeiten. Gesetzmäßigkeiten, über die sich keine Seelenwesenheit hinwegsetzen würde, es sei denn du willst und erlaubst es. Ich für mich habe irgendwann vor vielen Jahren die Türen in die geistige Welt weit aufgerissen, und genau diese Erlaubnis erteilt, damit ich voller Liebe und in vollem Bewusstsein all diese Erfahrungen, die in meinem Lebensplan verankert sind, aufnehmen und mitnehmen kann.

Tschakaaaa!

2.8
Die Energien der Verstorbenen

Auch deine Verstorbenen können dich über ihre oder besser mit ihren Energien alle möglichen Zeichen und Hinweise schicken. Diese himmlische Hilfestellung findet von ihrer Seite aus in bedingungsloser Liebe statt. Auch sie wollen das Bestmögliche für dich, selbst wenn du diesen Zustand für dich weder siehst noch selbst erkennen kannst. Viele geliebte Verstorbene bedienen sich darüber ihrer Energien, um für dich erkennbare Zeichen zu geben.

Mit ihrer wundervollen Energie wären sie in der Lage, alles Elektronische so zu nutzen, sodass ein elektronisches Gerät mit dem Lenken ihrer Energien an- und ausgeschaltet werden kann. Ohne ersichtlichen Grund. Dazu gehört z. B. der Föhn, genauso wie das Handy, der Fernseher, das Radio und jede nur erdenkliche Lichtquelle. Sie können Gegenstände bewegen, end- und de materialisieren. Für dich sieht es dann so aus, als ob du einen Gegenstand verlegt hast. Ein Gegenstand, von dem du sicher weißt, dass dieser an einer bestimmten Stelle lag. Unsere geliebten Verstorbenen sind in der Lage, mit ihren Energien die Flamme einer Kerze zu bewegen. Auch können sie liebevoll dein Haustier bitten, sich, anstatt ihrer Seele, um dich zu kümmern, um dir sogar körperlich ganz nahe zu sein.

Sie können dir einen jenseitigen Gruß, mittels Tieren wie Schmetterlinge, Vögel, Marienkäfer oder Ähnliches senden. Allerdings geschieht das natürlich einzig und alleine nur dann, wenn auch das Tier seine Zustimmung dazu gibt. Jeder Verstorbene tut alles, damit seine Hinterbliebenen wissen, dass es ihnen gut geht und diese noch da ist. Sie können dir ein Feuerwerk von blinkenden, großen und kleinen Orbs schicken.

Sie können mental mit dir sprechen, mit dir schreiben, sich auf Fotos, als Schatten, Lichtgestalt oder Hologramm artig zeigen. Die meisten Verstorbenen nutzen die Traumebene, um dir im Traum ganz nahe sein. Selbstverständlich stehen dir diese gerne bei deinen alltäglichen Aufgaben ebenfalls zur Seite und sind selbst in Urlauben dabei. Ihnen ist fast alles möglich, wenn dies deinem inneren Wunsch entspricht. Nur eines nicht: Sie können nicht mehr in ihren ursprünglichen menschlichen Körper zurück.

Es gibt keine »Zufälle«. Auch deine Verstorbenen sind in der Lage, dich universell mit ihrer Liebe anzustupsen und dir darüber ihre Hilfe anbieten. Sie helfen dir gerne zu verstehen, dass sie immer an deiner Seite sind, und sein werden. Alles auf unserer wundervollen Erde ist Energie.

Die Erde ist von einem elektromagnetisch-bioaktivem Energiefeld umgeben, dass die Verstorbenen mittels ihrer Energie beeinflussen, und dich darüber liebevoll anschieben oder anstupsen können. Sie können dir alle möglichen Zeichen geben - und das tun sie auch fleißig. Anstupsen gefällt mir im Übrigen besser als das Wort »Lenken«. Das Wort Lenken vermittelt den Eindruck, dass Hinterbliebene von Verstorbenen gelenkt bzw. gesteuert werden können. Genau das passiert aber so nicht.

Deine Verstorbenen können und werden dich nicht als Mensch lenken oder beeinflussen. Die Verstorbenen senden einzig Impulse der Hilfe aus. Sie können und werden nicht für dich dein Leben leben, das ist deine Aufgabe! Auch hier gibt es klare universelle Gesetzmäßigkeiten, die sie auf der jenseitigen Seite beachten müssen. Das, was wir als Lenken oder Steuern beschreiben, unterliegt ebenfalls den universellen Gesetzmäßigkeiten. Darf dein

Verstorbener mit dir Kontakt haben, dann werden sie alles tun, um dich bestmöglich aus ihrer Ebene und Sichtweise heraus zu unterstützen. Das meint Lenken. Sie helfen dir über dieses Lenken, deinen Fokus auf die besonderen und kleinen Dinge des Lebens sowie auf, dich persönlich zu lenken.

All das funktioniert aber erst dann, wenn deine Lieblingsseele für sich innerhalb der geistigen Welt verstanden hat, wie sie ihre Energien einsetzen kann. Sie lernen ebenfalls mit ihren feinstofflichen Energien umzugehen und damit hauszuhalten. Das ist auch die Erklärung dafür, dass nicht überall die gleichen Phänomene auftreten. Steht die Grundvoraussetzung, dass die geliebte verstorbene Person bei dir sein darf, dann wird sie alles tun, um dir genau das deutlich aufzuzeigen. Da der Großteil der Kommunikation aus Energiespar-Gründen auf der mental Ebene abläuft, ist es dann an dir, alle Zeichen, die du bekommst, wirklich und ohne Skepsis für dich anzunehmen. Egal, wie klein deine Zeichen auch sein mögen: Nur du erhältst sie, bestückt mit der ganzen viele Liebe deiner Verstorbenen!

2.9

Das was bleibt!

Für mich zeigen sich die Seelen immer in unterschiedlichen Bewusstseins-Stadien in der geistigen Welt. Zum einen, weil jeder von uns in seinem Ich-Bewusstsein den Übergang in die geistige Welt vollzieht. Zum anderen, weil das jeweilige Seelenwachstum in der geistigen Welt, entsprechend der eigenen Seelengeschwindigkeit weiter geschult wird. Alle Erkenntnisse und emotionalen Erfahrungen fließen dann in die Gesamtseele ein. Wenn ich hier von einer Gesamtseele spreche, dann möchte ich jetzt kurz die Chance nutzen, dir meine Sichtweisen anhand meines Seelenbeispiels zu erläutern. Ich, Susan, bin Seele. Genau wie du auch. Genauer gesagt, bin ich ein Seelen-Anteil, der sich inkarniert hat, um seinen festgelegten Seelenplan zu erfahren, und darüber eigenes Wachstum zu generieren. Soweit so gut! Dieser Seelen-Anteil meiner Hauptseele heißt Susan. Susan inkarniert genau einmal! Zurück in der geistigen Welt bleibt alles, was Susan ausgemacht hat und fließt in die Gesamtseele mit ein. Susans Hauptseele verfügt aber nicht nur über den Seelen-Anteil Susan, sondern über unzählige Seelen-Anteile, die gleichzeitig zu ihrer Hauptseele gehören. Stelle dir bitte einen Blumenkohl vor. Der stellt im bildlichen Sinne die Hauptseele dar. Jedes einzelne Blumenkohlröschen ist wiederum ein eigener Seelen-Anteil dieser Hauptseele. Achtung, jetzt wird es noch abgefahrener: aus meiner Sichtweise, und ich glaube nicht, dass die meisten Menschen mit diesem Wissen wirklich etwas anfangen können, gibt es nur eine einzige Seele, und alle Seelen-Anteile existieren linear gleichzeitig.

2.10
Das Göttliche

Alles existiert im Hier und Jetzt. Es gibt im Grunde nur eine Gesamtseele, die alle Hauptseelen in sich birgt. Das ist Gott, die göttliche Quelle, universelle Kraft, die Urquelle, das Universum, oder wie auch immer du diese hochintelligente Lebensform bezeichnen möchtest. Gott ist alles! Gott ist in allem, auch in dir und mir.

Auch eine Sichtweise, für die ich sehr lange gebraucht habe. »Wie, Gott ist in allem?«, waren meine Gedanken früher. Auch in Mördern, Kinderschändern, Idioten und Deppen? Die Antwort meiner himmlischen Freunde war immer gleich: »JA!« Nicht zu fassen, dachte ich! Wie jetzt, wir hocken alle nebeneinander im selben Himmel, weil es so etwas wie eine Hölle nicht gibt? Das kann doch gar nicht sein?

Früher wurde nur allzu oft von meiner Familie gedroht: »Wenn du nicht brav bist, und deine Sünden nicht beim Pfarrer beichtest, dann kommst du, wenn du stirbst, in die Hölle!« Oder »Nicht pfeifen, sonst weint die Maria«, war auch einer der beliebten Sprüche meiner Oma Rosa. Sie hatte eigentlich den schönen Namen »Rosina«, aber alle nannten sie nur »Rosa«. Sie war oder vielmehr ist die Mutter meiner Mutter und Tanten sowie die Ehefrau meines geliebten Opas, der übrigens bei dem Kirchenhype nicht mitgemacht hat und all das eher als überflüssigen Kram betrachtete. Aber in meiner, von Frauen regierten Welt, in der ich aufwuchs, hatte ich als Mädchen keine Chance. Was die Damen wollten, musste ich tun. Ich musste gehorchen und als Mädchen brav zu sein. Ob ich wollte oder nicht. Manchmal konnte mich mein Opa vor all dem Retten. Leider auch nicht immer, weil das Machtgerangel zwischen Männer und Frauen auf unserem Grundstück immer von den Frauen gewonnen wurde.

Heute aus Sicht der geistigen Welt, lacht meine Oma Rosa über ihren bescheuerten Spruch, der mich als Kind voller Hochachtung vor dieser wundervollen Frau Maria nie hat pfeifen lassen. Mal abgesehen davon, dass ich bis heute nicht pfeifen kann. Wie auch immer, das Jenseits gehört in die Ebene der 2. Realität. Diese Realität ist in mehrere Bereiche unterteilt. Diese Ebenen innerhalb dieser 2. Realität hilft ankommenden Seelen, sich zu regenerieren, selbst zu reflektieren und neues Wachstum, aus erlebten, emotionalen Erfahrungen sowie aus der Selbstbestimmung heraus zu wählen. Alles, um irgendwann als ein Teil der Gesamtseele mit der 7. Realität »göttliche Urquelle« zu verschmelzen. Der göttlichen Realität. Dem »alles was ist«, dem »Sein bewusst«!

2.11

Beten, Bitten, Dankbarkeit

Ach, bevor ich es vergesse: Beten! Auch wenn dieses Wort eher altmodisch und völlig verstaubt klingt, ist dies ein nicht außer Acht zulassender Faktor in meinem bzw. unseren Leben. Mit dem Beten habe ich lange das Bild meiner stundenlang auf dem Kirchenstuhl knienden Oma verbunden, die zur Vergebung ihrer Sünden, den lieben langen Tag Rosenkranz gebetet hat. Das war beten für mich: Besetzt mit Schuld. Heute ist Beten für mich etwas anders. Beten ist das sich »an Gott, das Göttliche oder an das Universelle« wenden. Für mich besteht Beten nicht nur aus einer Bitte, dass mir irgendwo in schwierigen Lebenssituationen geholfen wird. Nein, beten ist für mich so viel mehr. Beten bedeutet für mich, meine Dankbarkeit voller Demut für all das, was ich bin, habe, erlebe und erfahre, gegenüber meinen Lieben hier, dem Universellen, meinen Verstorbenen, meinem spirituellen Team, meinen Engeln und den gesamten Realitäten auszusprechen. Ich bin unendlich dankbar, dass ich bin. Ich bin dankbar für meinen wundervollen Ehemann, für meinen Sohn, für meine Freunde. Natürlich auch, für das Ausleben meiner selbst und seelischen Bestimmung. Ja, selbst für meine »bekloppte« Familie bin ich dankbar. Ich verstehe jeden Tag mehr, dass ich mir selbst an einem anderen Ort all das hier, und auch die Damen und Herren meiner Familie, vorher ausgesucht habe, um mein Bewusstseinswachstum voranzutreiben. Ich bin dankbar für jede Erfahrungsform. Gut, nicht unbedingt, wenn ich mitten in der Erfahrung stecke. Dann könnte ich nur schreien, den ganzen Tag! Dennoch, ich bin dankbar, dass ich die Liebe, Nähe und das Wissen der geistigen Welt für mich als Susan erleben darf. Ich bin dankbar und überglücklich über diese einzigartige Zusammenarbeit, die mir so viel bedeutet. Das ist heute meine alltägliche Form des Betens geworden. Voller Liebe, Wertschätzung, Demut und Dankbarkeit für alles, was ich bin, habe und erleben darf. Ich bin dankbar, dass ich diene, und selbst bei der Bewusstwerdung anderer mithelfen darf. Und, wann hast du dich zum letzten Mal dafür bedankt, was du bist, hast oder was du alles bisher mit deinen Lieben erleben durftest?

Beten in der Form des Dankes lohnt sich. Probiere es aus, und du darfst selbst erleben, wie viel Liebe, Wertschätzung und Dankbarkeit für dich aus der geistigen Welt zurückfließt. In den letzten Jahren habe ich mich extrem schwer mit dem Wort »Gott« getan. Nur allzu oft wurde der Name Gottes aus meiner Sichtweise heraus missbraucht. Und das nicht nur heute. Ein Missbrauch aufgrund des Egos der Menschen. Das allerdings habe ich als Kind so nicht verstanden. Das Einzige, was ich deutlich in der Kirche sitzend wahrgenommen habe, ist, dass vieles, was der Pfarrer erzählte, nicht meiner Wahrheit entsprach. Wie zuvor erwähnt, ich war jahrelang Messdienerin und habe als Kind schon mindestens bis zu dreimal in der Woche in der Kirche sitzen dürfen. Ich war im Kinderkirchenchor, weil meine Familie es toll fand. Ich stand auf Beerdigungen im Messdiener Kittel, und habe mir mit Abstand den großen Schmerz angeschaut, den viele Hinterbliebenen hatten. Die Entlohnung war zugegeben Bombe, da ich bereit war, meine Freizeit, egal bei welchem Wetter, neben dem Pfarrer auf dem Friedhof zu stehen. Damals habe ich oft fünf Mark in die Hand gedrückt bekommen, weil ich so brav als Messdienerin dagewesen war. Ich war reich! Auch ein Grund, warum ich gerne zu Beerdigungen ging. Gut, natürlich wurde ich auch immer gefragt, weil ich ja direkt neben dem Friedhof wohnte.

2.12
Der Übergang

Der Übergang ist das Schönste, was der bis dahin körperliche Mensch, eingebettet im Mantel seiner Seele, erleben kann. Über das Sterben verbinden wir uns wieder mit unserer geistigen Heimat bzw. mit dem göttlichen Einssein, mit der göttlichen Quelle. Jeder wird beim Übergang abgeholt, und mit allem glückseligem Zipp und Zapp voller Liebe willkommen geheißen. Alles sieht für die Seele, die jetzt liebevoll in Empfang genommen wird, real aus. Völlig real, so wie früher, als diese noch einen menschlichen Körper hatten. Wenn jeder Verstorbene abgeholt wird (diese Info wird deutlich von der geistigen Welt betont), wieso soll dann eine Seele nicht wissen, wo sie ist?

Die Zusammenhänge des Großen und Ganzen sind im direkten Übergang und dem Ankommen in die geistige Welt weder sofort wieder vorhanden, noch für die Seelen deutlich erkennbar. Jede Seele ist dann pure Energie, ohne das menschliche Vehikel »Körper«, aber dennoch als Seele immer mit ihrem individuellen menschlichen Bewusstsein verbunden. Die Seele behält auch nach dem Übergang ihr individuelles Sein im Wahrnehmen, Denken, Sehen, Hören und Fühlen. Jede Seele folgt auch in der geistigen Welt ihrem Weg der Bewusstwerdung.

Jede Seele in ihrer höchst eigenen Geschwindigkeit, und immer auch nach eigenem, freiem Willen. Ich nehme mal hier die Metapher eines tiefen Loches, um dir diese Bewusstwerdens-Chance noch mal etwas deutlicher aufzuzeigen. Wir sind an dieser Stelle noch nicht bei der Rückschau oder dem besagten Lebensfilm - der ist an dieser Stelle noch in weiter Ferne. Willst du als Seele nach deiner Begrüßung und nach deinem Empfang in der geistigen Welt in einem tiefen Loch sitzen, weil du dir im Leben vor diesem Tod gedacht hast, dass es so sein wird, dann lassen sie dich voller Liebe dort? Dort, in deinem selbst kreierten Loch.

Es gibt so viele Menschen, die an eine Form der Bestrafung glauben wollen, und genau das werden sie dann auch vorfinden. Ihr Wille geschehe! Sie werden sich einer Bestrafung unterziehen dürfen, ihrer Bestrafung. Solange, bis ihnen bewusst wird, dass es im gesamten Universum niemanden gibt, der sie bestraft. Niemanden, außer sie selber, durch ihren eigenen, freien Willen. Jeder findet sich zunächst so in der geistigen Welt wieder, wie er im Diesseits als Mensch gelebt hat. Hast du alle Facetten des Egos ausgelebt, dann wirst du auch in deinem Ego-Loch sitzen. Himmlische Helfer stehen dir als Seele immer dann zur Seite, wenn du bereit bist, aus deinem selbst gebastelten Loch herauszukommen. Das geschieht dann, wenn die Seele für sich versteht, dass alles, was sie gerade in ihrem selbst erschaffenen Loch erlebt haben, durch ihren höchst eigenen Wunsch erschaffen wurde. Selbst kreiert, um diese gewünschte Erfahrungen durchmachen zu können.

Nur durch den höchst eigenen Wunsch wurde dieses gefühlte Elend erschaffen, weil die Seele, der Mensch zu Lebzeiten immer dachte, so müsste es im Jenseits sein. Nur durch das, was dieser Mensch, eingebettet in seine Seele zu Lebzeiten war, ist, gedacht und getan hat. Alleine darüber erschaffen wir unsere Erfahrungen auch im Jenseits, direkt nach dem Übergang. Solange, bis wir so weit sind, den nächsten Schritt zu wagen. Denn wir sind alles göttliche Geschöpfe, ausgestattet mit unendlicher Schöpfungskraft und der Möglichkeit des individuellen Seins. Das Spiel geht also so lange, bis diese Seele erkennt, dass es IHR tiefes, selbst kreiertes LOCH ist, und kein anderer etwas mit diesem Loch zu schaffen hat.

Erst dann, wenn die Seele bereit dazu ist, über dieser Erfahrung ihre energetischen Schwingungen auf die nächst höhere Bewusstseinsstufe anzuheben, erst dann geht es weiter. Das gesamte Universum steht diesem Seelenwesen ab diesem Moment voller Liebe zur Seite.

Die geistige Welt be- und verurteilt nicht. Sie liebt dich bedingungslos und wartet nur auf ein winziges Zeichen von dir, um auch deiner Seele behilflich zu sein. Im Jenseits werden die Seelen während der Erlangung der nächsten Bewusstseinsstufen geschult. Ihre Wahrnehmung ist jetzt multidimensional. Sie erhalten dazu ein »Energieverständnis«, und wie sie mit ihren Energien umgehen können. Jeder wird geschult, wenn die Seele so weit ist. So, dann erfährt die Seele nach und nach den Einblick in das große Ganze. Irgendwann wird dann auch zur Seelenrückschau oder zum Lebensfilm angetreten. Die Seele versteht nach und nach alle Zusammenhänge und Inhalte aller Inkarnationen. Sie erfährt, wie sie als individueller Seelenanteil als Mensch in dieser Dimension Erde gelebt hat, und mit welchen Plänen und Wünschen sie ausgestattet war. Stück für Stück wird die Seele wieder an alles herangeführt. Aber erneut zurück zum Übergang: Seit ich diese wertvollen Einblicke für mich bekommen habe, kann ich voller Liebe auf meine beiden Fehlgeburten und jeglichen Tod um mich herumschauen. Ich weiß jetzt, dass es immer die souveräne Wahl ihrer Seele war. Eine Wahl, diese sensationelle Erfahrung des Übergangs vom Menschsein zum Seele sein noch einmal machen zu dürfen - das weiß ich von meinen Kindern.

Ich habe ihnen weit vorher auf himmlischer Ebene meine Zustimmung genau dazu gegeben, und mich als Mutter für ihren Plan zur Verfügung gestellt. Ach ja, ich wollte dir noch erzählen, was bleibt, wenn wir heute aus diesem geliehenen menschlichen Körper in die geistige Welt übergehen. Alle kommen, wie zuvor erwähnt, mit ihrem individuellen Bewusstseinsstand im Jenseits an und werden voller Liebe empfangen. Du kannst dir das als das größte und schönste Fest vorstellen, was du je erlebt hast. Spinne jetzt einmal völlig herum und stelle dir vor, deine Gedanken an ein super Fest gingen noch viel, viel schöner: Das ist der Übergang. Voller Glorie und so wundervoll, wie meine Oma Rosa mir es mal im Jenseitskontakt erzählte. Nichts von dem, was sie als Mensch glaubte, woran man sich unbedingt zu Lebzeiten als streng katholisches Kirchenmitglied halten müsse, war dann tatsächlich so. Das schien meine Oma im Jenseits echt überrascht zu haben. Dieser Übergang, dieses Ankommen und Empfangen werden von deinen Liebsten und vielen anderen in der geistigen Welt, ist ein Fest von purer Liebe, Lichts und der Freude. Das ist die wertvollste und schönste Erfahrung, die neben dem ganzen Bewusstseins-Wachstum jede Seele erleben darf. Vielleicht verstehst du jetzt, warum die geistige Welt immer sagt: »Vor dem Tod braucht ihr keine Angst zu haben«. Egal, in welcher Trauerphase du dich gerade befindest, egal, welche wichtigen Menschen du meinst verloren zu haben. Sie sind als Seele da und werden immer an deiner Seite sein. Was, wenn das genau ihr Wunsch war? Was, wenn es der Wunsch deiner Lieblingsseele war, dieses Leben genauso mit dir zu verbringen und dieses jetzt mit etwas geänderten Vorzeichen dennoch fortführen zu können? Was dann?

2.13

Rückschau oder Lebensfilm

Ich wollte dir hier erzählen, was bleibt. Das, was von dir oder mir als Seelenanteil bleibt, sind die aus diesem gelebten Leben wertvollsten, wichtigsten und schönsten Emotionen. Aber Achtung, ich spreche hier von allen Emotionen, ohne diese zu bewerten.

Ebenfalls bleibt alles, was mit der Erfüllung deines vorher persönlich festgelegten Lebensplans zu tun hatte. All diese Erfahrungen fließen zum Schluss in der geistigen Welt von deinem Seelenanteil als Quintessenz bleibend in die Akasha Chronik ein, die im übertragenen Sinne riesige Bibliothek der göttlichen Gesamtseele.

Mit dem »was bleibt« meine ich nicht, dass sich alle restlichen Erfahrungen des gelebten Lebens schon in Luft aufgelöst haben, wenn wir die geistige Welt übertreten. Nix da! Das wäre zu leicht für jede Seele. Alles, was ich hier in diesem Leben an Bewusstsein für mich nicht erreicht habe, führe ich dann als Seele nun aufseiten der geistigen Welt sowie anderen Inkarnationen weiter, denn schließlich geht es um Bewusstseinswachstum. Um das Wachstum eines jedes Seelenanteils, welcher sich ins Gesamtwachstum der einen umfassenden Seele einfügt. Zu diesem Bewusstseinswachstum, und das ist nicht gerade die einfachste Seelenaufgabe, die jedem von uns bevorsteht, gehört auch der Rückblick auf das vergangene, gelebte Leben. Das, was ich als »Lebensfilm« bezeichne. Wichtig: Es gibt eigentlich keine Strafe oder Bestrafung, und es gibt eigentlich auch keine Hölle. Es sei denn, du hast bereits zu Lebzeiten fest an Bestrafung und Hölle im Jenseits geglaubt. Dann darfst du diese gespiegelte Erfahrung dessen, was du geglaubt hast, erleben - selbst kreiert, versteht sich. Solange, bis du für dich selbst erkennst, dass du dich selbst in deine eigene Hölle oder Bestrafung gedacht hast.

Eine Hölle oder Bestrafung, die du mit deinem eigenen Willen selbst kreiert hast. Wie auch immer, Hilfe erhält jeder zu jeder Zeit, wenn dies der Wunsch des Seelen-Anteiles ist. Vor der Hilfe steht allerdings das Erkennen dessen, was ich selbst kreiert habe. Dein Lebensfilm oder Rückblick findet immer erst dann statt, wenn du als Seele bereit dazu ist. Nichts geht ohne deine Zustimmung. Hier genauso, wie in der geistigen Welt. Jeder entscheidet für sich, zu jederzeit. Das ist das universelle Geschenk der »eigenen souveränen Wahl«. Es ist kein einfaches Unterfangen, sich dem zu stellen, was man vielleicht sein Leben gedacht oder alles angestellt hat.

Sich allen Emotionen zu stellen, diese vollständig und vollumfänglich zu durchleben inkl. dem Erfahren und Durchleben, was ich damit ausgelöst habe, das kann sehr heftig sein. Alleine bei der Vorstellung stehen mir schon die Haare zu Berge. Ich will nicht in dem Seelenanteil stecken, der sich an Kindern vergriffen, andere gequält, ermordet oder sonst was getan hat. Selbst die Seelenanteile, die zu Lebzeiten materiellen Reichtum auf Kosten anderer angehäuft haben, geizig oder geldgeil waren, und immer zum Schaden anderer voll ihr Ego auslebten, dürfen dann auf multidimensionalen Ebenen erfahren, wie sich das für alle angefühlt hat.

Das universelle, kosmische Gesetz von Ursache und Wirkung greift dann auch in der geistigen Welt. Keiner von uns kann sich den kosmischen Gesetzmäßigkeiten entziehen. Sie wirken hier und in der geistigen Welt. Jeder durchlebt dann alle Sichtweise und Perspektiven der anderen und somit alles, was sie zu Lebzeiten an Auswirkungen ihrer Taten nicht erkannt haben. Sie erleben, welche emotionalen Schmerzen, sie durch ihre Verhaltensweisen anderen Menschen zugeführt haben, und zwar bewusst.

Hier gibt es dann kein:

»Ist mir doch scheißegal, was mit anderen ist!« Du kannst sicher sein, dass diese Damen und Herren Seelenanteile weder Spaß, Freude noch Leichtigkeit bei ihrer Rückschau empfinden werden, wenn sie selbst erfahren, welche Auswirkungen ihre Entscheidungen hatten. Jeder Gedanke, jedes gesprochene Wort und jedes Tun haben eine Konsequenz zur Folge, die nur durch die bedingungslose Liebe und Annahme gewandelt werden kann. Deshalb kannst du dich entspannen, jeder straft sich quasi selbst. Ich muss niemanden über das Jenseits oder die universellen oder kosmischen Gesetzmäßigkeiten belehren. Ab dem Tage ihres Versterbens und ihres Übergangs in die geistige Welt werden sie selbst die Wahrheit hinter allem erkennen dürfen.

Verstehe mich bitte nicht falsch, keiner von uns ist heilig, jeder trägt hier sein Päckchen. Wir alle waren oder sind Opfer und Täter. Im Kleinen, wie im Großen. Alle Seelenanteile durchlaufen alle Erfahrungen in allen Ebenen, um Bewusstseinswachstum zu erreichen.

Diese Erfahrungen finden ebenfalls nicht nur in dieser Dimension Erde statt. Aus meiner Sichtweise heraus, findet die Inkarnation linear und nicht im »hoch, runter« Modus statt. Alle Leben sind gleichzeitig, da es weder Raum noch Zeit gibt. Es gibt keine Vergangenheit oder Zukunft. Alles findet im Jetzt, im Moment, statt. Das ist ein Grund, warum ich auf Rückführungen verzichte. Es ist für mich unwichtig, auch wenn viele das Thema Inkarnation aus einer sehr romantischen Sicht heraus für sich betrachten. Hast du mal überlegt, dass auch die Möglichkeit besteht, etwas gezeigt zu bekommen, was du eigentlich nicht sehen willst? Was, wenn du nicht nur neben Kleopatra gehockt hast, sondern selbst schon Mörder, Täter war oder selbst auch einen Suizid begangen hast? Was, wenn du das bei einer Rückführung erkennst, was passiert dann mit dir?

Es ist nicht einfach zu erleben, welche Auswirkungen dein Sein auch in einem anderen Leben hatte. Also das, was du gedacht, gesagt, getan oder auch nicht getan hast. So wie dein Tun sich auf andere Menschen ausgewirkt, und was es in ihnen ausgelöst hat, genau wie bei deinem Lebensfilm. Diese Erfahrungen nicht nur zu sehen, sondern ebenfalls multidimensional zu durchleben, mit allen Wahrnehmungsebenen, ist oft nicht leicht. Du durchlebst als Seele dein gesamtes Leben erneut, nicht nur aus der Perspektive, die du als Seele, verpackt in einen menschlichen Körper hattest. Diesmal erfährst du alles auch aus anderen Perspektiven heraus. Die wenigsten von uns hier sind heilig, voller Liebe im Herzen und marschieren mit Dauergrinsen im Gesicht durchs Leben. Gerade tippt mir mein Team auf die Schulter und sagt: »Doch, ein paar gibt es schon!« Die sind so geil! Danke für den Hinweis! Stimmt, sie haben natürlich recht. Immer gibt es und wird es Seelen bzw. Seelenanteile geben, die als Menschen inkarnieren, um uns aufzuzeigen, dass auch ein Leben in Liebe, Glück, Fülle und Vollkommenheit möglich ist. Stimmt!

Ok! Stelle dir vor, du warst nicht wirklich brav in diesem Leben. Nun darfst du als Seele nach deinem Übergang in die geistige Welt den ganzen Kram, den du verzapft hast, mit allen Gefühlen, Gedanken und Qualen, die du vielleicht ausgelöst hast, multidimensional selbst erleben.

Nach wie vor, das wird nicht für jede Seele ein Fest. Die Seele in der geistigen Welt besitzt viel mehr Wahrnehmungsmöglichkeiten, als wir sie als Seele im menschlichen Körper erkennen. Wenn du so willst, dann ist der jeweilige Lebensfilm, oder eben die Rückschau, eine echte Selbstbestrafung. Verstehst du jetzt, wieso das Universum nicht straft, nicht bewertet und nicht verurteilt? Das braucht Gott nicht, das dürfen wir ganz alleine machen. Dann, wenn wir als Seele bzw. Seelenanteil so weit sind! NUR WIR! Aber, und das ist das Schöne, am Ende führt immer alles zum Guten. Immer, für jeden, und immer hast du die beste Hilfe an deiner Seite, die du dir vorstellen kannst. Niemals wirst du alleine gelassen. Selbst dann nicht, wenn du aus deinem begrenzten Denken heraus so tust, als ob keine Hilfe da ist. Falls ich jetzt die Vollpanik in dir über alles, was du bereits getan und nicht getan hast, mit dem Thema Lebensfilm ausgelöst haben sollte, dann sorry!

Es war nicht meine Absicht, dich zu verunsichern. Sieh es als Hilfestellung für dein jetziges Sein. Du kannst dich, aus deinem Bewusstsein heraus, jederzeit neu und diese Wahl für dich nutzen. Dir steht die Möglichkeit offen, dich täglich für ein achtsames Leben in Liebe zu entscheiden. Das ist der Schlüssel zu allem. Aber: Du entscheidest. Zusammenfassend kann ich nur noch einmal wiederholen: Du bist immer verantwortlich für dein Tun – zu jederzeit. Jeder von uns ist das. Auch im Jenseits, oder vielmehr über dieses Leben hinaus findet die kosmischen Gesetzmäßigkeiten Anwendung. Über das Sterben bist du nicht raus aus deiner Verantwortung. Nix da, irgendwann darfst du für alles und jeden Mist, den du verzapft hast, Rechenschaft ablegen und geradestehen. Also, vielleicht ist einfacher, sich jetzt schon dem zu stellen und aufzuräumen. Was meinst du? Das ist auch der Grund, wieso ich mich seit Langem schon mit meinen schwierigen Themen beschäftige und mich, den für mich unangenehmen Situationen stelle. Das macht mich nicht zur Heiligen – keinesfalls.

Wir alle erhalten das Geschenk, die Ursachen des Gesagten und Getanen zu erkennen, wenn wir in schwierigen Situationen festhängen.

Hier wird uns der Spiegel, die Auswirkung gezeigt. Durch das Akzeptieren und Respektieren der Situationen, in denen du Mühe hast, und über das Wissen, dass alles so sein darf, wie es ist, kommst du wieder ins Gleichgewicht. Ohne das Be- oder Verurteilen, versteht sich.

Das ist die Zeit der Reflexion meines Selbst. Gleichzeitig öffne ich mich allen anderen Möglichkeiten. Selbst dann, wenn ich nicht mit dem Verstand verstehe, welche es sind. Durch das Öffnen für andere Möglichkeiten, begebe ich mich in einen Perspektivwechsel, über den ich aus dieser Situation heraustreten und weitergehen kann. Es gibt keine universellen Fehler. Ganz einfach erklärt: Du steckst in einem schwierigen Thema? Dann frage dich, wie die Liebe handeln würde und handle so. Hocke ich irgendwann vor meinem Lebensfilm, dann möchte ich diesen mit Chips und Bier (im übertragenen Sinne versteht sich) ansehen und Freude haben, auch wenn ich nicht alles immer gut gemacht habe. Ich möchte lachen und voller Liebe auf alles zurückblicken, was ich als Susan mit diesem, mir geschenkten Leben angefangen habe.

Ich würde mich freuen, wenn ich vielleicht ein wenig zum Verständnis des Universellen beitragen durfte. Vor allem aber, wie wertvoll das Wissen um die geistige Welt, ein ewiges Leben, die kosmischen Gesetzmäßigkeiten sowie um die Verstorbenen sind, die so gerne im Kontakt mit ihren Hinterbliebenen stehen, wenn sie es denn dürfen. Ich möchte in meinen Rückblick die tiefen Emotionen erleben, welche die Hinterbliebenen erfahren, wenn sie erkennen, dass ihre Lieblingsseele immer bei ihnen ist und sein wird. Ich darf in diesem Leben für unzählige Menschen ein Geschenk sein und das, obwohl ich mich selbst nicht als ein Geschenk empfinde und sehe. Daran arbeite ich. Wenn ich im Jenseits bin, dann möchte ich mit allen Sinnen, mit all meiner Liebe und all meiner Wahrnehmung erfahren, dass ich all das, was ich Wundervolles in mir trage, auch genutzt habe. Was bleibt, sind die besonderen Momente, die wichtigsten, aber auch die schönsten Emotionen. Das ganz große Kino der gelebten Liebe, die schönsten Erfahrungen! Wie hört sich das für dich an?

2.14

Blick in die Sterne

Schaust du dir gerne den Sternenhimmel an? Ich liebe es, in einer sternklaren Nacht die Sterne und die Sternbilder anzuschauen. Ich freue mich riesig, wenn ich diese leuchtenden Wunderwerke betrachten darf, die eine so große Faszination auf viele Menschen ausüben. Hier darf ich für dich ein weiteres Geheimnis lüften: Wusstest du, dass diese leuchtenden Wunderwerke zu den beliebtesten Ausflugszielen unserer Seelenanteile gehören? Ist das nicht ein schöner Gedanke? Und schon wird es wieder »rund« für mich, dass ich so gerne Sterne anschaue. Auch über die Sterne bin ich dann mit all meinen lieben Verstorbenen verbunden. Gleichzeitig grüße ich sie, mit jedem Aufschauen und Bewundern der Sterne.

Das war mir tatsächlich vorher nicht bewusst, dass ich mit jedem Anschauen der Sterne auch eine direkte Verbindung zu meinen geliebten Verstorbenen wahrnehmen kann. Angies beschreibt zusammen mit ihrem verstorbenen Mann Wendell in deren gemeinsamen Buch „Unfassbar", wie gerne sich die Seelen zwischen den Sternen aufhalten, um von dort aus ihren geliebten Menschen auf Erde zuzusehen. Die Sterne sind ein Top-Ausflugsziel, das immer gut frequentiert ist. Die Seele bzw. dieser Seelenanteil, der nun deine Verstorbenen sind, können überall gleichzeitig sein! »Ich liebe dich bis zu den Sternen und wieder zurück!« Das würden sie sagen, wenn du sie wahrnehmen könntest. Ist das nicht ein toller Gedanke? Wenn du das nächste Mal nachts deinen Blick zu den Sternen erhebst, dann denke immer daran, dass hier vielleicht auch deine Verstorbenen sind, die gerade jetzt einen Ausflug zu den Sternen unternommen haben. Sei sicher, du erhältst den Impuls genau dann, zu den Sternen zu schauen. Winke und Grüße neben deiner Lieblingsseele bitte auch alle anderen Seelen von mir. Vielleicht machen sie uns dann, gemeinsam mit ihrer wunderbaren Energie, das Geschenk einer Sternschnuppe.

Wer weiß?

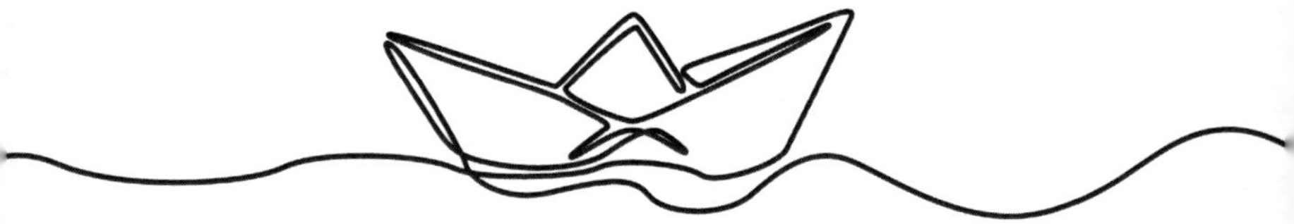

3
DU

3.1
Warum

Die Seele deiner geliebten verstorbenen Person hört immer mit, wenn du mit dieser redest. Zwar völlig anders, als wir uns als Menschen wahrnehmen können, aber, sie darf alles um dich herum wahrnehmen, wenn sie deine, selbst unbewusste Erlaubnis dazu hat. Auch, wenn diese Erlaubnis ausschließlich über deine Gedanken stattfindet. Dann ist sie da und schenkt dir jede Menge Zeichen. Unser Verstand versucht uns gleichzeitig vorzugaukeln, dass alles, was wir uns als Zeichen von unseren Verstorbenen wünschen, unter Wunschdenken fällt. Damit stellt sich der Verstand vor deine Seele. Wie eine unsichtbare Tür, die von unseren mächtigen Gedanken kreiert ist, um alles Unsichtbare, jedes Zeichen, jedes Gefühl als Blödsinn und Schwachsinn zu verwerfen. Damit ist die Türe zu, und dein Verstand beschneidet so deine Wahrnehmung und gewinnt die Hoheit. »Tot ist tot« ist die Devise unseres Verstandes. Warum? Weil wir alle oder zumindest der Großteil von uns genau das beigebracht bekommen hat. Dennoch gibt die Seele nicht auf, egal, wie aussichtslos die Situation auch für diese sein mag.

Egal, wie sehr die Hinterbliebenen auf ihren Verstand hören und sich darüber beratungsresistent gegenüber ihrer Verstorbenen zeigen. Ihre Verstorbenen werden nicht aufgeben, immer wieder Signale zu senden. Signale, die aufzeigen, dass diese immer an ihrer Seite sind. Mögen diese Signale auch noch so klein sein, steter Tropfen höhlt den Stein. Selbst dann, wenn die Hinterbliebenen in diesem Leben nicht die Erfahrung machen werden, dass ihre Lieblingsseelen immer bei ihnen waren und sie für keine Sekunde im Stich gelassen haben. Spätestens beim Sterben bzw. Übergang in die geistige Welt werden sie all ihre Lieben wiedertreffen und dieses Wissen erneut erlangen. Und irgendwann, wenn sie ihre eigene Seelenrückschau antreten, und sich mit ihrem Lebensfilm auseinandersetzen, dann werden sie erkennen, wie sehr sie ihrem Verstand vertraut und darüber ihre Seele verstoßen hatten. Aber vielleicht war genau das die Erfahrung, die sie sich für dieses Leben vorgenommen hatten.

Wer weiß das schon, alles darf sein. In ihrem großen Schmerz und tiefer Ohnmacht, hilflos dieser Situation des Todes der geliebten Person nun unfreiwillig ausgesetzt zu sein, stellt sich immer wieder die Frage im Kreis nach dem »WARUM«! Warum meine geliebte Person? Warum passiert mir das? Warum jetzt? Warum konnte so ein Schicksal nicht irgendjemand anders auf dieser scheiß Welt treffen? Warum tust du mir das an? Warum lässt du mich hier allein? WARUM? WARUM? WARUM? Die Phase der völligen Ablehnung des Todes, das stetige »nein, das kann und darf doch nicht wahr sein«. Auch wenn dies in übergeordneten Sichtweisen normale Fragen aufgrund des großen Verlustes sind, so bekommt hier jeder Hinterbliebene die Chance, für sich selbst zu erkennen und zu erfahren, dass dieser vordergründige Verlust gleichzeitig ein großes Geschenk birgt. Das Geschenk, dass die verstorbene Person nach wie vor an dessen Seite lebt. Aber, es ist es ein Weg, ein Prozess, der durchlaufen werden will. Ein Prozess des Erkennens. Die Verstorbenen können alles, nur nicht mehr in ihren irdischen Körper zurück. Dennoch sind sie da, voller Liebe und Geduld, um die winzige Chance wahrzunehmen, dir aufzuzeigen, dass es ein Leben nach dem Leben gibt.

Eine winzige Chance zu sagen: »Hey, ich bin immer an deiner Seite«. Ich vermisse dich genauso, wie du mich, auch, wenn ich jetzt nicht mehr in einem menschlichen Körper bin. Ich lebe jetzt neben dir im Jenseits und bin darüber immer mit dir verbunden. Sie werden nicht aufgeben, dir das aufzuzeigen, niemals. Manchmal ist es ein sehr langer Weg für Hinterbliebene, die von unzähligen Zweifeln und tiefen Ängsten begleitet bzw. geplagt sind. Oft können die Hinterbliebenen in ihrer Wahrnehmung die Lieblingsperson riechen bzw. deren Anwesenheit spüren. Allerdings begleitet vom sofortigen Zweifel, dass das alles nur Einbildung ist. Aber immerhin, sie zweifeln zwar, lassen aber unbewusst ihre Wahrnehmung zu. Ein erster Schritt. Es dauert, bis wir die Realität des körperlichen Todes akzeptieren und als Realität für uns annehmen können. In der Zeit des persönlichen Trauerweges ist das ein wichtiger Schritt. Nur wenn ich dazu bereit bin, den Tod meiner geliebten und mir körperlich fehlenden Person als meine Realität anzunehmen, erst dann kann ich auf meinem bzw. unserem gemeinsamen Lebensweg weitergehen.

Dann erst kann ich raus aus meinem Verstand und immer mehr und mehr meiner Wahrnehmung folgen. Ja, es wird immer wieder deutliche Rückschritte geben. Dafür sorgt schon allein Verstand. Aber jeder Schritt ist dann der Schritt hin zur Lieblingsseele. Mag er noch so klein sein. Dann beginnt ein neuer Abschnitt, in dem es den Hinterbliebenen möglich sein wird, mit ihrer Lieblingsseele voller Liebe zusammenzuarbeiten und darüber deutlich für sich zu erkennen, dass beiden heute noch ein gemeinsames Leben möglich ist. Auch wenn die Welten, in denen beide sind, unterschiedlicher nicht sein könnten. Es gibt die Schnittmenge, in der sie sich täglich treffen, und in der sie miteinander kommunizieren können. Dann erst wird der Sinn des Weiterlebens deutlich, und zwar mit der Lieblingsseele an der Seite. Seite an Seite erleben beide zusammen alles, was vorher nie möglich zu sein schien.

3.2
Liebe

Die Liebe ist der kostbarste Schatz des Universums. Alles findet im Universellen auf Grundlage der Liebe statt. Durch das einfache Aussenden deiner Liebe mittels Erinnerungen und Gedanken an eine verstorbene Person löst du so etwas wie eine Kettenreaktion aus. In Liebe ist alles auf ewig verbunden. Über dieses Band der Liebe bist auch du immer mit deinen Verstorbenen verbunden, die dir wichtig sind. Deine Liebe gibt ihnen die Zustimmung, an deiner Seite zu sein und dir darüber aufzeigen zu können, dass sie bei dir sind und an deinem Leben teilnehmen. Deine Liebe eröffnet selbst dir die Möglichkeit, eigene Jenseitskontakte zu deinen Verstorbenen herzustellen, und darüber die Kommunikation stetig voranzutreiben. Durch deine Liebe wird deine Energiefrequenz angehoben und eine Verbindung in die viel höheren Frequenzen des Jenseits erst möglich gemacht. Ich hoffe, du verstehst jetzt ein bisschen mehr, wie wichtig bedingungslose Liebe, als höchste Energieform und Grundlage für alles ist. Ein unendlich kostbarer Schatz. Wenn wir als seelische Wesenheiten im menschlichen Körper verstehen, wie wertvoll, kraftvoll und einzigartig diese Liebe ist, dann verstehen wir auch irgendwann, dass sich alles für uns Vermeintliche Negative, genau mit dieser universellen Liebe für uns wandeln lässt.

Ich spreche hier von der universellen Liebe. Eine Liebe, die an nichts und niemanden eine Bedingung stellt. Lebe für diese Liebe, es lohnt sich.

3.3
Jeder ist medial

Dieser Überzeugung bin ich zutiefst. Allerdings steht und fällt diese Medialität jedes Einzelnen damit, ob diese überhaupt ihre Medialität nutzen oder aktiv fördern möchten. In unfassbar vielen Fällen tritt die Medialität der Personen erst dann in den Lebensvordergrund, wenn diese etwas »Schlimmes« erlebt haben. Also ein Schockerlebnis, welches ihnen den Boden unter den Füßen und gleichzeitig ihren Alltag weggerissen hat. Dann wird der Sinn ihres Lebens sowie alles in deren Leben hinterfragt oder völlig infrage gestellt. Das gesamte bisherige Leben tritt in den Hintergrund, und nur noch die Frage nach dem

»WARUM?« bleibt. Oft erleben diese Menschen ihr Leben dann als völlig ungerecht oder als Bestrafung. Schuld und Gewissensbisse sind dann an der Tagesordnung. Gleichzeitig finden aber auch so etwas wie paranormale Phänomene statt, die als Unfug, Zufall oder Wunschdenken abgetan werden. In solchen Momenten ist meist auch der Zeitpunkt gekommen, sich nach allem Unsichtbaren umzusehen. Das Göttliche im Universum wird gesucht, um das Warum oder einen möglichen Sinn hinter dem Schockerlebnis besser für sich verstehen zu können. Erst dann wird die Medialität inkl. der Hoffnung, dass es vielleicht doch ein Leben nach dem Tod gibt, zum letzten Strohhalm. Jeder von uns ist medial. Das ist eines der göttlichen Geschenke, mit denen wir direkt zu unserer Geburt beschenkt wurden. Wir alle! Bitte lasse dir für einen Moment das Fünkchen der Möglichkeit offen, dass auch du medial bist. Genau wie ich. Wenn du denkst, dass du nicht medial bist, stehst du dir und der Entfaltung deiner Medialität quasi selbst im Weg. Ich durfte für mich bis heute erleben, wie es ist, die Medialität voll auszuleben. Für mich ist und war es ein Prozess. Auch wenn es vielleicht von außen betrachtet einfach aussieht, so ist die eigene Selbstverwirklichung zu leben immer eine echte Herausforderung. Warum? Weil du dich deinen Themen stellen darfst und musst, immer, und zu jeder Zeit.

Die Bewusstwerdung gehört zur Entfaltung der Medialität dazu. Themen, Muster und Programme der Kontrolle lassen sich nicht auflösen und sind dann »ratzfatz« weg. Diese Themen kommen immer und immer wieder, was es mir ermöglicht, diese schneller zu erkennen und für dich wahrzunehmen. Auch, wenn es nicht einfach ist, so habe ich mich von ganzem Herzen für das volle Ausleben meiner Gaben und Fähigkeiten entschieden, mit allem, was dazu gehört. Schatten und Licht, egal, alles darf sein. In jedem Schatten ist immer auch Lichtfunke zu finden. Das ist die wohl wichtigste Erkenntnis für mich seit vielen Jahren. Ich bin unendlich dankbar, weil mich diese tägliche Zusammenarbeit mit der geistigen Welt glücklich, erfüllt und zufrieden macht. Darüber darf ich sein.

Wir nehmen unbewusst so viel wahr, mehr, als wir überhaupt für uns realisieren. Alles läuft unbewusst ab, bis zum Tag der Entscheidung, für sich mehr verstehen zu wollen. Zu Beginn der Entfaltung deiner medialen Gaben geht es erst einmal nicht darum, welche das sind, oder wie du diese anwenden wirst. Es geht immer nur um dich und die Möglichkeit, deine Fähigkeiten voll auszuleben. Sei sicher, falls der Job Medium-Sein in deinen Lebensplan eingraviert ist, dann wirst du ohnehin nicht umher kommen, irgendwann als ein solches tätig zu sein. Dennoch! Am Anfang geht es einzig und allein darum zu erkennen, was Medialität für dich bedeutet und wie sich diese durch dich ausdrückt. Über die Medialität wirst du dein persönliches Bewusstsein immer erweitern und deinen Lebenssinn oder Weg dahinter besser für dich erkennen und ausdrücken können.

Wir alle machen aufgrund unserer Präge Muster meist den Fehler, so wie die anderen sein zu wollen. Deine Medialität, deine Gaben und Fähigkeiten sind aber etwas ganz Besonderes und einzigartig. Du bist etwas ganz Besonderes, das gilt es zu verstehen. Jetzt gilt es, dass du das für dich verstehen und annehmen darfst. Für mich ist das manchmal nicht wirklich einfach. Wie schnell ist man im Vergleich. Sei sicher, du hast alle Fähigkeiten und Gaben bereits in dir. Alle und noch mehr als diese, die du derzeit zu glauben vermagst.

Wichtig ist einzig, deine medialen Gaben anzunehmen und zu fördern. Bezweifle nicht, ob du diese hast. Jeder hat diese Gaben. Vielleicht nutzt du deine Gaben derzeit weniger, dennoch darfst du jetzt erkennen, was alles in dir schlummert. Zu erkennen, welche Sinne besser oder noch besser trainiert werden dürfen, das gilt es jetzt herauszufinden. Viele Menschen glauben, sie müssten ein Talent besitzen, damit ihnen diese Gaben zur Verfügung stehen. Sie verstehen nicht, dass es ausreichend ist, sich für seine Medialität zu entscheiden, und sich darüber alle Möglichkeiten offenzulassen, wie diese Gaben aussehen mögen. Erlaube dir, dass alles sein darf.

Öffne dich für all deine Fähigkeiten und Gaben und behalte diese Offenheit bei. Je mehr du versuchst, deine Medialität zu verstehen und in eine Schublade zu stecken, umso mehr verschließt du dich gegenüber dem, was alles in dir steckt. Deshalb öffne dich für alle deine medialen Gaben, Fähigkeiten und Talente. Auch wenn du keinen Schimmer hast, was alles auf dich wartet.

Medialität verläuft, wie alles im Leben als ein Prozess, und zwar als ein unendlicher Prozess, genau wie unser Bewusstseinswachstum. Sein Bewusstsein zu öffnen oder zu erhöhen hört nie auf – niemals, bis in alle Ewigkeit. Diese Prozesse sind nur pausierend, wenn du dich diesen verschießt, oder dich selber einschränkst. Dann allerdings wird dir die stetige Veränderung von außen gezeigt. Stelle dir bitte vor, deine Medialität wäre ein Baum. Lässt du nun offen, dass du der wundervollste Baum, mit prachtvollem Geäst, und beachtlicher Höhe sein kannst, dann steht deinem Wachstum dahin gehend nichts im Wege. Beschränkst du dich, hältst dich gedanklich klein, dann wird dein wundervoller medialer Baum mickrig und klein wirken. Zumindest aus deiner Sichtweise heraus.

Und dennoch sind deine medialen Gaben da. Sie schlummern tief in deinem Baum und warten nur darauf, dass du dein Potenzial erkennst. Das Wissen, das Erkennen und stetige Trainieren deiner Gaben wird dir über die Zeit dabei helfen, dich mehr und mehr selbst anzunehmen.

Eines noch: Ich bin der festen Überzeugung, dass das Wichtigste neben dem Erkennen dieser Gaben die tiefe Demut und Dankbarkeit für diese Form der Zusammenarbeit und stetige universelle Hilfe ist. Ehrliche Demut und Dankbarkeit, und nichts Aufgesetztes oder Oberflächliches, was meist zu mehr Schein-als-Sein und statt zum Erfolg zum Misserfolg führt. Wobei vielleicht genau, dass die Erfahrung in dem Moment für diese Person sein darf - wer weiß das schon? Sei deshalb auch tolerant und feinfühlig gegenüber dir selber. Sei dankbar, dass du bist, wer du bist, und was du alles bereits erleben durftest. Klingt komisch, aber probiere dich aus, lebe dein Leben mit allen Facetten und allen Möglichkeiten. Beschränke dich möglichst nicht, lebe voller Liebe und Freude in der Vollkommenheit, die du bist.

Bist du bereit, der größte und schönste Baum zu sein, den diese Erde je gesehen hat? Na dann: Los! Gib deinem wundervollen Baum aber bitte auch die Zeit zu wachsen. Genieße jeden Zweig und jedes Blatt, sobald sich etwas Neues zeigt. Nimm wahr, was dein Wurzelwerk ist, und wie es sich über die Jahre mehr und mehr ausbreitet. Das stetige eigene Wachstum deines Baumes ist ein wundervolles Bildnis für diesen Prozess. Mehr dazu später.

Nun möchte ich dir noch aufzeigen, welche Vorteile du in dein Leben ziehen kannst, wenn du bereit bist, für deine Medialität zu brennen. Du wirst das, was im Volksmund oft als »hochsensibel« bezeichnet wird. Über dieses »Hochsensibel-Sein«, und das Ausleben deiner Gaben spürst du sofort, welche Situationen, die du täglich erlebst, wirklich deiner inneren Wahrheit entsprechen. Die Lüge, der Schein hat dann keine Bewandtnis mehr für dich. Alles wird über deine Fähigkeiten aufgedeckt.

Jedes Aufdecken und Leben deiner inneren Wahrheit bringt dich mehr und zu dem tieferen Sinn deines Lebens, und darüber zu dir als Seele. Wie zuvor erwähnt, leicht geht anders! Sich zu leben, seinen Seelenweg zu gehen, bedeutet das »Eins-sein-mit-Allem«, und darüber die eigene Vollkommenheit zu erleben. Oder anders gesagt, zu dem Licht, was jeder anstrebt, gehört auch der Schatten. Sie sind eins.

Diesen Schatten darfst du dich allumfassend in diesem Prozessverlauf stellen. Also genau dem, was keiner gerne tun möchte. Die im Schatten liegenden Themen bergen dein größtes Potenzial. Bist du bereit, dich dem zu stellen, dann kannst du in tiefem innerem Frieden und persönlichem Glück leben, selbst wenn mal Regenwolken oder Stürme aufziehen. Diese, deine Vollkommenheit bleibt. Dafür lohnt es sich jeden Tag aufs Neue voller Freude aus dem Bett zu springen und zu leben. Der tiefe Sinn des Lebens ist: LEBEN!

3.4 Vergleiche

Der Vergleich mit anderen, erfolgreichen oder meist auch spirituellen Menschen, die von vielen als Vorbild angesehen werden, ist normal. Dennoch passiert im Vergleich folgendes: Vergleichst du dich jetzt bewusst oder unbewusst mit einer Person, dann bist du automatisch im Mangel-Denken. Dabei spielt das Thema des Vergleichs eine untergeordnete Rolle. Allein Gedanken wie: »Das will ich auch können, so will ich auch sein, so will ich auch so leben« etc. bedeuten, darüber gedanklich zu manifestieren, dass du all das nicht hast oder haben kannst. Du trennst dich gegenüber allem, was ist, war und sein könnte ab. So, als ob du einen vollkommenen Kreis mit jedem dieser Gedanken halbierst und immer weiter aufteilst, anstatt die Chance für dich zu erkennen, dass auch dir alle Möglichkeiten im Leben offenstehen, wenn du sie dir bewusst offenlässt.

Achte bitte bewusst darauf, was du beim Lesen dieses Buches denkst, oder besser gesagt, was es so in dir denkt. Das Denken ist bei uns allen der Schlüssel. Du denkst z.B., in deinem Leben müsste es so oder so laufen. Was, wenn es genau nicht so läuft? Was, wenn du damit deine Realität negierst? Bewertendes oder verurteilendes Denken nimmt dir deine Kraft. Was, wenn dir ebenfalls alle Türen zu deinen Wünschen offenstehen? Türen, die du dann siehst, wenn du bereit bist, alles auch aus einem anderen Blickwinkel zu betrachten.

Was, wenn es gar nicht darum geht, so zu sein? Was, wenn dir deine Vorbilder einzig die wunderbare Chance aufzeigen, selbst glücklich und zufrieden leben zu können? Dann, wenn du dazu bereit bist, dich für alle deine Möglichkeiten zu öffnen. Öffnen, ohne zu wissen, wie diese genau aussehen werden. Anstatt in den direkten Vergleich zu gehen und dich damit schlecht zu fühlen, ist es sinnvoller, voller Dankbarkeit und Demut anzuerkennen, was du alles bereits jetzt schon hast und kannst. Über den direkten Vergleich mit anderen machst du dich automatisch klein. Du sagst dir damit selbst, wie in einer Art Dauerschleife-Zwiegespräch, dass du es nicht kannst, dass du nicht liebenswert, nicht gut, oder noch nicht gut genug bist.

Hier mein Tipp: Vergleiche dich mit nichts und niemandem, auch wenn das Vergleichen ein typisch menschliches Verhalten sein mag. Vergleiche weder dich, deine Fähigkeiten noch, das, was du bist oder hast. Ich weiß genau, wovon ich rede. Viele Jahre dachte ich, ich müsse so sein wie Person XY oder mindestens so gut wie meine medialen Lehrer. Wie sehr habe ich ihr Tun bewundert. Erst heute weiß ich, wie sehr ich mich darüber selbst klein gehalten, und mir meine eigenen Fähigkeiten abgesprochen habe. Zum Glück gab es in meinem nahen Umfeld immer Menschen, die mir zugesprochen und mir gesagt haben, wie wundervoll das ist, was ich kann und tue. Durch das Bewerten oder Verurteilen im Vergleich machst du es dir nur unnötig schwer. Je mehr wir beurteilen, verurteilen, bewerten oder vergleichen, umso weniger sind wir direkt bei uns. Wir schwächen uns sowie unsere innere Kraft, und negieren darüber unsere Gaben und Fähigkeiten. All das läuft in einem unbewussten Automatismus ab, je stärker wir das Gefühl »des Ewigen nicht gut genug seins, nicht geliebt seins usw.« ausleben, umso schwerer machen wir es uns selbst. Deshalb achte bewusst darauf, ob du dich oder andere bewertest, vergleichst, beurteilst oder verurteilst. Auch wenn uns beim Menschsein die universellen Gesetze abhandengekommen sind: Alles bedarf eines Ausgleichs. Hinter jedem Gedanken steht als Ursache eine Wirkung, die universell ausgeglichen werden muss, um das Gleichgewicht des Verursachten wiederherzustellen. Anstatt unsere innere Kraft zu schwächen, hätten wir jederzeit auch die Wahl, aus unserer inneren Kraft heraus zu handeln, und diese darüber zu stärken.

Jeder von uns ist einzigartig und vollkommen, auch du! Erwischst du dich jetzt beim Bewerten, Vergleichen, Beurteilen oder Verurteilen, halte einen Moment inne. Verurteile dich bitte nicht dafür, denn es ist passiert und ist somit Vergangenheit. Stattdessen bedanke dich bewusst dafür, dass du in diesem Moment deine Muster oder Programme für dich erkannt hast. Atme, akzeptiere und nimm es darüber als gegeben an. Respektiere ebenfalls, dass alles so ist, wie es ist und sein darf. Selbst das, was andere von oder über dich denken: Bewerte es nicht, sondern respektiere, dass diese eine eigene Meinung haben dürfen.

Öffne dich nun weiter für alle deine Möglichkeiten, Gaben und Fähigkeiten. Gerne kannst du dir diese Worte, ähnlich eines Mantras, als Gedankenstütze in allen Situationen, in denen du Mühe hast, in Dauerschleife vor dich hinsagen. Es wirkt! Immer, wenn wir Mühe haben, uns etwas triggert oder ärgert, sind wir im Verstand und im Nein zu unserer Realität. Wir sind in diesem Moment nicht bereit, die Realität als gegeben zu akzeptieren. Das ist der Moment für dieses oben beschriebene Mantra! Je bewusster du bist, umso deutlicher ist es dir möglich, diese Programme wieder ins Gleichgewicht zu bringen. Durch das Öffnen aller Möglichkeiten, welches unser analytischer Verstand nicht denken kann, erlauben wir dem Universellen uns mit allem, was uns zur Verfügung stehen kann, zu helfen.

Weit ab vom Verstehen! Deshalb bedanke dich gerne auch zweimal dafür, dass das Universum dir auf jedem erdenklichen Weg zeigt, was alles für dich möglich ist. Du bist vollkommen und einzigartig. Du verfügst über deine eigenen einzigartigen Fähigkeiten, auch, wenn du selbst deine Fähigkeiten als ähnlich zu anderen erachtest (Beurteilung). Das Göttliche vergleicht nicht, sei einfach.

3.5
Dein Baum

Ich liebe es, einen Baum als Schaubild für unsere Medialität einzusetzen. Blöderweise haben wir Menschen immer die Vorstellung, dass unser Baum beim Entdecken der eigenen Medialität bereits voll ausgebildet ist, und in Mammut-Größe und voller Pracht vor einem stehen müsse. Sofort versteht sich! Da alles bereits in unseren Anlagen vorhanden ist, so denken viele, müsste auch die Medialität sofort vollumfänglich funktionieren. Die Natur bietet uns hier einzigartige Beispiele an: Aus einem winzigen Setzling wird, wenn dieser gut und voller Liebe gepflegt, gegossen und gedüngt wird, irgendwann ein ganz toller großer Baum. Nimm dir bitte für einen Moment die Zeit und beschäftige dich mit der Natur um dich herum. Je mehr du dich voller Liebe, Hingabe, Demut und Dankbarkeit um deinen medialen Baum kümmerst, umso besser, größer und schöner wird dieser gedeihen können. Keiner von uns kann Abkürzungen im Wachstumsprozesse nehmen. Du kannst es zwar gerne versuchen, sei aber bitte nicht enttäuscht, wenn es nicht so funktioniert, wie du es dir vorgestellt hast. Warum? Weil du in jedem Moment am richtigen Ort, zur richtigen Zeit bist. Egal, welches Wetter herrscht, oder welche Herausforderungen im außen nun auf diesen Baum warten. Er IST einfach, ohne nachzudenken, ob das Sinn macht. Egal, ob du medial arbeiten oder dich einfach nur selbst finden möchtest: Es dauert. Bitte gib deinem Bewusstseinswachstum, was zur Entfaltung deiner Medialität gehört, Zeit. Die gute Nachricht ist, irgendwann wirst du mit viel Hingabe, deinem großen Baum sehr nahe sein. Nichts kann dich dann wirklich aus deiner inneren Mitte schleudern. Egal, was auch kommen mag, du wirst verstehen, dass es zu dir gehört, und was das Geschenk des Wachstums für dich bereithält. Gerade fällt mir als Beispiel dazu noch die Geschichte vom hässlichen Entlein ein. Auch schön! Es gibt noch unzählige andere Beispiele, die wir als Geschichten aus unserer Kindheit kennen. Es dauert, solange es dauert. Wachstum lässt sich nicht wirklich beschleunigen, weder in der Natur noch in unserem Bewusstsein. Wachstum braucht Zeit. Deine Zeit und Liebe, Hingabe, Dankbarkeit und Aufmerksamkeit.

3.6

Jenseitskontakte kann jeder

Meine ersten Kontakte liefen zwar zu Beginn irgendwie, aber ich war lange Zeit nicht in der Lage zu erklären, was und wie das alles für mich funktioniert. Es war mir nicht möglich, all das mit dem Verstand zu verstehen. Heute weiß ich, wieso. Damals bin ich sofort in die Zweifel des »nicht gut genug«, »niemals gut genug sein« und »ich kann das nicht«, abgetaucht. Immer dann, wenn ich versucht habe, die Abläufe des Kontaktes verstehen zu wollen. Sofort war ich im Vergleich mit anderen Personen. Und, wen wundert es, dann ging auch nichts mehr. Weißt du, es ist so leicht im Nachgang auf sein Leben oder einzelne Bereiche des Lebens zu blicken, um dann die Zusammenhänge des Großen und Ganzen zu verstehen.

Meine ersten geführten Jenseitskontakte, also die Kontakte, die ich zusammen in einer geführten Meditation durchführte, fanden im stillen Kämmerlein unter Ausschluss von Kind, Hund und Familie statt. Gott hatte ich Angst, ich hatte keine Ahnung, was mich erwartet. Die blanke Angst stand mir ins Gesicht geschrieben, deshalb drückte ich mich wochenlang davor, diese Übung durchzuführen. Aber, wie das immer bei mir so ist mit der geistigen Welt bzw. mit dem »Berufen Sein«, die feine Stimme in mir wurde immer lauter und lauter. Ich konnte mich irgendwann nicht mehr davon drücken. Also nahm ich all meinen Mut zusammen und traute mich. Eigentlich war die Übung ganz schön. Sie begann in der Natur auf einer Wiese stehend, von wo ich dann als Ausgangspunkt losgelaufen bin. Irgendwann stand ich vor einem Haus, ging hinein und setzte mich in einen Sessel. Dieser Raum, in dem ich saß, hatte eine eindrucksvolle Tür. Eine Tür zum Jenseits. Irgendwann wich die Angst der Spannung, und ich konnte es kaum noch erwarten, dass sich endlich diese Tür für mich öffnet. Ich bat darum, dass sich eine für mich bekannte verstorbene Person zeigen und durch diese Tür kommen möge. Dann flog die Tür auf! Meine Oma und mein geliebter Hund Ilma, die fast 15 Jahre an meiner Seite war, stürmten zu mir. Im ersten Moment stockte mir der Atem. Wieso eigentlich meine Oma?

Nicht, dass ich sie nicht geliebt hätte, aber meine absolute Lieblingsseele war mein Opa. Wo war der eigentlich? Egal, sofort überkam mich ein unfassbares Gefühl der Liebe. Eine tiefe Liebe, die ich mit Worten nicht beschreiben kann. Ab diesem Moment war völlig egal, dass meine Oma nun vor mir stand. Ich konnte das erste Mal die Liebe aus der geistigen Welt wahrnehmen, und überall in jeder Zelle spüren. Die ganze Zeit liefen mir Tränen über die Wangen. Einerseits konnte ich es kaum fassen, was gerade hier passierte. Verstehen? Nein, das, was hier geschah, verstand ich noch nicht einmal ansatzweise. Aber, meine Seele wurde voller Liebe berührt, von meiner Oma und meinem geliebten Hund. Ilma begrüßte mich völlig überschwänglich, wie Vizslas es nun mal tun: so etwas wie eine Ganzkörperbegrüßung. Der ganze Hund wackelte und bebte, das sah wirklich lustig aus. Gleichzeitig sprang sie mir auf den Schoß und lutschte mich in tiefer Freude und unendlicher Liebe ab. Meine Ilma! Ich konnte sie deutlich körperlich spüren, und dass sie wie früher auf meinem Schoß saß. Mein Hund war jung und fit, mit glänzendem goldbraunem Fell, wie in ihrer Blütezeit. Ich heulte in einer Tour. Meine Gefühle überschlugen sich ohne Ende. Tiefe Emotionen und Freudentränen, das beschreibt diesen einzigartigen Moment am besten. Ich wusste nicht, wohin ich mich über diese tiefen Gefühle der Liebe tun sollte.

Glücklich und völlig tränenüberströmt saß ich da, verfolgte wie neben mir stehend die Situation, die sich da für mich im Kontakt zeigte. Nun kam meine Oma auf mich zu, voller Liebe. Sie trug ein schönes schwarzes Kleid, ihr Bestes. Das Kleid war im Brustbereich mit einer silbernen Verzierung bestickt, ich konnte deutlich beschreiben, wie meine Oma ausgesehen und was sie getragen hat. Im Nachgang stellte sich heraus, dass sie in diesem Kleid bestattet wurde, das hatte ich zu diesem Zeitpunkt nicht mehr auf dem Schirm. Zwar war meine Oma mit meinem Hund da, um mir aufzuzeigen, dass es so etwas wie das Jenseits wirklich gibt, aber ihr Hauptanliegen galt einer Botschaft an meine Mutter. Meine Mutter gehört zu den Menschen, die still vor sich hin leiden, weil sie denkt, es müsse so sein.

Nicht, dass man ihr das nicht ansehen würde! Würdest du sie direkt ansprechen, ist ihre Antwort immer gleich: »Danke, mir geht's gut«. Glattes selbst belügen, ohne dass sie selbst versteht, was das in dem Moment in ihr anrichtet. Oma richtete mir Grüße an meine Mutter aus. Ihr Wunsch war, dass auch meine Mum für sich verstehen kann, dass ihre Mutter immer bei ihr ist. Als ich meiner Mutter damals diese Herzens-Botschaft überbringen wollte, verstand sie erst mein Anliegen völlig falsch, als ich vor ihrer Tür stand und klopfte. Meine Mutter öffnete und sagte sofort: »Was auch immer du tust, höre sofort damit auf«. Ich muss entsetzlich ausgesehen haben. Tränenüberströmt und völlig fertig, aber glücklich! Hatte ich doch meinen ersten wissentlichen Jenseitskontakt gehabt! Ich konnte es kaum abwarten, meiner Mutter endlich alles erlebte, sowie die Botschaft ihrer Mutter zu überbringen. Etwas ungläubig hörte meine Mutter sich alles an und ließ am Ende verlautbaren, dass es ein schöner Gedanke sei, aber sie das alles nicht glauben würde! Super!

Heute weiß ich, hätte ich damals direkt um meinen Opa gebeten, wäre dieser vielleicht direkt gekommen. Ich bat damals um eine mir bekannte verstorbene Person, und dann kam meine Oma mit einer Botschaft für meine Mutter. Die geistige Welt weiß immer, was sie tut. Wer weiß, ich hätte den Kontakt mit meinen Erwartungshaltungen bestimmt gedanklich zerlegt, wenn mein

Opa, mit dem ich gerechnet hatte, direkt gekommen wäre. Da hat die geistige Welt mir ein Schnippchen geschlagen, um mich diese Erfahrung voll genießen zu lassen. Bei einer der nächsten Jenseitskontakte Übungen, die ich mit dieser geführten Art und Weise abhielt, kam irgendwann meine Tante, die bereits mit etwas über 60 Jahren an Krebs verstorben war. Meine Tante zeigte sich so, wie ich sie in Erinnerung hatte. Gut gelaunt, fröhlich und tanzend betrat sie den Raum. Sie war die Einzige unter ihren ganzen Schwestern, die immer eine gewisse Leichtigkeit an den Tag legte. Noch heute beschwingt mich der Anblick, wenn ich sie mit hochgestreckten Armen tänzelnd vor mir sehe. Genauso ein Erinnerungsfoto aus den 70er-Jahren habe ich von ihr. Auch hier fand wieder so was wie eine Art Gespräch über meine Gedanken statt, indem mir meine Tante mitteilte, dass sie glücklich sei und es ihr gut geht.

Sie zeigte auf, dass sie mit allen zusammen ist, auch mit ihrem Bruder (meinem Onkel), der zu diesem Zeitpunkt gerade erst in der geistigen Welt angekommen war. Allen würde es sehr gut gehen. Meine Tante brachte auch wieder meine Ilma mit. Allen würde es sehr gut gehen. Meine Tante brachte auch wieder meine Ilma mit. Wieder wurde ich überschwänglich begrüßt und fand den Hund sofort auf meinem Schoß wieder. Ilma hat diese »Schoßsitzerei« zu Lebzeiten immer gemacht. Immer saß der Hund, selbst im ausgewachsenen Zustand, auf meinem Schoß, oder mit mir auf dem gleichen Stuhl. Mein Baby!

Mit einer der lustigsten Kontakte in diesem ersten Entwicklungsstadium war der mit meinem Onkel. Immer wieder versuchte ich alleine mit meiner Familie in der geistigen Welt Kontakt aufzunehmen. Diese Begegnung gehörte zu der Ersten, bei der ich laut und herzhaft lachen musste. Wie du weißt oder auch nicht, komme ich gebürtig aus Hessen. Mein Onkel hatte zu Lebzeiten einen solchen hessischen Dialekt drauf, dass ich oft darum gebeten hatte: »Mensch, rede Hochdeutsch mit mir, ich verstehe kein Wort«. Als sich nun die Tür zum Jenseits öffnete, konnte ich hellsichtig erst mal niemanden wahrnehmen. Ich sah nichts! Ich fragte, ob jemand aus dem Jenseits für mich gekommen sei. Und auf einmal hörte ich eine Antwort. Es war ein kurzes: »Joouuuh«! Häh, wer war das denn, schoss mir durch den Kopf. Ich hatte keinen Schimmer, wer das sein konnte. Ich begann weiterzufragen, ob die Seele oder Person männlich oder weiblich sei. Die prompte Antwort war: »Ey, männlich«. Ich fragte weiter:

»Woran bist du gestorben«. Darauf, wer es ist, bin ich vor lauter Verdutztheit nicht gekommen. Sofort kam die Antwort: »Isch bin afach umgfalle«! Auf einmal war es da! WALTER!!! JIPPPI, dachte ich, mein Onkel. Und dann auf einmal konnte ich sein Bild vor mir sehen. Er sah glücklich und gut aus. Walter setzte sich zu mir, und ich hörte ihm sehr amüsiert die ganze Zeit in seinem hessischen Dialekt reden. So geil!

Er sagte mir, ich solle seiner Frau ausrichten, dass es ihm gut gehe. Ich sagte ihm, dass ich das tun würde, auch wenn ich keine Ahnung hätte, wie ich ihr das beibringen sollte. Die halten mich doch alle für verrückt.

Egal, ich war so froh, mit meinen Onkel Kontakt zu haben, dass ich ihn nach einer Botschaft fragte. Walter klopft mir auf die Schulter und sagte: »Haalt duursch mei Mädsche!« Ich musste echt laut lachen, wusste aber sofort, was er damit meinte. Kurz bevor unsere Zusammenkunft endete, sagte Walter mit einem Lächeln im Gesicht »isch vermiss mei Erna aach!« Ich sagte ihm, dass seine Frau ihn mit Sicherheit auch sehr vermisst. Ich erzählte ihm, dass ich meine Oma, Tante und Ilma auch schon getroffen hatte. Er nickte und lächelte. Dann wandte Walter sich mir wieder zu und fand zum Schluss die Worte: »Aach wänns jedzt schwier iss, du schaffst dess!«. Kurze Übersetzung: »Auch, wenn es schwer ist, du schaffst das!« Ich versprach ihm, dass an dieser Zusammenarbeit mit dem Jenseits arbeiten werde, und wie dankbar ich bin, dass er zu mir gekommen ist. Er lächelte. Ich dankte ihm für seine netten Worte. Wir umarmten uns, er lächelte mich an und ging wieder zur Tür. »Ja, mache ich« – hörte ich mich sagen, bevor mein Onkel durch die Tür ging und verschwand. Ich segnete ihn und bedankte mich von Herzen für sein Kommen. Der Ausblick durch die offene Tür sah aus, als ob ich einen kurzen Blick in den Himmel ins Jenseits erhaschen könnte. Da ging Walter, wie ein Lichtstrahl in den Himmel. Es war schön, das zu sehen… :-) Aber am geilsten war das Hessisch: ein furchtbarer Dialekt, aber was für eine sensationelle Erfahrung!

Selbst, wenn sich das jetzt alles einfach und toll für dich liest, halte bitte kurz inne und überlege, ob du ein solches Gedankengespräch hättest einfach wertfrei annehmen könnt. Denn: Es ist kein Gespräch. Alles findet über die mentale Ebene statt. Die Verstandesebene bzw. das Ego ist dabei wie ausgeschaltet. Alles geschieht, ohne zu verstehen, warum. Ich danke der geistigen Welt noch heute für all diese Erfahrungen, die ich alleine für mich in meinem stillen Kämmerlein sammeln durfte. Es half mir so sehr, die Angst vor dem Unbekannten zu verlieren. Wenn du dich jetzt fragst, warum ich diese Informationen, die so viele Jahre her sind, heute noch so gut wiedergeben kann, hier ist mein Geheimnis: Ich habe über viele Jahre alles aufgeschrieben. Wie sonst hätte ich es so detailliert auf dem Schirm haben können.

Jetzt beim Schreiben dieses Buches und dem Durchstöbern meiner alten Infos habe ich voller Freude an diese Zeit zurückdenken können. Hammer! Unzählige Kontakte folgten. Auch Kontakte zu Personen, die ich nicht wirklich kannte, die aber Botschaften für einzelne meiner ungläubigen Familienmitglieder bereithielten. Mein Weg als Medium begann zu einem Zeitpunkt, an dem ich diese Bestimmung noch nicht mal auf Schirm hatte. Ich war einfach nur überglücklich von allen Menschen, die ich liebte, und vor allem von meinem Hund zu wissen und zu spüren, dass es ihnen gut geht und alle da waren! Bei mir, alle ganz nah, was für ein Segen. Je mehr ich begann, mich mit den Themen Jenseits und Jenseitskontakten zu beschäftigen, umso merkwürdiger wurde alles. Unzählige paranormale Phänomene folgten. Phänomene, die ich erst ab diesem Zeitpunkt bewusst wahrgenommen habe. Bestimmt fanden diese vorher auch statt, nur gerafft habe ich es nicht.

Oft stand nachts jemand dicht neben meinem Bett. Wer das war, konnte ich meist nicht sagen. Es war ein Gefühl von beobachtet und angestarrt sein. Größtenteils standen die Seelen ganz dicht neben mir am Kopfende und starrten mich an. Es war sehr lustig und komisch zugleich! Ich war auch nicht ängstlich, obwohl ich sonst der »Vollschiss Hase« vor dem Herrn bin, und deshalb nie Gruselfilme gucke. Immer hatte ich das Gefühl, als ob mich jemand liebevoll wecken würde. Jemand, der dicht neben meinem Bett steht, und nur noch die Hände ausstrecken muss, um mich zu berühren. Was sie aber nicht tun! Sie stehen ganz still und voller Liebe und Freundlichkeit da. Sie drängen sich nicht auf, ziehen auch nicht an meiner Decke oder stupsen mich an. Sie stehen quasi nur rum und gucken mich nett an. Überwiegend bemerke ich das Angesehen werden dann aus dem Augenwinkel heraus, zumal es zu unmöglichen menschlichen Zeiten stattfindet. Am Anfang war mir nicht bewusst, was das sollte. Es waren meist Seelen, deren Botschaften ich im Nachgang irgendwann in einer medialen Übung durchgegeben habe. Sie kamen, um zu sehen, mit wem sie arbeiten werden.

Nun, morgens um drei Uhr stand mir nicht der Kopf danach zu fragen, wer dasteht, was die Seelenwesenheit jetzt sagen möchte usw. stand wieder einer herum, dann bat ich ihn liebevoll darum, mich schlafen zu lassen und sich an meine menschlichen Sprechzeiten zu halten. Was sie allerdings bis heute nicht davon abhält, auch nachts neben mir zu stehen und mich anzusehen. Bei uns ist selbst im Schlafzimmer immer was los! Spannend, gell? Heute laufen die persönlichen Jenseitskontakte zu meinen Lieben in der geistigen Welt wie im Vorbeigehen ab. Ich stand z.B. mal in der Küche meiner Mutter, als die beiden anderen Tanten noch lebten. Eine davon wurde liebevoll »Piff« genannt. Ihr Ehemann war zu dieser Zeit schon in der geistigen Welt. Zu Lebzeiten hatte ihr Ehemann (mein Onkel) ein solches Geschiss um seine selbst gemachten Liköre abgehalten und immer gepredigt, dass er diese Rezepte mal mit ins Grab nehmen würde. Mit nichts war mein Onkel zu bewegen, diese geheimen, gut gehüteten Rezepte herauszugeben. Als er starb, blieb dann nur noch die Erinnerung an die guten, leckeren selbst gemachten Liköre. Das dachte ich zumindest. Ich stand also in der Küche und wir unterhielten uns über meinen Onkel und seine Liköre. Ich sagte, wie schade es sei, dass er zu Lebzeiten immer auf diesen Rezepten saß und nicht bereit war, diese preiszugeben. Und, was soll ich sagen? Es dauerte keine Sekunde, da stand mein Onkel lächelnd neben mir in der Küche, was ich den beiden Damen dann auch lautstark verkündete.

Mein Onkel sagte, dass meine Aussage nicht stimmen würden, und dass er sehr wohl ein paar Rezepte aufgeschrieben und darüber an uns vermacht habe. Ist nicht wahr, dachte ich und gab es sofort meiner Mutter und Tante weiter. Ausgelacht haben mich die beiden, sie sagten: »Niemals hätte dein Onkel seine Rezepte preisgegeben!«. »Doch, doch«, erwiderte mein Onkel, was ich erneut aussprach. Du musst dir diese Situation bitte so vorstellen: bildlich gesehen standen wir nun zu viert in der Küche und unterhielten uns miteinander. Wobei mein Onkel durch mich sprach, weil meine ungläubigen Damen diese Kommunikation für schlicht nicht möglich hielten. Weder meine Mutter noch meine Tante konnten meinen Onkel wahrnehmen, sehen oder hören.

Also winkten sie nur mit einer flapsigen Handbewegung ab und murmelten: »Niemals!« vor sich hin. »Doch, das habe ich«, behaarte mein Onkel weiterhin!

»Ich habe die Rezepte handschriftlich aufgeschrieben und in das Rezeptbuch meiner Frau (also meiner Tante) eingelegt, was sie aber nicht weiß, weil sie es nie mitbekommen oder jemals nachgeschaut hat.« Fröhlich grinsend sagte ich meiner Tante dann: »Geh heim und gucke in dein Rezeptbuch, darin findest du die handgeschriebenen Rezepte seiner Liköre.« Kopfschüttelnd beendete meine Tante das Gespräch mit: »Ne, ne – niemals hätte der das preisgegeben, davon träumst du nur!«. »Gut« dachten sich mein Onkel und ich. Er gab mir zu verstehen, dass ich hier und jetzt keine Chance hätte, seine Frau von seiner Anwesenheit und dem geilsten Beweis »ever« für sein Fortleben in der geistigen Welt zu überzeugen. Wie bereits erwähnt, lief alles, was ich tat, innerfamiliär unter »Hokuspokus« für meine Tante ab. Ich ging also und machte irgendetwas anders. Ein paar Stunden später kam er, der Anruf: ein wenig kleinlaut hörte ich meine Tante am anderen Ende der Strippe sagen: »Du hast recht, er hat zwei handgeschriebene Rezepte seiner Liköre in mein Rezeptbuch gesteckt, das habe ich nicht gewusst!« »AHA!«, sagte ich, »glaubst du mir jetzt, dass dein Mann vorhin mit uns in der Küche stand? Er hat mir deutlich gezeigt, dass er diese Rezepte aufgeschrieben, und uns darüber vermacht hat.

Auch hat er aufgezeigt, dass das sein Geheimnis war. Weder du noch ich wussten davon!« Stille! Für einen Moment sagte meine Tante kein Wort. Ich konnte aber ihr Hirn arbeiten hören. Dann kam er, der mir so bekannte Satz!

»Ach was, alles Einbildung. Wie kann er denn dagewesen sein, er ist doch tot. Das war doch nur Zufall!« Tja, wäre auch zu schön gewesen. Na ja, immerhin durfte auch sie sich nach ihrem Tod selbst davon überzeugen, dass es weitergeht. Auch sie wurde von ihrem Mann mit einem riesigen Strauß Rosen abgeholt, so wie er es damals versprochen hatte. Vielleicht bringt genau diese Rückschau irgendwann ein Lächeln auf ihr Gesicht, wenn sie sich als Seelenwesenheit anschaut, was für einen Mist sie so oft von sich gegeben hat. Und das, obwohl es hätte so einfach sein können. »Hokuspokus«, PHA!

Um dich zu unterstützen in deinem Tun, habe ich für dich am Ende des Buches Übungen zusammengestellt, mit denen du ganz leicht selbst den Kontakt zu deinen geliebten Verstorbenen herstellen kannst.

Auch habe ich Meditationsübungen als Hörbücher veröffentlicht, die dir helfen werden, bei deinen ersten Kontakten die Angst zu überwinden, und dich voll und ganz auf deine ersten Erlebnisse einzulassen. Schreibe dir bitte deine Entwicklungsschritte auf, damit du im Nachgang diese Veränderungen für dich sichtbar machen kannst. Wir vergessen, wenn wir es können, was wir können, nur allzu leicht.

3.7
Eigentlich

Eigentlich – es ist an dieser Stelle wichtig, dass du genau das »eigentlich« verstehst. Warum habe ich wohl gerade versucht dir zu verdeutlichen, dass eigentlich jeder Jenseitskontakte kann? Ganz einfach: Menschen, die sich nicht vorstellen können, dass es so etwas wie das Jenseits überhaupt gibt, denen wird es von Hause aus schon nicht gelingen, einen Kontakt ins Jenseits herzustellen. Wie auch, sind sie doch der festen Überzeugung, dass es so etwas gar nicht gibt?

Selbst, wenn jetzt die halbe Verwandtschaft täglich durch deren Bude streift, und deren feinstoffliche Finger vor lauter Zeichengebung glühen, werden sie dies niemals bemerken, weil sie glauben, dass so etwas nicht möglich ist. Auch Menschen, die der festen Überzeugung sind, dass sie keine Jenseitskontakte herstellen können, obwohl sie an ein Leben nach dem Tod glauben, werfen darüber die Tür ins Jenseits zu. Egal, ob dies voller Angst oder aus der Unsicherheit heraus geschieht, ob das Erlebte wirklich ein Kontakt war, sie werden es zu Beginn nicht leicht haben.

Deshalb lasse dir bitte alles offen. Wenn du darüber unbewusst die Tür zur geistigen Welt schon zuwirfst, wird es doppelt so schwer sein, diese erneut für dich zu öffnen. Gedankenmuster wie, »ich kann das nicht« darfst du jetzt überwinden, um dieser Türöffnung zu stellen. Ich weiß, dass du es kannst, wir alle können es. Es wird Zeit, dass du dir alleine die Möglichkeit, dass du es kannst, offen hältst.

All das bedeutet »eigentlich«. Ja, es ist total einfach. Steht dir aber bewusst oder unbewusst dein Verstand, Programm oder Verhaltensmuster im Weg, dauert es, bis du diese für dich erkennst und aus dem Weg geräumt hast. Was, wenn du alles bereits mit Bravour kannst, auch Jenseitskontakte?

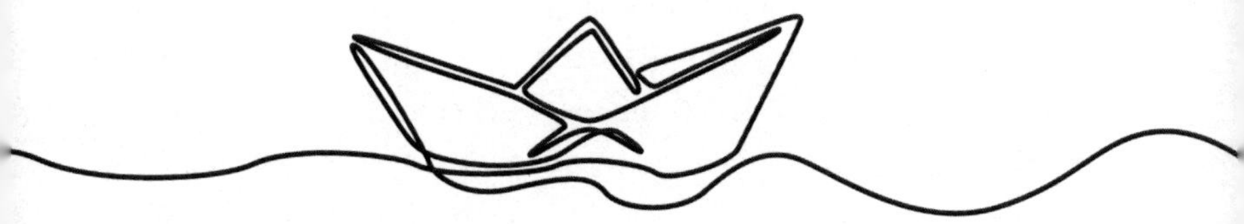

4 WISSENSWERTES

4.1

Sensitiv / Medial

Wusstest du, dass es einen Unterschied zwischen der Bedeutung der Wörter sensitiv und medial gibt? Es ist zwar kein lebensnotwendiges Wissen, aber dennoch interessant. Ich denke, wenn du um den tieferen Sinn dieser beiden Worte weißt, wird es dir einfacher sein zu verstehen, warum diese Worte ganz unterschiedliche Bereiche beschreiben. Wie gesagt, hat für mich jeder Mensch die Gabe, »medial« zu sein, mit in die Wiege gelegt bekommen. Nenne es ein göttliches Geschenk, aber darüber sind wir alle ein Medium. Übrigens, ein zusätzliches Geschenk zur souveränen Wahl einer jeder Seele. Du siehst, wir sind universell gut aufgestellt – eigentlich. Die Frage ist, entscheide ich mich bewusst dafür, meine medialen Gaben und Fähigkeiten zu öffnen, diese anzuerkennen sowie für mich nutzen, oder eben nicht? Spannend ist, dass die wenigsten Menschen mit diesen Wörtern irgendetwas anfangen können. Alleine das »nichts damit anfangen können« führt schon dazu, dass bewusst oder unbewusst gedacht wird, sie verfügen nicht über diese Gaben. Alles, was wir uns nicht vorstellen können, werden wir nicht erfahren! BAM! Eins der vielen, wundervollen, universellen Gesetzmäßigkeiten. Das Gesetz von Ursache und Wirkung. Hier nur mal als kleine Seiten-Info. Ich habe für dich eine Kurzversion, die dir die kleinen, aber feinen Unterschiede der Wörter „sensitiv und medial“ aufzeigen, zusammengefasst.

4.2
Sensitiv

Die »Sensitivität« oder das »sensitiv Sein« ist Bestandteil der Medialität bzw. der Gabe »medial« zu sein. Medial zu sein, beinhaltet also auch, sensitiv zu sein. Was aber ist jetzt sensitiv genau? Sensitiv zu sein bedeutet, alle Energien dieser Realität »Erde« wahrnehmen zu können. An dieser Stelle sei gesagt, dass viele Menschen dies wirklich können und sogar nutzen, ohne zu wissen, was sie genau wahrnehmen.

Genauer bedeutet das, du kannst die Energien eines Raumes, einer Person, eines Tieres, einer Pflanze aber auch Geschehnisse an Orten wahrnehmen. Spannend, oder? Sensitiv beschreibt also, dass du die Aura von allem auch feinstofflich wahrnehmen kannst. Ich werde jetzt mal ein paar Beispiele wählen, die dir bestimmt auch bekannt vorkommen. Du erhältst einen Anruf und sagst oder denkst: »Ja Mensch, an dich habe ich auch gerade gedacht!« Und, kennst du das? Ich bin sicher. In diesem Moment ist Folgendes passiert: Du warst energetisch direkt mit dieser Person, die dich angerufen hat, verbunden - weil du an sie gedacht hast. Ich hoffe, du erwartest nicht, dass ich dir diese komplexen Zusammenhänge bis in die Tiefe erläutern kann. Das kann ich nicht. Für mich ist es heute nicht mehr wichtig, alle universellen Abläufe verstehen zu wollen. Schön ist, alles feinstoffliche Empfinden geht auch, ohne dass ich alle Details dahinter verstehe. Nennen wir es Telepathie oder telepathische Ebenen. Du denkst an jemanden, und schon ruft die Person an oder steht plötzlich vor dir. Das ist eine der Ebenen, auf der solche Geschehnisse ablaufen.

Ein anderes Mal kann es sein, dass du entweder Besuch bekommst, oder auch am Telefon auf einmal feststellst, dass es der Person, mit der du gerade Kontakt hast, nicht gut geht. Und das, obwohl sie dir dies nicht mitgeteilt oder aber so getan hat, als ob es ihr gut geht. Ist dir dieser Zustand in einer Situation schon einmal aufgefallen? Dir wird auf einmal bewusst, dass die Aussage: »mir geht es gut«, nicht korrekt ist? Erst auf dein Bitten und deine Nachfrage hinkommt heraus, dass dein Gefühl richtig war, und die Person aus Scham bzw. aus gewohnten Erziehungsmustern heraus, nichts gesagt hatte. Der Klassiker! Das alles nennt man Aura-Lesen. Wie oft ist dir das unbewusst schon passiert? Wie oft hast du gewusst, dass es deinem Gegenüber anders geht, als das, was dieser gerade selbst von sich preisgeben will? Wie oft hast du dir deinen Teil dabei gedacht? Was verändert sich für dich, wenn du jetzt weißt, dass du die Aura, also das Energiefeld deines Gegenübers lesen kannst? Der Knaller ist, die Person muss dazu noch nicht einmal im gleichen Raum mit dir sein. Die Person kann auch irgendwo am Ende der Welt hocken.

Sorry, ich muss jetzt lachen, weil ich gerade dachte: gut, natürlich nur dann, wenn du dir das überhaupt vorstellen kannst. Und da sind wir wieder: öffne dich für alles, auch wenn es unfassbar und unglaublich für deine Ohren klingen mag. Du hast so viel mehr drauf als das, was du dir jetzt gerade im Moment vorstellen kannst. Du bist ein echter Knaller und hast noch nicht mal einen Funken Ahnung davon. Sensitive Energien wahrnehmen bedeutet also, alle Informationen aus diesen Energien lesen zu können. Abgefahren, nicht wahr? Das Wundervolle ist, dass alles hier in dieser Hammer-Realität Erde aus Energie besteht, purer Energie. Auch brauchst du dich noch nicht einmal bewusst mit dieser Energie zu verbinden, weil du unterm Strich immer und überall mit allem verbunden bist. Das ist aber ein anderes Thema, und manchmal verstehe ich diese Zusammenhänge für mich in bestimmten Situationen auch nicht. Dann fühle ich mich wie abgeschnitten. Dauert eben und darf auch so sein. Wenn du bewusst diese, in dir bereits angelegten

Fähigkeiten trainierst, erhältst du mit dem Lesen der Energie entsprechende Informationen.

Jede Aura, auch die menschliche, ist wie eine riesige Bibliothek aufgebaut. Sie beinhaltet alles, was im Leben dieser Person geschieht, geschah und Achtung: Noch geschehen wird, oder viel mehr noch geschehen kann. Wie geht das denn, fragst du dich jetzt? Ganz einfach: Bevor wir inkarniert sind, haben wir alle, uns zur Verfügung stehenden Möglichkeiten bereits kreiert. Alle, selbst die, die du dir derzeit noch nicht einmal ansatzweise vorstellen kannst. Wir hatten ja das Thema mit »dem sich vorstellen können« schon. Da ist das Universum schon sehr geil. Wir sind als Seele im menschlichen Körper so angelegt, dass wir unfassbar viele Möglichkeiten hätten, um an unser Ziel zu kommen. Die Frage ist, sehen wir diese, und lassen wir uns wirklich alle Möglichkeiten offen.

Das Lesen von Energien sollte natürlich nur mit einem sehr hohen Verantwortungsbewusstsein gegenüber anderen Personen ausgeführt werden. Mit anderen Worten: Es wird oft unbewusst manipuliert, und gerade in diesen Beratungsbereichen ein Kram erzählt, der mir die Haare zu Berge stehen lässt.

Oft ist hier viel Unsinn dabei. Auch werden hier Aussagen getroffen, die Menschen an ihrem Weiterleben hemmen, oder gar seelisch zugrunde richten können. Deshalb sei achtsam mit allem, was du denkst, tust, in Worte fasst oder auch nur ansatzweise aussprichst. Du kannst damit Menschen verletzen und/oder auch brechen. Die Verantwortung dafür trägst du, wenn nicht in diesem, dann in einem anderen Leben. Denk daran: Ursache und Wirkung, alles bedarf immer eines Ausgleichs. Mehr dazu aber im Kapitel »mediale Verantwortung«.

Jede Aura ist eine Art riesige Bibliothek, aus der sich alles in und um dein Leben ablesen lässt. Auch alle Menschen, mit denen du in diesem Leben zu tun hast und hattest, sind hier gespeichert. Alles ist hier gespeichert. Wie fühlt sich das für dich an? Viele finden diese Gedanken, gegenüber Dritten transparent zu sein, erschreckend. Sie fühlen sich unsicher mit dieser Form der Transparenz. Sie haben Angst vor dem, was alles zum Vorschein kommen könnte. Habe keine Angst, diese wundervolle Arbeit sollte nicht zu Spionagezwecken oder zur Manipulation genutzt werden. Setzt du deine Fähigkeiten über dieses Lesen der Energien so ein, dass du Menschen helfen kannst, sind diese auf allen Ebenen ein Gewinn.

Genauso funktioniert das auch bei Tieren und mit allen anderen Energien, z.B. die Raumenergien. Dicke Luft kann wahrgenommen werden. Ja sogar, wenn sich jemand in einem Raum das Leben genommen hat, sind diese Energien spürbar. Aber Achtung, nur die Energie des Ereignisses oder Geschehnisses, beim Lesen dieser Energie ist das Jenseits noch nicht am Start.

Wir Menschen können diese Energieveränderungen sensitiv wahrnehmen. Bei fast allen Personen, mit denen ich darüber spreche, findet dieses sensitive Lesen unbewusst statt. Das ist auch die Erklärung dafür, dass du diesen Bereich vielleicht für dich noch nicht entdeckt hast. Sensitiv zu sein, bedeutet also einzig das Wahrnehmen von irdischen Energien. Diese Energien werden über deine Hellsinne wahrgenommen.

4.3
Medial

Nun aber zu dem Wort medial. Kurze Wiederholung: Sensitiv bedeutet das Lesen von irdischen Energien, ohne dass das Jenseits in irgendeiner Form am Start ist. Reden wir von Medialität, dann bedeutet das, dass du auch mit den Energien, die nicht irdischer Form sind, kommunizieren kannst. Dazu gehören deine Verstorbenen, Geistwesen wie Engel, Erzengel, spirituelle Lehrer und alle anderen Wesenheiten. Auch in der Kommunikation mit dem Universum findet der Informationsaustausch über deine Hellsinne statt, zumindest bei den meisten Menschen. Natürlich gibt es auch Menschen, die Wesenheiten mit physischen Augen sehen und mit ihren physischen Ohren hören können. Ich z.B. arbeite zu 95 % mit meinen inneren Sinnen bzw. Hellsinnen. Manchmal sehe ich Verstorbene aber auch mit meinen physischen Augen, z.B. neben meinem Bett stehend, oder ich höre Informationen so, als ob mir jemand etwas ins Ohr sagt. Dennoch können andere Personen im Raum das Gleiche nicht wahrnehmen. Nur ich! Wir sind immer noch im Bereich der subjektiven und objektiven außersinnlichen Wahrnehmungen. Dazu aber mehr im Kapitel »Hellsinne«. Mediales Arbeiten findet in der Verbindung Seele zu Seele, oder besser von Wesenheit zu Wesenheit statt. Das können Engel, spirituelle Lehrer, verstorbene Menschen oder Tiere sowie andere Wesenheiten aus der geistigen Welt sein. Also die Verbindung vom Diesseits ins Jenseits, und darüber die Kommunikation mit der geistigen Welt. Viele, die sich mit der Thematik Tod und Jenseits beschäftigen, stellen dann fest, wie viele Hinterbliebenen bereits medial einen Kontakt zum Jenseits hatten, ohne dass diese für sich verstehen, was genau in diesem Moment wirklich stattgefunden hat. Sie wissen oder verstehen nicht, dass auch sie medial sind. Auch haben sie keinen Schimmer, dass alleine an eine verstorbene Person zu denken bereits einen Jenseitskontakt auslöst. Das nur mal am Rande. Sie buchen jede Erfahrung als „Hirngespinst" ab, die einzig ihrem tiefsten Wunsch entspringt, ihre verstorbene Person wieder bei sich zu haben, die aber niemals mehr Realität sein kann, zumindest nicht mit dem physischen Körper.

Oftmals werden beide Bereiche sensitiv und medial auch miteinander vermischt, aus Unwissenheit. Aber das passiert öfter, als du dir vorstellen kannst. Auch in Jenseitskontakten verstehen nur wenige Medien, dass sie gar nicht mit dem Jenseits, sondern, mit der Aura des Hinterbliebenen verbunden sind und diese lesen. Das ist der Grund, warum für mich das Wissen, mit welcher Energie ich gerade verbunden bin, so elementar wichtig ist. Zugegeben, ist dies für Außenstehende nicht leicht erkennbar. Wie ich es als Beobachter erkenne, ist meist unterschiedlich. Mal ist es überdeutlich, mal findet ein Vermischen der Energiebereiche statt.

Letztlich lässt sich sagen, dass die Kontakte eher der Beschreibung eines Fotos gleichen, als dass die verstorbene Person wirklich zum Leben erweckt wird. Dabei spielen die Infos erst einmal nur eine nebensächliche Rolle. Für mich spielen Beweise die größte Rolle, welche die Hinterbliebenen nicht wissen können. Dinge, die sie mit ihrem Verstorbenen nicht erlebt oder miterlebt haben. All das ist nicht in deren Aura der Hinterbliebenen Person verzeichnet. Daran erkennt der Hinterbliebene für sich, dass wirklich die geliebte Seele anwesend war. Oft gehören dazu auch Geheimnisse. Alles, was in den Kontakten aufgezeigt wird, lässt sich in irgendeiner Form auflösen. Keine Seele gibt Informationen durch, die nicht nachweisbar, nach haltbar oder nach schlagbar sind. Der Sinn eines jenseitigen Kontaktes ist, dass die Hinterbliebenen verstehen, dass die Verstorbenen da sind. Und das nicht nur mit den Beweisen, die der Hinterbliebene selbst bestätigen kann. Wie gesagt, spannend sind die Hinweise, die kein Hinterbliebener wusste oder auf dem Schirm hatte. Abermals. Auch du bist in der Lage, all diese unterschiedlichen Energien der diesseitigen und jenseitigen Ebenen wahrzunehmen. Es gibt keinen Unterschied zwischen dir und mir. Es sei denn, du machst einen. Natürlich kannst du dieses Lesen der unterschiedlichen Energien trainieren, damit du für dich mehr Klarheit und Sicherheit bekommst, über das, was du an Gaben und Fähigkeiten bereits besitzt. Auf einem ganz anderen Blatt steht, ob du das alles nur für den Hausgebrauch oder als Bestimmung einsetzen wirst.

4.4
Wartezeiten

Glaubst du wirklich, du müsstest warten, bis du Kontakt zu einer geliebten verstorbenen Person haben darfst? Ich bin immer sehr amüsiert und erschrocken zugleich, da ich oft die unterschiedlichsten Aussagen höre oder lese. Die einen reden von 40 Tagen Heilschlaf. Die anderen vom Stören der Totenruhe. Die nächsten von 6 Monate Wartezeit. Manche sagen, du sollst keinen Kontakt haben, damit die Seele ungestört im Jenseits ankommen und dort, was auch immer tun kann. Und natürlich auch die Personen, die sagen, dass uns Menschen dieser Kontakt verwehrt bleibt, und wir keine Kontakte ins Jenseits haben dürfen. Nun frage ich dich erneut, (und bitte, richte jetzt deinen Fokus deutlich auf das, was du fühlst, aus): Glaubst du wirklich, du musst warten? Wie fühlt sich »du musst warten« an? Gibt es dir ein gutes oder ein komisches Gefühl? Was fühlst du mit diesem »Warten«? Das ist eine ganz wunderbare Übung für dich, zum ersten Mal bewusst zu überprüfen bzw. infrage zu stellen, ob die Aussagen der Anderen wirklich auch für dich stimmig sind. Ich fühle bei »du musst warten« einen Druck in der Magengegend. Es ist ein komisches, und kein freudiges, weiches, warmes, weites Gefühl. Dieses Gefühl engt mich ein und birgt eine gewisse Schwere in sich. Für mich sind das Zeichen, die mir deutlich machen, dass etwas nicht meiner Wahrheit entspricht. Also achte bitte auf das, was du fühlst. Dieses natürliche Gefühl sagt dir so viel über das aus, was du wirklich bist und denkst, und vor allem, was deiner Wahrheit entspricht.

Zurück zum Warten: Wir tun jetzt mal so, als ob das Warten wirklich sein müsste. Wie erklärst du dir dann die Tatsache, dass nicht nur ich, sondern unendlich viele Menschen sofort Kontakt zu ihren Verstorbenen haben? Wie erklärst du dir, dass viele Personen mit ihren Verstorbenen nicht nur aktiv den Kontakt erleben, sondern auch sofort Zeichen und Impulse ihrer Lieben bekommen? Und das in allen Richtungen, nicht nur über die eigenen Gedanken und Träume.

Diese Erlebnisse sind also nicht nur mir als Medium vorbehalten. Wieso, glaubst du, haben viele Menschen Kontakt und andere nicht? Für mich hat es damit zu tun, ob die Hinterbliebenen sich diesen Kontakt wirklich vorstellen können, und sich ihre Wahrnehmung erlauben. Wenn du glaubst, du darfst keinen Kontakt haben, dann schlägst du unbewusst die Tür zum Jenseits zu. Alle Phänomene oder Hinweise von deinen Verstorbenen werden dann unter »Das kann ja nicht sein; ich spinne doch; alles Hirngespinste«, abgebucht. Höre auf dein Gefühl, fühle! Ich habe mit all meinen Familienmitgliedern, die ich persönlich beim Sterben begleitet habe, sofort Kontakt gehabt. Meine Tante saß noch stundenlang verstorben in ihrem Stuhl, bevor der Bestatter kam, und ließ durch mich Botschaften an allen Anwesenden ausrichten. Meinen Onkel habe ich lange bevor er physisch verstarb als Seele bereits neben seinem Körper mit seinem Schutzengel stehen sehen. Bei einigen Jenseitskontakten erzählten mir die Kunden im Nachgang, dass ihr Familienmitglied gerade erst gestorben und noch nicht mal beerdigt ist. Meine Erfahrung zeigen, dass die Verstorbenen sehr wohl diesen sofortigen Kontakt wollen und suchen. Auch wenn die Kirche das nicht wirklich witzig findet und mit Psalm »Hastenichtgesehen« versucht, all das auch heute noch zu unterbinden. Dürfen Sie. Dennoch zeigen sich die Verstorbenen, sie sind da. Sie möchten aufzeigen, dass es ihnen gut geht, dass sie gut angekommen sind oder abgeholt wurden und dass sie immer bei dir sind und sein werden.

4.5

Erinnerungen

Erinnerungen binden uns an unsere Vergangenheit. Hast du dich schon einmal gefragt, wo all diese unzähligen Erinnerungen in dir aufbewahrt sind? Wie kann es sein, dass wir sogar Gerüche, Düfte sowie den Geschmack eines geliebten Essens, neben allen Bildern und Szenerien erinnern? Erinnerungen können durch alles Mögliche erneut aktiviert werden. Rufen wir diese ab, dann katapultieren wir unbewusst diese Erinnerungen direkt in die Gegenwart.

Wir geben ihnen eine Gestalt, und das, obwohl sich diese an keinem festen Ort im Gehirn befinden. Erinnerungen sind Frequenzen und damit Teil einer Energie- oder Resonanzfeldes. Wir verfügen über die Gabe und somit über Potenzial der Erinnerungen. Dieses Potenzial ermöglicht uns, auf dieses Resonanzfeld, welches um uns herum ist, zuzugreifen und darüber unsere Erinnerungen abzuspeichern. Dieses Resonanzfeld ist Teil unseres feinstofflichen Geistes, einem Bereich, der ebenfalls mit dem gesamten universellen Wissen verbunden ist.

Ich liebe Erinnerungen. Überall um mich herum habe ich Bilder und Erinnerungsstücke von allem, was ich liebe, stehen. Dazu gehören nicht nur alle geliebten verstorbenen Menschen und Tiere wie Emma, Ilma, mein Opa usw. Erinnerungen sind auch Bilder oder Erinnerungsstücke einer wundervollen Situation, wie z.B. meiner Hochzeit. Erinnerungen in welcher Form auch immer, lassen einem das Herz aufgehen, lächelnd und nach vorn blicken, wenn es möglich ist, darüber an etwas Schönes zu denken. Erinnerungen helfen dir beim Öffnen der Türe zur geistigen Welt. Unbewusst richtest du dich beim Ansehen des Bildes deiner geliebten verstorbenen Person ganz natürlich und automatisch voller Liebe an das Jenseits aus. Es ist für deinen geliebten verstorbenen Menschen wie ein telepathischer Ruf. Ein Ruf, der gehört wird. Wenn, in welcher Form auch, dieser Ruf von deiner Seele ausgesandt wird, dürfen alle deine Lieben bei dir sein, aber nur dann.

Bei einer Beerdigung (und davon hatte ich als junge Messdienerin unzählige) sagte ein Pfarrer zu uns, den Hinterbliebenen: »Es bleibt nur noch die Erinnerung, sonst nichts!« Ich höre mich innerlich sagen: »Echt, ist das so? Was, wenn es nicht so ist?« Ich erzähle dir jetzt ein gut gehütetes Geheimnis: Erinnerungen, wie Bilder, Erinnerungsstücke wie Schmuck, Rezeptbücher etc., sind Weltklasse, weil sie dir helfen, auch unbewusst den Kontakt zu deinen Lieben im Jenseits aufzubauen. Auch ohne, dass du wirklich verstehst, was und vor allem wie das passiert, du öffnest darüber die Tür. Beispiel: Du hast ein Bild deiner geliebten verstorbenen Person in der Hand, oder du schaust dir ein Bild an.

In diesem Moment spielt sich Folgendes ab: Unbewusst rufst du telepathisch auf der einen Seite nach dieser verstorbenen geliebten Person. Auf der anderen Seite bekommst du gleichzeitig kurz vorher von deiner geliebten verstorbenen Person einen Impuls, genau dieses Bild in die Hand zu nehmen oder anzusehen. Mega komplex, und einfach nur der Hammer, wie subtil das alles funktioniert. Der Kontakt wird immer gleichzeitig von beiden Seiten hergestellt. Nur verstehen dies die wenigsten Menschen. Sie verstehen nicht, wie sie den Kontakt aufbauen können, oder seit jeher schon aufgebaut haben. Egal, was du tust, du denkst an deine verstorbene Person, du schaust ein Bild an, du berührst einen Gegenstand. Völlig egal, der Ablauf ist immer der gleiche. Du baust automatisch darüber den Kontakt auf und gleichzeitig erhältst du kurz vorher aus dem Jenseits die Bereitschaft der Kontaktaufnahme. Was ich dir jetzt noch nicht erläutert habe, sind die Auswirkungen, die dazu führen, ob du deinen Kontakt klar und deutlich oder eben nicht für dich wahrnehmen kannst. Dazu aber später mehr.

4.6

Darf ich überhaupt Kontakt haben?

Nun, mit dem Wissen aus dem Kapitel Erinnerungen ist die Frage, glaube ich, überflüssig: Ja, natürlich darfst du. Es sei denn, du hörst auf irgendwelche Menschen, die meinen, dass niemand Kontakt zum Jenseits haben darf - außer Gott natürlich. Vielleicht ist jetzt gerade der Moment für dich gekommen, mal genauer zu beleuchten, was dich bisher davon abgehalten hat, genau diesen wundervollen Kontakt ins Jenseits zu haben. Du hättest all die Jahre die Sehnsucht nach deiner geliebten Person nicht aushalten müssen, wenn du dich dafür geöffnet hättest. Es geht nicht um andere Personen und Meinungen, sondern immer nur um dich. Du entscheidest, ob du dich für einen solchen Kontakt öffnest. Lässt du dich durch andere Personen oder Meinungen davon abhalten, dann scheint das im Moment für dich die richtige Erfahrung zu sein, warum auch immer. Es gibt sogar einige Kolleginnen und Kollegen, die ihren Klienten davon abraten, selbst den Kontakt zu ihren Lieben aufzunehmen.

Ja, du hast richtig gehört. Sie raten ab, mit dem Hinweis, dass man sich in persönlichen Belangen verlieren und darüber im Wunschdenken landen könnte, und natürlich auch, weil es zu schwierig ist. Damit wird natürlich auch gesagt, gehe lieber zu einem Medium. Sorry, da bin ich anderer Ansicht. Witzigerweise behaupten die Kolleginnen und Kollegen gleichzeitig, dass der

Kontakt zu Verstorbenen etwas ganz Natürliches sei. Ja, was denn nun? Erkenne: Es ist die Meinung der Anderen!

Ich finde, es gibt nichts Schönes, als wissentlich einen Kontakt zum Jenseits zu haben. Diese Tatsache bereichert mein Leben so ungemein, dass meine Worte nicht ausreichen, um dieses zu beschreiben. Ja, es nicht ganz so leicht, mit den eigenen Verstorbenen zu kommunizieren, weil wir vieles von dieser Person kennen und wissen. Ein solcher Kontakt ist nicht vergleichbar mit fremden Seelen, die Hinweise und Informationen für ihre Hinterbliebenen durchgeben. Aber im Ernst – es lohnt sich in jedem Falle, selbst den Kontakt zu wollen und daran zu arbeiten, bis die Kommunikation zwischen euch läuft. Die Belohnung ist das Wissen und Gefühl, dass du nie alleine bist, und deine verstorbene Person mit dir lebt und darüber immer an deiner Seite ist. Unbezahlbar!

4.7

Rituale der Vorbereitung

Immer wieder ist von anderen Kolleginnen und Kollegen als Empfehlung zu lesen, dass es wichtig sei, bestimmte Vorgehensweisen oder Rituale einzuhalten, damit auch ja der Kontakt zum Jenseits hergestellt werden kann. Tatsächlich war ich selbst lange der Überzeugung, dass es wichtig ist, eine feste Reihenfolge oder Vorgehensweisen einzuhalten. Alles, damit ich auch ja einen jenseitigen Kontakt bekomme, oder wirklich fest mit dem jenseitigen Seelenwesen verbunden bin.

Alles Quatsch? Ja und nein.

Wenn du glaubst, dass du etwas Bestimmtes benötigst, dann hast du dieses bereits für dich manifestiert. Hierbei spielt keine Rolle, was es ist. Es kann eine feste Reihenfolge, ein geschützter Raum, Engel oder andere Spirits sein, die du gedanklich an deiner Seite für den Ablauf eines Jenseitskontaktes benötigst. Es können aber auch Atemübungen, Bude ausräuchern, bestimmte Meridianpunkte auf deinem Körper gedrückt halten usw. sein. Dann ist das so. Vielleicht brauchst du gerade jetzt eine feste Reihenfolge oder Vorgehensweise. Es liegt also nicht am Jenseits, ob der wundervolle Kontakt zu Verstorbenen hergestellt werden kann, sondern wie immer an jedem Einzelnen von uns bzw. an dem, was wir uns vorstellen können. Hier mein Tipp: Finde für dich heraus, wie du am besten deinen Fokus weg vom Alltagsbewusstsein hin zum transzendentalen oder transpersonalen Bewusstsein halten kannst.

Eigentlich geht es einzig und alleine nur darum, deinem gesetzten Fokus.

Viele Jahre habe ich unter dem Deckmäntelchen Gabriel Arcanjo (Erzengel Gabriel auf Portugiesisch) Jenseitskontakte gegeben. Viel zu viel Angst hatte ich als Volldepp, Scharlatan oder ähnliches hingestellt zu werden. Ich dachte, ich sei noch nicht gut genug im Kontakte geben. Auch dachte ich, dass ich vorher meditieren und eine bestimmte Reihenfolge einhalten müsste, um mich gut auf die geistige Welt einzustimmen, und die Ebene für den Jenseitskontakt von meiner Seite entsprechend anzubieten. Nicht einen Millimeter wäre ich von dieser Überzeugung damals abgerückt. Meine ersten Jenseitskontakte liefen also anonym und einzig über das Schreiben mit den jeweiligen Hinterbliebenen ab. Keiner wusste, wer ich bin, wie ich aussah oder was ich kann. Ich schrieb verdeckt jedem, der offen dafür war, Infos aus dem Jenseits von seinen Verstorbenen zu bekommen.

Was für eine Zeit, geprägt von Ängsten und dem »nicht gut genug sein«. Der Kontakt lief meist ganz wunderbar, wenn der jeweilige Hinterbliebene wirklich mit seinem Hintern am Rechner sitzen blieb und brav jede geschriebene Information beantwortete. Manchmal bin ich schier verzweifelt, weil überhaupt keine Antwort mehr kam. Wo zum Kuckuck war die Person hin? Wäsche aufhängen? Wir sind mitten im Kontakt, das darf doch nicht wahr sein.

Es war zum Haare raufen, erst wollten alle einen Jenseitskontakt (kostenlos, versteht sich), dann war es endlich so weit und auf einmal war der Hinterbliebene wie vom Erdboden verschluckt. Atme, dachte ich, atme! Nach 15x »HALLOOOOOOOO, wo bist du jetzt hin?«, ging es manchmal weiter, manchmal auch nicht. Meist bekam ich noch nicht einmal ein Dankeschön, für die Mühe und Zeit, die ich den Herrschaften zur Verfügung stellte.

Hier eine weitere Geschichte, deren Ablauf sehr geil war und die dir zum besseren Verständnis behilflich kann. Im Hier und Jetzt leite ich auch noch einen großen Verbund mit niedergelassenen Ärztinnen und Ärzten. Innerhalb unseres Qualitätspraxisverbundes erzählte ich unter dem Deckmäntelchen der Geheimhaltung einer unserer Arzthelferinnen, dass ich Jenseitskontakte gebe. Ihre Oma war erst kürzlich verstorben. Während meines Praxisbesuches unterhielten wir uns über ihre Oma, und wie sehr sie diese vermisst. Ich hörte mich auf einmal sagen: »Wenn du willst, dann treffen wir uns bei dir zu Hause, und ich werde versuchen dir aufzuzeigen, dass deine Oma immer noch bei dir ist«. Kurz darauf stand mir schon die Panik ins Gesicht geschrieben: Hatte ich das jetzt nicht wirklich angeboten? Kreisch! Aber gesagt, getan, der erste offizielle Jenseitskontakt Termin als SUSAN war vollbracht. Ein Dank an die geistige Welt. Heute muss ich sehr darüber schmunzeln, denn sie haben alles immer so eingefädelt, dass ich zur richtigen Zeit, am richtigen Ort meine nächsten Entwicklungsschritte machen durfte. Sie sind immer da, ihre Hilfestellung und Impulse im richtigen Moment aufzuzeigen. Jetzt hieß es nur noch rausgehen und tun.

Nun, wenn du mich kennst, dann weißt du, dass ich mich an Verabredungen mit der geistigen Welt halte. Schließlich habe ich ein Date ausgemacht. Und, wer hockt schon zu so einem besonderen Date gerne alleine. Der Tag kam. Gott, schlotterten mir die Knie. Mir war vormittags schon ganz flau im Magen, an Essen war nicht zu denken, ich hätte ohnehin keinen Bissen herunterbekommen. Ich setzte mich hin und begann zu meditieren. Zumindest, soweit mir das aufgrund meiner Nervosität überhaupt möglich war.

So nach 20-30 Minuten, in denen ich das Zusammensein mit meinem geistigen Team übte, bat ich zum Schluss um einen wunderbaren Jenseitskontakt und beendete dieses Vorbereitungsritual.

Mit immer noch mit schlotterten Knien und hochrotem Kopf stieg ich ins Auto und fuhr zu meinem ersten Termin nach Frankfurt. Kaum im Auto sitzend, konnte ich wahrnehmen, dass ich nicht alleine im Auto saß: Besagte Omi der Arzthelferin war sofort ebenfalls sitzend in meinem Auto wahrnehmbar. Und nicht nur die, voll war die Karre, dermaßen voll. Das hatte ich zuvor noch nie erlebt. Besser ich kaufe mir beim nächsten Mal einen Bus, dachte ich, wenn alle schon vorher im Auto hocken. Fröhlich hinter mir hockend, babbelte die Omi nun, was das Zeug hielt auf mich ein. Ich wusste zuerst nicht, wie ich mit dieser Situation umgehen sollte. In meiner Panik etwas Elementares zu vergessen, sagte ich: »Schön, dass du da bist, aber ich brauche deine Infos erst, wenn ich bei deiner Enkelin bin«. Ach was, dachte sich die Oma und redete in einer Tour weiter. Ich konnte mich kaum auf den Verkehr konzentrieren, vor lauter Oma. Auf einmal zeigte sie mir das hellsichtige Bild einer filigranen goldenen Armbanduhr, mit der Info, dass ihre Enkelin diese sofort erkennen würde. Super dachte ich, auf den Verkehr zu achten wird auch völlig überbewertet. Wie auch immer. Ich versuchte ab diesem Moment einfach nur der Oma zu folgen, mir alles zu merken und keinem anderen aufs Auto zu fahren.

Voller Panik des Vergessens, begann ich mir schon während des Fahrens Notizen zu machen, da das Gebabbel hinter mir nicht mehr aufhörte. Wer weiß, dachte ich, vielleicht ist die Oma gleich nicht mehr da, dann habe ich wenigstens die Infos, die ich überbringen kann. Bei meinem Termin angekommen, begrüßte mich die Arzthelferin in der Haustür stehend. Ich grüßte zurück und sagte: »Lass die Tür offen, ich habe alle schon dabei« und musste lachen. So etwas hatte ich noch nie zuvor erlebt. Etwas irritiert schaute mich die Arzthelferin, Omas Enkelin an, freute sich aber, dass ich endlich da war.

Total neugierig überhäufte sie mich nun mit Fragen, bis ich ihr sagte, dass ein Jenseitskontakt keine Fragestunde sei. Nachdem ich ihr erläutert hatte, was alles schon vorher passiert war, bat ich sie darum, jetzt nur noch mit »ja«, »nein« oder »ich weiß es nicht« zu antworten. Was soll ich sagen, der Kontakt lief ganz wunderbar und als ich von der filigranen goldenen Uhr erzählte, brach Omas Enkelin in Tränen aus. Sie stand auf, holte die Uhr und legte diese vor mich auf den Tisch. Taataa! Die Uhr sah genauso aus wie das Bild, dass mir die Oma hellsichtig beim Autofahren übermittelte. Zurück zum Thema Rituale: Braucht es wirklich ein festes Ritual, um mit dem Jenseits in Kontakt zu kommen? Nein, heute weiß ich, dass alleine die Absicht und die Ausrichtung deines Fokus ausreichend sind. Schlussendlich haben alle meine Erfahrungen dazu beigetragen, das für mich zu erkennen. Um einen Jenseitskontakt aufzubauen, braucht es weder bestimmtes Ritual noch einen festen Ablauf. Die Absicht und ein in voller Liebe ausgerichteter Fokus, raus aus deinem Alltagsbewusstsein, rein in das jenseitige Bewusstsein, reicht aus. Willst du wissen, wie meine Vorbereitung heute aussieht? Ich nutze zwei Lieder als Hilfestellung für meinen Verstand, dass der sich gleich schleichen kann. Lieder, die mir helfen, die Energie bewusst anzuheben. Fetzige Musik, die für mich die Liebe und Freude der geistigen Welt widerspiegelt. Beginnt diese Musik zu laufen, geht's direkt los. Ich kann den Anstieg der Energie spüren. Die Tür zum Jenseits fliegt auf und gut gelaunt, meist tanzend und völlig beschwingt, kommen mein Team sowie die Verstorbenen zu mir. Das ist mein Bild, welches mir hilft, mich voller Liebe und Freude auf die persönlichen Jenseitskontakt auszurichten. Tschakaaaaaa! Ich kann das!

4.8
Angst

Angst ist einer der elementaren Bestandteile unserer menschlichen Lebensform auf diesem wundervollen Planeten. Dabei spielt es wie immer keine Rolle, ob ich diese täglich für mich auf dem Schirm habe oder nicht. Das Problem mit der Angst ist, dass diese zwar da sein darf, mich aber davon abhält, ich selbst zu sein.

Immer, wenn Angst zu spüren ist, bedarf diese einer Ausgleichshandlung. Angst, die ich (bewusst oder unbewusst) wovor auch immer habe, baut eine unsichtbare Blockade in mir und um mich herum auf. Über die Angst trennen wir uns von der Vollkommenheit des Seins ab. Eine unsichtbare Barriere, die ich als Bürde mit mir rumschleppe, bis zu dem Moment, an dem ich die Angst übers Annehmen und Bearbeiten ins Fließen bringe. Bin ich bereit aus einem anderen Blickwinkel heraus zu betrachten und anzunehmen, dass auch die Angst zu mir gehört, kann sich schon etwas verändern. Bewusst oder unbewusst entscheide ich mich täglich aufs Neue, in meiner Angst zu sein, bzw. in ständiger Angst zu leben, oder eben nicht!

Was bisher wenige Menschen verstanden haben ist, dass alles, was ich NICHT haben will, dauerhaft bei mir bleibt. Alles, was unter »Hauptsache weg« für uns läuft, zementieren wir fest in unseren Alltag, ohne es wirklich zu merken. Gefühle wie Schmerz, Wut, Ohnmacht, Hilflosigkeit, Scham, Kleinheit, Sinnlosigkeit etc. sind letztlich nichts anderes als Ausdrücke der Angst. All das verursacht in mir das Gefühl, nicht geliebt, nicht angenommen oder nicht gut genug zu sein, so wie ich bin. Das, liebe Leserin und lieber Leser, ist die Kurzfassung. Solange ich nicht bereit bin, mich meinen Ängsten jeden Tag aufs Neue zu stellen, so lange bleibt alles, wie es ist. Auch der Umgang mit dem Thema Angst ist und bleibt ein ewiger Prozess, dem ich mich täglich neu stellen darf. Ja, ich weiß, ein schlechtes, schmerzhaftes und blödes Gefühl will keiner wirklich haben und schon gar nicht fühlen - ich bin da kein Deut besser als du. Über die jahrelange Zusammenarbeit mit der geistigen Welt hat mir diese aber deutlich gemacht, dass es genau darum geht, sich seinen Ängsten zu stellen, um innerlich frei sein zu können. Ängste hemmen, Ängste blockieren, Ängste bewirken, dass du dich in jeder noch so kleinen Situation selbst nicht wahrnehmen kannst. Über die Angst werden deine wundervollen eigenen Energien gehemmt und die Angst darüber manifestiert. Wie ein perfekter Kreis, der immer wieder geteilt wird und darüber als Ganzes nicht mehr wahrnehmbar ist. Eine Trennung, die sowohl körperliches Unwohlsein, oder ganz und gar als Krankheit manifestiert werden kann.

Die Angst bleibt, weil Energie immer deiner Aufmerksamkeit folgt. Ist dein Fokus auf der Angst, so bleibt diese, auch wenn du dich danach sehnst, dass all der Scheiß endlich aufhören mag. Es bleibt! Dein Fokus richtet täglich, ohne dass es dir bewusst ist, einen fetten Scheinwerfer auf deine Ängste. Die Lösung deiner Ängste bleibt dabei Dunklen verborgen.

Im Grunde leben wir nur zwei Ausrichtungen in unserem Leben: Angst oder Liebe. Polarität, das gilt es, als Erstes zu erkennen. Bist du in deiner Angst und im Blockieren deines Selbst, oder fließt alles in der Liebe? Alles darf sein, in der Vollkommenheit ist Liebe und Angst eins. Es geht nicht darum, etwas auszuklammern und nicht leben zu wollen. Es geht darum, alles anzunehmen, wie es ist. Die gute Neuigkeit ist, dass du jeden Tag dein Leben neu ändern und darüber von deiner Angst in die Liebe gelangen kannst. Allerdings funktioniert das nur, wenn du bewusst dazu bereit bist, dich deinen Angstthemen sowie deinem Bewusstsein und deiner eigenen Achtsamkeit zu stellen. Über das Wahrnehmen des Istzustandes, wird es der darunterliegenden Angst in dir möglich sein, diese zu wandeln. Wir alle sind Gottesgeschöpfe, ausgestattet mit unendlicher Schöpferkraft. Es kann so einfach sein, wenn du dich dafür öffnest. Stelle dich deinen Ängsten, fühle diese, anstatt diese weg haben zu wollen. Erkenne an, dass alles »Weg haben wollen« nicht der Realität, sondern einem Wunschdenken und der Kontrolle deines Verstandes entspringt. Erkenne, dass alles so sein darf, wie es ist.

Erkenne, dass in dem Anerkennen der Realität deine innere Wahrheit liegt. Beurteile und bewerte diese, deine Realität nicht. Sei einfach in jedem Moment! Respektiere, dass jeder andere Sicht- und Denkweisen hat, ohne diese zu bewerten. Auch du, lasse dir über das Anerkennen der Realität und das Respektieren anderer Sichtweise alle Möglichkeiten offen. Wir alle wurden so erzogen, dass nur der Verstand wichtig ist. Somit hocken wir den lieben langen Tag im »schwarz-weiß Denken« herum. Wir fokussieren uns über auf das Bewerten von Dingen und Situation auf das Eine oder das Andere. Wir trennen! Was, wenn es aber in deinem Lebensplan nicht nur A oder B gibt, sondern unzählige Möglichkeiten, die du für dich auswählen kannst?

Unzählige, deshalb ist es viel einfacher, sich alle Möglichkeiten offenzulassen. Nur durch das Offenlassen der Möglichkeiten kann mehr zu dir kommen, als das, was du dir bisher mittels deiner Verstandesbarrieren vorgestellt hast. Ängste halten dich klein, Ängste lassen dich denken, du kannst das nicht. Ängste verunsichern dich bis hin zum Gefühl des »Gelähmt-Sein«. All das kannst du selber verändern, wenn du bereit dafür bist. Frage dich in Situationen, in denen du voller Angst nicht weiterkommst, was würde die Liebe in dir tun, und lausche, was als Antwort kommt.

4.9

Schutz

Was meinst du? Brauchst du Schutz? Ist es gedanklich wichtig für dich, bevor du den Kontakt zu deiner geliebten verstorbenen Person aufbaust, in einer Art »heiligem Raum« zu sein? Und, was sagt dein Gefühl? Was mich angeht, benötige ich so etwas nicht. Wieso? Weil es hier um Kontakte zu geliebten Personen geht, und um eine Ausrichtung in Liebe zur geistigen Welt. Glaubst du dich vor etwas schützen zu müssen, was du liebst? Wenn du dich besser fühlst, dann kannst du dich natürlich in eine Art heiligen Raum setzen, Engel zu deinem »Beschützt sein-Gefühl« dazu holen, oder was auch immer sich für dich gut anfühlt. Wenn es dir guttut, dann kannst du deine Bude auch räuchern - was das Zeug hält. Du entscheidest. Die Arbeit mit der geistigen Welt findet für mich immer auf Basis der Liebe statt. Liebe ist die höchste Energieform, die es gibt.

Diese Ausrichtung in Liebe hilft mir, die normalen Frequenzen anzuheben und darüber mit der geistigen Welt zu kommunizieren. Der Kontakt zu deinen Verstorbenen findet, selbst wenn es einer Klärung bedarf oder du unendlich viele Fragen hast, ebenfalls auf der Ebene der Liebe statt. Achte jetzt bitte einmal kurz auf dein körperliches Gefühl. Bitte jetzt für einen kurzen Moment darum, in der Frequenzen der Liebe zu sein. Über deine Bitte findet diese Veränderung sofort statt.

Wie fühlt sich das an? Kannst du das weite, warme, weiche, wohlige Gefühl in dir spüren? Ein Gefühl von Einheit, Geborgen-

und Getragen-Sein? Liebe ist für mich die Grundlage dieser wundervollen Zusammenarbeit, deshalb benötige ich weder einen Schutzraum noch einen Heilkreis, noch muss ich vorher meine Schlossinsel ausräuchern. Dennoch darfst und sollst du tun, was sich für dich richtig anfühlt. Nur darum geht es, um dich. Ich kann dir hier nur Sichtweisen ermöglichen, für die du dich bisher möglicherweise nicht geöffnet hast.

4.10

Böse Kontakte, Dämonen

Im übertragenen Sinne gibt es alles und nichts, alles, was du dir vor- oder auch nicht vorstellen kannst. Alles darf sein! Zum einen entspringt vieles, was wir als »böse«, oft auch als Dämonen, Geister oder Teufel bezeichnen, einzig unseren Bewertungen und Verurteilungen. Deshalb würde ich es heute anders beschreiben. Ich weiß für mich, es gibt »höher«, aber auch »nieder« schwingende Energien. Jede Frequenz ist im universellen enthalten. Wenn du diese niederen Schwingungen oder Frequenzen als Dämonen oder böse Geister bezeichnen möchtest, bitte!

Diese niedrig oder nieder schwingenden Energien sind ähnlich der Energien von Angst, Hass, Neid, Habgier usw. Bewegst du dich mit deinem Fokus in diesem Energie-Bereich, wirst du all das erleben, was du dir unter diesem Bereich vorstellst und über deinen Fokus dorthin anziehst. Beispiel: Menschen, die der festen Überzeugung sind, dass im Jenseits eine Hölle auf sie wartet, werden überrascht sein, dass sie genau das, nach ihrem körperlichen Ableben erleben. »Wie jetzt?«, denkst du vielleicht, es gibt doch gar keine Hölle oder Ähnliches, hast du doch gesagt. Ja, stimmt, habe ich gesagt, für mich gibt es das auch nicht. Jeder erlebt bzw. bekommt das, was er sich vorstellen kann und über seine Vorstellungskraft in seinem Leben manifestiert hat. Es kommt ebenfalls auf die Bewusstseinsebene an, auf der sich die Personen befinden.

Aber keine Sorge, keiner muss in seiner selbst gebastelten Hölle sitzen bleiben. Wer rauswill, kommt raus. Wer Hilfe will, bekommt

Hilfe. Wer Hölle will, bekommt Hölle - dein Wille geschehe. Oder wie Johann Jakob Wilhelm Heinse sagte: »Des Menschen Wille ist sein Himmelreich!« Universelle Gesetzmäßigkeiten, sage ich dazu nur.

Zurück zum Thema böse Kontakte, Dämonen und Co.: Möchtest du dich mit niederen Energien verbinden, dann ist es besser, du aktivierst alle Schutzmaßnahmen für dich. Leg schon mal den weißen Salbei als Räucherkram bereit. Im Klartext bedeutet das, du musst, um dies zu tun, deine Frequenzen absenken, um in diesen niederen Frequenzbereich zu gelangen. Wer will das? Ich auf jeden Fall nicht, ich bin Liebe, ich arbeite in Liebe und somit geschieht auch alles auf Basis der Liebe. Probiere dich aus, du wirst immer die Erfahrungen machen, die für dich jetzt und hier, richtig und wichtig sind. Wichtig ist an dieser Stelle auch erneut zu erwähnen, dass du keine Angst, Sorgen oder Schuldgefühle haben brauchst, wenn du dir den Kontakt zu deinen geliebten Verstorbenen wünschst. Es ist ihnen eine große Ehre, dir mit all ihrer Liebe aufzuzeigen, wie stolz sie auf dich sind. Stolz und glücklich, wenn du bereit dazu bist, selbst die Türen in die geistige Welt zu öffnen und sie dich darüber aktiv in deinem Leben mit all ihrem Wissen und ihrer Liebe unterstützen dürfen.

4.11

Hollywood lässt grüßen!

Es gibt Menschen, die mich voller Panik anschreiben, weil sie große Angst vor dem Kontakt mit dem Jenseits haben. Sie glauben z.B., der ehemals im Haus verstorbene Mensch rennt da immer noch umher. Oder, man sollte nicht in der Nähe des Friedhofs wohnen, da man sich dauerhaften dort auf Besuch einstellen müsste usw. Was soll ich sagen? Das Zimmer in meiner Jugend war mit direktem Blick über den gesamten Friedhof ausgestattet.

Ich konnte immer sehen, was da so abging oder eben auch nicht. Ich wäre nicht für 1.000.000 Mio. Mark nachts in die Nähe dieses Friedhofs gegangen, weil ich solche Angst hatte.

Deshalb kann ich natürlich all diese Ängste, die viele Menschen gerade dann haben, wenn sich das Interesse nach allem Unsichtbaren regt, nachvollziehen. Personen, die im Hause verstorben sind, können dir max. als Projektionsfläche begegnen - oder aber, du kannst liebevoll mit ihnen kommunizieren. Die Verstorbenen hängen nicht auf dem Friedhof ab und warten, bis mal einer der Hinterbliebenen sich bequemt, am Grab vorbeizuschlendern. Mancher würde dort auch vergebens warten. Sie sind bei dir, wenn sie es dürfen. Wenn du zum Friedhof gehst, um deren Grab zu besuchen, dann gehen sie mit dir dorthin und verlassen diesen ebenfalls, wenn du gehst. Alles andere, was uns echtes Kopfkino beschert, ist Hollywood.

Das hat so gar nichts mit der Zusammenarbeit der geistigen Welt zu tun. Ja, ich kann verstehen, dass dir (so auch mir viele Jahre), das Wahrnehmen von bisher nicht gewohnten Energien am Anfang unheimlich vorkommt. Das hat einzig damit zu tun, dass wir zu Beginn nicht wissen, dass es z.B. die Lieblingsseele ist, die wir spüren können. Es ist kein übel aussehender Zombie, der mich dank des Filmes American Werwolf wochenlang nicht hat in den Spiegel gucken lassen. Gott, hatte ich eine Angst!

Filme werden für mich zur Realität. Deshalb habe ich solche Filme danach nie wiedergesehen. Meine unbewussten Angstgefühle hatten sich mit allem, was ich wahrnahm, sofort mit diesem Zombie-Scheiß verknüpft. Damit war ich gefangen und völlig starr vor Angst. Du liebst deine Verstorbenen?

Dann findet diese Zusammenkunft in Liebe statt, wenn sie bei dir sein dürfen.

4.12
Energie

Ich wiederhole mich: Alles ist Energie! Alles! Selbst das, was du mit deinen Augen als feste Materie wahrnimmst: Stuhl, Tisch, Auto, Baum. Genau wie die Verstorbenen bist du ebenfalls als Mensch Energie. Du bist pure Energie, weil du auch ein Seelenwesen bist. Ein göttlicher Funke, eine göttliche Frequenz. Allerdings in der Form, dass deine feinstoffliche Seelenenergie zusätzlich eine körperliche Daseinsform gewählt hat. Diese Daseinsform ermöglicht dir, alle Erfahrungen in diesem Leben durchleben zu können.

Die körperliche Daseinsform »Mensch« ist etwas ganz Besonderes für jedes Seelenwesen. Die Menschenform ermöglicht es der Seele, alle gefühlten Emotionen in allen Varianten erleben zu dürfen. Hierbei ist dem Seelenwesen völlig egal, ob diese emotionalen Erfahrungen aus einer menschlichen Sichtweise heraus, als positiv oder negativ bewertet werden. Jede dieser gemachten emotionalen Erfahrungen wird uns behilflich sein, unserem großen Ziel, dem Streben nach Bewusstseinswachstum, ein Stück näherzukommen. Selbst dann, wenn wir erst im Jenseits für uns realisieren, dass jede noch so beschissene Erfahrung immer auch ein zauberhaftes Geschenk innehatte. Jede!

Energie lässt sich im Übrigen nicht auflösen. Energie ist, Energie ist unendlich. Wir Menschen sehen uns und unser Umfeld als feste, beständig Materie an - fern dessen, was wirklich unserer Realität entspricht. Wie auch immer, diese Thematik gehört zu einer der größten Herausforderungen, die jeder im Leben für sich erkennen darf. Alles ist Energie und alles ist mit allem ebenfalls immer energetisch verbunden. Auch Gedanken sind Energie, die durch eine Bewertung oder Verurteilung in die Schublade gut oder schlecht gesteckt werden. Wir erschaffen darüber unser Leben und auch die entsprechenden Barrieren, die uns daran hindern, unsere eigentliche Seelenwesenheit zu erkennen. Die Vollkommenheit, in der wir immer waren, sind und immer sein werden.

4.13
Jenseitige Energie

Alles Jenseitige ist ebenfalls pure Energie! Viele Verstorbenen nutzen ihre Energien, um uns physisch ihr Dasein aufzuzeigen. Genau wie wir brauchen unsere geliebten Verstorbenen manchmal eine Pause. Nicht, weil sie nicht dabeisein wollen oder können, sondern weil auch sie mit ihren Energien haushalten dürfen. Zu Beginn lernen diese, ihre hohen Energieschwingungen an unsere Erdschwingungen anzugleichen. Die Verstorbenen (genau wie wir) kommen aus der ersten Realität, die wir Erde nennen. Eine Realitätsebene, die viel niedriger schwingend ist, als die zweite Realität. Jeder Verstorbene befindet sich nach dem Übergang in einer anderen, viel höher schwingenden Energie. Und selbst hier, in der zweiten Realität, genannt Jenseits, gibt es viele unterschiedliche Ebenen, die als Dimensionen mit vielen Unterebenen bezeichnet werden können. Im Buch »Unfassbar« von Angie Heiss, werden diese Dimensionen als unterschiedliche Häuser bezeichnet, die jede Seele besuchen kann.

Je höher das Seelenbewusstsein, umso höher die Energieschwingung, so könnte man es grob gesagt darstellen. Entschuldige, es ist auch für mich, die den ganzen Tag mit dem Jenseitigen liebevoll abhängt, nicht einfach, etwas zu beschreiben, was für uns aus menschlicher Sicht nicht existent ist. Wir kennen und lernen, das von dem ich hier in diesem Buch schreibe, nicht. Genau das macht es nicht wirklich einfacher. Wie auch immer, der gerade verstorbene Mensch benötigt als Seele eine gewisse Zeitspanne, bis diese mit ihrer neuen Schwingungsform gut für sich umgehen und mit dieser haushalten kann. Ach, und noch so etwas: Es ist nicht wirklich leicht, mit unseren Worten etwas zu beschreiben, was so ganz anders ist und abläuft in der Welt des Jenseitigen. Ich rede hier von der Zeitspanne. Oft sage ich, dass es so was wie Zeit und Raum nicht gibt. Zumindest nicht, dieses Raum-Zeit-Kontinuum, was wir uns als Menschen erschaffen haben. So etwas wie Zeit, die wir verschiedentlich unterteilen, um etwas Unfassbares fassbar zu machen, existiert in der geistigen Welt so nicht.

Dieses findet nur hier auf der Erde statt und ist von Menschen gemacht. Nur so sind wir in der Lage, uns besser zu orientieren. Die Zeit gibt uns Halt, um Gedankliches und Erfahrenes in eine gewisse Abfolge bringen zu können. Sieh mir nach, dass ich dennoch unsere Sprache nutze, um das für viele Unmögliche, möglichst genau zu beschreiben. Es gibt auch eine jenseitige Zeit. Diese ist gegensätzlich zu dem, was wir hier Zeit nennen, quasi der Spiegel zu unserer Zeit. Die Zeit dort ist unendlich. Vielleicht verstehst du jetzt besser, dass z.B. 20 Jahre Leben in der geistigen Welt gerechnet auf die Endlichkeit, einem Wimpernschlag gleichkommt.

Zurück zur Energie. Jenseitigen Seelen verbrauchen ebenfalls Energie. Gerade in den Kommunikationsformen mit niedrig schwingenden Bereichen, wie unsere Erde es ist. Sie befinden sich in einem Hochfrequenz-Bereich, ähnlich einem immer vollgeladenen Akku. Du besitzt ein Handy? Super, nimm dieses bitte kurz zur Hand und schaue dir an, wie viele Apps du geladen und welche Fenster du gleichzeitig alle geöffnet hast. Bestimmt kann ich dir über diese Metapher die Zusammenhänge der Energie etwas bildlicher erläutern. Was glaubst du, wann und warum benötigt dein Handy manchmal extrem viel Energie? Warum ist dein Akku vereinzelt ruckzuck leer? Hast du dich schon einmal damit befasst, dass ein Entladen unterschiedliche Ursachen haben kann? Zu viele Apps, die ein immenses Datenvolumen benötigen, genauso wie ständige WLAN oder Netzsuche, braucht extrem viel Akku und damit Energie. Damit du nicht irgendwo im Nirgendwo ohne Akku rumstehst, kannst du entweder einen Stromsparmodus bewusst wählen oder darauf achten, dass dein Handy immer vollständig geladen ist. Beachtest du weder das eine noch das andere, ist das Handy irgendwann leer, nix geht mehr.

Zwar gibt es auch für die jenseitigen Seele viele Hilfsmittel, die einen moderaten Energieverbrauch möglich machen, dennoch wird Energie verbraucht, die wieder aufgeladen werden darf. Hierfür gibt es so etwas wie Energiefelder, bei denen sich jede Seele zum Ausgleich wie »aufladen« kann. So wie die Ladestation für dein Handy, wenn der Akku mal wieder aus der letzten Rille pfeift.

Oft wird diese Möglichkeit des Energietankens in der geistigen Welt, als eine Art Haus dargestellt. Ein Haus, das aufgebaut ist wie eine Elektroladestation. So wie es heutzutage möglich ist, sein Handy nur noch auf ein flaches Lade-Pad zu legen, so kann sich die Seelenwesenheit beim Aufenthalt hier erneut aufladen. Sensationell, oder? Die Jenseitigen, versuchen uns, mit dem, was wir an Wert und Wertigkeit kennen, zu erklären, wie das für uns Unfassbare bildlich aussehen könnte. Das ist die Hilfestellung der geistigen Welt. Sie helfen uns immer und überall, das Unsichtbare begreifbar zu machen, weil es das ist, was wir Menschen haben bzw. verstehen wollen, etwas Greif- und Beweisbares.

Zurück zur Energie: Deine Lieblingsseele benötigt Energie, um ihre Frequenzen anzupassen und mit dir kommunizieren zu können (egal in welcher Form). Damit verbraucht sie auch Energie, die wieder aufgeladen werden muss. Auch kann und kommt es mitunter zu Energieschwankungen. Alleine schon aufgrund dessen, dass sich die jenseitigen und diesseitigen Energien in jeder Sekunde einander anpassen müssen, um diese Kommunikation aufrechterhalten zu können. Dieses konstante Ausgleichen dieser Energieschwingungen kann auch der Grund sein, warum z.B. ein Kontakt instabil oder nicht deutlich genug ist, und ggf. nicht so lange anhält, beziehungsweise immer weniger wahrnehmbar wird. Hierbei hat auch der Hinterbliebene seine Finger im Spiel. Ein konstanter Energieausgleich kann nur von allen Seiten herbeigeführt werden. Spannend, oder?

Findet ein Jenseitskontakt mittels einer dritten Person (Medium), der von allen Seiten nicht als stabiler Trialog oder Trilog in Liebe gehalten werden kann, statt, passiert genau das. Abermals zur Info: Trilog, nicht Dialog. Es werden Energien zum Gleichgewicht der Frequenzen benötigt. Alle Erwartungen bewirken hier Störungen. Weder das Medium noch die geistige Welt ist in einer Beweispflicht, dass diese Kommunikation mit der geistigen Welt funktioniert. Wir wissen, dass es geht. Einen Dialog können wir alleine vollziehen. Ein Kontakt mittels eines Mediums ist immer ein Trilog.

Drei Seiten, drei Energieeinflüsse. Dein Part als Hinterbliebener wäre dann, offen für alles zu sein, dass deine Lieben dir aus dem Jenseits aufzeigen wollten. Bist du innerlich und äußerlich fordernd und erwartest bestimmte Beweise, dann bricht der Anteil deiner Energie vollständig weg. Der Energiestrom blockiert und fällt weg. Du entziehst darüber innerhalb des Jenseitskontaktes unbewusst deine Energie. Außerdem nimmst du deinen Lieben die Chance, dir nach ihrem eigenen freien Willen aufzeigen zu dürfen, was sie dir zeigen möchten. Achte bitte darauf, deine Energie ist genauso Grundbestandteil und wichtig für diese wundervolle Kommunikation, wie alle anderen.

Passiert so etwas in meinen Jenseitskontakten, dann wird die Energie der Verstorbenen gefühlt immer weniger. Sie sehen darüber für mich transparenter und durchsichtiger aus. Auch die Informationen aus der geistigen Welt werden dann oberflächlicher und konstant weniger. Alles, aufgrund der vielleicht unbewussten Erwartungen der Hinterbliebenen, die mich als Medium sowie die geistige Welt in einer Art Beweislast sehen und darüber Beweise für sich einfordern. Ist das der Fall, sinkt die Energie von allen Seiten ab bzw. der Gesamtenergiefluss blockiert, bis ein Kontakt nicht mehr möglich ist. Das passiert dann unglaublich schnell. Hierbei ist es völlig egal, ob dem Hinterbliebenen das Blockieren der Energie durch sein Tun bewusst oder unbewusst ist. Erwartungshaltungen ziehen diese hoch schwingenden Energien buchstäblich ab und darüber hinaus immer weiter runter. Der Kontakt kippt weg! Diese hoch schwingende Energie hat dann keine Chance, voller Liebe in diesen Trilog zu fließen. Weder das Jenseits noch das Medium hat dazu die Tür zugeschmissen, diesen Preis gewinnt hier der Hinterbliebene. Energie folgt der Aufmerksamkeit.

Ich, als dazwischen stehendes Medium, kann die Energien der geistigen Welt, meine, die der Hinterbliebenen sowie alle entsprechenden Raumenergien nicht mehr zusammenführen bzw. in diesen hohen Schwingungen halten. Schwingungen der Liebe, die benötigt werden, um genau diesen Kontakt herstellen und durchgeben zu können.

Es geht im Kontakt nicht darum, dass wir zu hören bekommen, was wir hören wollen. Das ist Ego! Es geht darum, das zu hören, fühlen und wahrzunehmen, was sie uns mitteilen möchten. Selbst, wenn sich alles aus deiner Sicht utopisch, bekloppt, irrsinnig, unfassbar oder unglaublich anfühlt, anhört und darstellt. Die Beweise dafür, dass die geistige Welt immer weiß, was sie tut, erhältst du irgendwann. Sei sicher! In meinen YouTube-Videos sage ich oft, dass die geistige Welt keine Energie verschwendet. Oft verstehen die Menschen nicht, was ich damit eigentlich sagen will. Ich meine damit, dass nichts vonseiten deiner Verstorbenen oder der Jenseitigen Realität einfach nur so geschieht. Sie verschwenden keine Energie. Sie tun alles, um dir zu zeigen, dass sie immer bei dir sind bzw. wo du für dich vielleicht noch mehr ins Bewusstsein kommen darfst.

4.14
Energie folgt der Aufmerksamkeit

Das gilt nicht nur für dich und mich, das gilt auch für die Verstorbenen. Wenn du mich sehen könntest: Ich sitze hier und grinse beim Schreiben. Dort, wo wir den Fokus hinrichten, dahin richtet sich über unsere gegebene Aufmerksamkeit auch die Energie. Die Energie fließt dorthin. Denke ich an etwas Blödes oder etwas, was ich überhaupt nicht haben will, weil es mich so sehr ärgert, dann passiert Folgendes: Die Energie, die ich über meine Aufmerksamkeit des »nicht-haben-Wollens« freisetze, fließt jetzt genau dort, und nirgendwo anders hin. Mein Fokus klebt quasi auf dem, was ich nicht will, wie Kaugummi. Damit bleibt alles, wie es ist. Es kann sich nichts verändern, wenn ich nicht bereit bin meinen Fokus und darüber den Energiefluss bzw. die Frequenz zu ändern. Möchte ich mit meinen Verstorbenen im Dialog arbeiten, und richte ich darüber meinen Fokus in Liebe auf diese Zusammenarbeit aus, so wird die Energie stabil von allen Seiten aufrechterhalten. Eine Aufgabe deines spirituellen Teams. Ja, du hast richtig gelesen, dein spirituelles Team. Weit gefehlt, wenn du auch nur ansatzweise geglaubt hast, dass deine Verstorbenen alleine sind.

Niemand ist jemals alleine, auch nicht deine Verstorbenen. Jede Seite bekommt die nötigen Hilfestellungen, um diese Kommunikationsform zu ermöglichen. Übrigens: Kerzen, Licht flackern oder sonstige Zeichen geschehen, weil die Verstorbenen ebenfalls in der geistigen Welt geschult werden, mit solchen Energien umzugehen. Sie können Energie bewegen. Alles funktioniert über ihre Energie!

4.15

Haushalten mit Energien

Ja, diese Form der medialen Arbeit zerrt auch an unserem Energiehaushalt, da wir körperlich nicht gewohnt sind, über längere Zeit in solch hohen Energiefrequenzen zu sein. Auch ich darf mir dies selbst immer wieder bewusst machen, weil ich über das Gefühl des »getragen Seins« in diesen hohen Energiefrequenzen nicht gleich bemerke, dass ich körperlich völlig ausgelaugt bin. Für mich ist das Arbeiten mit und in diesen hohen Energiefrequenzen zum Alltag geworden. Oft wirke ich für mein nahes Umfeld so, als ob ich an einem Starkstrom Aggregat angeschlossen bin. Es gibt Tage, da bin ich vor lauter Energie, Kreativität, Liebe und Enthusiasmus kaum auszuhalten. Natürlich im liebevollen, lustigen Sinne. Bestimmt ist dir der Duracell Hase ein Begriff, der fröhlich, schnell und laut seine Becken schlägt oder vor sich hin trommelt.

Gibt ja verschiedene, hab's eben recherchiert. Jetzt bin ich schon von Haus aus ein Mensch, der Hummeln im Hintern hat, ähnlich dem Duracell Hasen mit vollen Batterien. Dann noch unter den »High-Level« Energiefrequenzen der geistigen Welt, wie am Starkstrom hängend, bin ich kaum auszuhalten! Mein Mann ist heute an mein Temperament und an mein Tempo gewöhnt. Dennoch gibt es viele Momente, in denen mir mein Umfeld gerne die eine oder andere Batterie meines Duracell Hasen herausnehmen möchte. Wie auch immer, so richtig deutlich und bewusst, dass ich dringend eine Auszeit sowie eine körperliche Pause benötige, wird es mir meist erst sonntags, wenn ich völlig kaputt auf dem Sofa hänge.

Eine Pause, um für mich wieder ins körperliche Gleichgewicht zu kommen, ist dann dringend notwendig. Gerade viele Sitzungen hintereinander, oder auch ein Live-Event, benötigen einen guten Ruheausgleich. Weit gefehlt, wenn du denkst, ich würde das sofort merken. Nix da, nach jedem Event bin ich total aufgekratzt und beseelt. Bäume könnte ich ausreißen und weiß dann nicht, wohin vor lauter Glück und Liebesgefühl. Ich durfte in der Vollkommenheit und völligen Liebe arbeiten und ein Teil des Ganzen sein, was für ein Geschenk. In einem solchen Hoch fühle ich mich, als wenn ich Flügel hätte und über meine Schlossinsel flattern könnte. Völlig aufgekratzt, komplett unter Strom und hellwach komme ich dann spät abends zu Hause oder im Hotel an. An Schlaf ist jetzt nicht zu denken. In so einem »High« dauert es sehr lange, bis ich für mich wirklich zur Ruhe komme. Es hört sich blöde und vielleicht auch bewertet an, aber auch für die geistige Welt ist es ein Energiespagat, nicht nur für mich. Deshalb bedarf es auf allen Seiten eine Zeit der Ruhe und des Ausgleiches.

Einmal nach einem Event hatte ich Nasenbluten, kaum dass ich zu Hause angekommen war. Das Nasenbluten ließ sich kaum stoppen. Im Übrigen nicht nur in dieser Nacht, sondern auch noch Tage später. Immer wieder fing meine Nase aus dem Nichts an zu bluten. Sofort war klar, dass diese körperliche Reaktion von den an diesem Event extrem hohen Energien liegen musste, die deutlich für mich spürbar waren. Normalerweise gehören diese Frequenzen zu meinem Leben dazu, dass ich zuerst nicht auf die Idee gekommen bin, dass mich diese wundervollen Energien körperlich schachmatt setzen können. Erst auf die Nachfrage bei meinen geistigen Freunden erhielt ich die Bestätigung und den Hinweis, noch mehr auf meine Ruhephasen zu achten, weil auch mein Bewusstsein und darüber mein Können weiter von ihnen trainiert wird. Natürlich passt meine spirituelle Führung ebenfalls auf, dass ich mich nicht völlig auslauge, dennoch weisen sie mich darauf hin, selbst auch auf meine körperlichen Zeichen und Auszeiten zu achten. Seit dem schlimmen Nasenbluten tue ich das auch bewusster.

Tatsächlich genieße ich heute die Wochenenden, auf dem Sofa zu hängen und die Seele baumeln zu lassen, nach jedem Event. Zum Glück fällt mir das Erholen heute leicht. Früher hat mich mein Ego, das »Gelabbere« meines Verstandes und mein ewig schlechtes Gewissen nicht eine Minute ruhig sitzen lassen.

Ruhe ist wichtig, weil wir körperlich solche hohen Frequenzen nicht gewohnt sind. Frequenzen, die einem körperlichen Ausgleich bedürfen, weil wir unsere Schwingungen erhöhen dürfen, um diese der geistigen Welt anzugleichen. Allerdings kommt uns bei diesem Prozess die geistige Welt mit ihren super hohen Schwingungen entgegen. Sie senken ab, wir erhöhen. Die Erdschwingungen sind viel niedriger als diese universellen Schwingungen. Achte auf dich, deine Ruhephasen und darüber auf eine innere Balance oder Ausgeglichenheit. Falls du beginnen möchtest, mehr und mehr mit deinen Lieblings-Verstorbenen sowie der geistigen Welt zu arbeiten, gönne dir und ihnen die Pausen.

4.16

Die Seele und was sie alles kann

Kümmern wir uns nun um das Thema »Wissen«. Ich persönlich glaube nicht, dass man als Seelenwesen gleich alles weiß, wenn man den Übergang ins Jenseits vollzogen hat. Obwohl ein Großteil des Wissens, je nach Realitäts- und Bewusstseinsebene, den meisten Seelenwesenheiten zugänglich ist, heißt dies nicht, dass sie diese Möglichkeit für sich sofort nutzen können. Immer, wenn die nächsten Bewusstseinsstufen erreicht werden, steht weiteres Wissen darüber zur Verfügung, wenn die Seele sich dazu öffnet. Diese Aussage passt zum einen für die zweite Realität, das Jenseits, genauso wie für unsere erste Realität hier, die Erde. Wieso ich das glaube? Zum einen über meine persönlichen Erfahrungen als Medium in Jenseitskontakten, aber auch, weil ich es erfahren durfte.

Verstorbene in den Jenseitskontakten geben deutliche Hinweise darauf, dass es Diskrepanz zwischen dem Ankommen und Bewusstwerden gibt. Oft findet die große Bewusstwerdung erst mit dem Erkennen des eigenen Seelenplans über die vollzogene Rückschau oder den Lebensfilm statt. Hierüber erhalten sie neue Sichtweisen. Sichtweisen, die der Verstorbene zu Lebzeiten einzig aus seiner begrenzten Wahrnehmung heraus wahrgenommen hat.

Aber nur, wenn das Seelenwesen bereit dazu ist, sich mit allen Gedanken, Worten, Taten, gelebten und nicht gelebten Emotionen seines vorherigen Lebens sowie mit deren Auswirkungen auseinanderzusetzen, dann kann sich das nächste Türchen der

Erkenntnis öffnen, um darüber das Große und Ganz fassbar zu machen. So hüpfen die Seelen bzw. die Seelenwesen, die unsere Verstorbenen sind, von Sichtweise zu Sichtweise und gewinnen darüber Erkenntnisse, die als Erfahrungen zur Steigerung des eigenen Bewusstseins beitragen.

Stelle dir nun vor, du bist gerade in die geistige Welt gekommen. Zuerst wirst du voller Liebe empfangen, so wie jeder Neuankömmling. Deine Seele ist nun in der geistigen Welt, so wie du bist, bzw. warst. Voll mit allem, dem, was du über dich, dein Leben und andere gedacht, gesagt, getan hast. Voll von emotionalen Erfahrungen, die du für das Leben, welches du zuletzt gewählt hast, jetzt mit in dein geistiges Sein genommen hast.

Aus meiner Sichtweise heraus gehen die Menschen so, wie sie zu Lebzeiten waren. Oder besser, sie kommen im Jenseits mit dem Bewusstsein an, wie sie gelebt haben. Über das gelebte Leben, die Reflexion danach sowie neue gewählte Inkarnationen, können höhere Bewusstseinsstufen erreicht werden.

Das Streben aller Seelenwesen gilt neben dem Erhöhen des eigenen Bewusstseins, dem Erreichen des »Sein bewusst«. Das »Sein bewusst« ist die Vollkommenheit und beinhaltet alles Bewusstsein.

4.17

Das mit dem Sehen!

Sehen deine Verstorbenen alles und nehmen sie an deinem Leben teil? Ja, das könnte man so sagen. Wobei das mit dem »Sehen« so eine Sache ist. Das, was wir unter Sehen verstehen, läuft in der geistigen Welt tatsächlich anders ab. Ja, wenn deine geliebte verstorbene Person bei dir sein darf, dann wird sie alles, was ihr möglich ist, tun, auch da zu sein. Schließlich hat deine Lieblingsseele als reine Energieform so viel mehr Möglichkeiten des Daseins, als uns dies in diesem physischen Körper möglich ist. Nicht nur in der uns bekannten Form des Sehens. Sie wird in allen, dir wichtigen emotionalen Momenten da sein und dir wie über die Schulter schauen.

Aber zurück zum Sehen. Ich erläutere dir das Sehen am besten aus der Sichtweise der geistigen Welt heraus, welches anders ist als unser physisches Sehen als Menschen. So wie wir andere Menschen wahrnehmen und mit unseren physischen Augen sehen können, so sieht das Sehen in der geistigen Welt nicht aus. Seelen in der zweiten Ebene sind Energie, und sie sehen auch nur Energie. Formen, Gegenstände, Farben usw. sind nur noch schwach und eher verschwommen wahrnehmbar, je länger diese in der geistigen Welt sind. Stelle dir bitte vor, du betrittst mit einer Kerze einen dunklen Raum. Bist du dann in der Lage, alles deutlich im Raum zu sehen? Sicher nicht. So in etwa sieht das Sehen für die geistige Welt aus. Oft wird gesagt, dass sich auch die Stimme des Hinterbliebenen für die Seele in der geistigen Welt, ganz anders als noch zu Lebzeiten, anhört. Egal, wie, deine Verstorbenen werden dich immer erkennen. Immer, wenn deine Lieblingsseele bei dir zu Besuch ist, dann wechselt diese durch die Bewusstseinsebenen, mit all ihren multidimensionalen Wahrnehmungen. Darüber entsteht eine Veränderung zu unserer drei-dimensional wahrnehmbaren Welt. Aber keine Sorge, deine geliebte verstorbene Person wird dich dennoch immer erkennen. Sie erkennt dich an deinen Gefühlen, Gedanken und Emotionen und ist dann mit ihrer Energie, wie dicht um dich herum. So, als ob du in einen wundervollen Wattebausch eingehüllt bist. Du wirst gehalten.

Für die Seele in der geistigen Welt ist nun das körperliche oder im Körper zu sein, nicht mehr wichtig. Ohne physischen Körper kann sie dir über ihre Liebe noch näher sein wie je zuvor. Für sie siehst du jetzt aus wie ein wunderschönes Licht, welches golden schimmernd, hell und funkelnd. Ein Licht, welches von dir bzw. und weit über deinen Körper hinausgeht. Dieses besondere Licht, dein Licht, macht dich darüber einzigartig für deine verstorbene Person. Wenn du gut drauf bist und voller Freude und Liebe an deine Hinterbliebenen denkst, dann können sie sogar noch mehr sehen als nur dein Licht. Dann ist es ihnen möglich, dich mit deinem menschlichen Körper, deiner Kleidung oder sogar mit deinen getragenen Accessoires und vielen weiteren Details zu sehen. Es kommt also auf deine Gefühlslage an, wie dass dich Sehen für die geistige Welt stattfinden kann.

Ach, eins noch zum besseren Verständnis: In einem anderen Kapitel hatte ich dir bereits erklärt, dass dein Schmerz dich von diesem »Dauergedrücke« aus der geistigen Welt abschirmt. Bist du im Schmerz, bildet diese Gefühlslage eine undurchdringliche Nebelwand. Zwar ist es einer Seele in der geistigen Welt möglich, dich dennoch dank deines einzigartigen Lichts wahrzunehmen, aber sie hat keine Chance, dicht an dich heranzukommen und dich darüber erkennen zu lassen, dass sie immer da ist. Da steht sie nun, deine Lieblingsseele vor einer dicken Nebelwand und wartet geduldig, bis du so weit bist. Ja, sie bekommen alles mit, sie sehen, hören und fühlen, wie es dir geht. Kommen indessen zusätzlich von deiner Seite noch Gedanken wie: »Das bilde ich mir doch alles nur ein, das ist doch nur Zufall, ich kann meine Lieblingsseele nicht spüren, ich kann das nicht« etc., dann verstärkst du diese Nebelwand noch zusätzlich. Du wirfst die Tür von deiner Seite unbewusst zu, und der so sehnlichst gewünschte Kontakt bricht ab. Deshalb öffne dich für den Gedanken, dass deine Lieblingsseele, immer, wenn du es dir wünschst, da ist und lasse sie darüber ganz dicht bei dir sein. Nimm, auch wenn du traurig bist, jeden noch so kleinen Hinweis freudig auf. Tue einfach so, als ob deine Verstorbenen immer bei dir sind, selbst wenn du sie nicht wahrnehmen kannst und lasse darüber deine vielleicht vorhandene Nebelwand transparenter werden, bis sich diese irgendwann aufgelöst hat. Dann seid ihr irgendwann eins.

4.18

Das Wissen der Verstorbenen

Es kann dauern, bis Verstorbene sich einen Überblick über ihr Tun und Sein verschafft haben und andererseits stellt sich die Frage, ob sie überhaupt von ihrem Bewusstseinsstand her so weit sind, diese tiefgründige Sinnhaftigkeit des universellen Tuns zu verstehen. In meinen Jenseitskontakten, und glaube mir, die Frage nach dem »Warum« stellen die Hinterbliebenen in Dauerschleife an die geistige Welt, erhalten diese keine Antwort. Zwar kann ich, wie auf einer weißen Wand stehend, die riesigen Buchstaben »WARUM?«, deutlich vor mir sehen, aber, die dazugehörige Antwort bleibt aus. Die Verstorbenen sagen meist so etwas wie: »Es hatte alles einen Sinn«, und dass es die Wahl ihrer Seele war, zu gehen. Mehr sagen sie dazu nicht. Ich bin sicher, dass manche Verstorbenen, die so waren, wie sie waren, zu diesem Zeitpunkt schlicht die Sichtweise des Großen und Ganzen noch nicht besitzen.

Von universeller Seite aus findet nichts ohne Sinn oder Grund statt. Wir hinterfragen den universellen Sinn hinter allem, was wir mit unserem begrenzten Verstand nicht verstehen können. Aber das steht auf einem anderen Blatt. Manchmal bestätigen die Verstorbenen sogar, dass ihr »Gehen« von Anbeginn ihres Lebens bereits feststand und schon unendliche Zeit vorher im Jenseits mit allen Varianten geplant wurde. Zudem steht jedem Seelenwesen eine Art Zeitfenster zur Verfügung, in dem die Seele selbst die Wahl treffen kann, zu gehen. Ist der Zeitpunkt gekommen, packt die Seele die Koffer, völlig ungeachtet dessen, ob der Verstand und der Körper dem beipflichten. Weder der Körper noch der Verstand, oder besser das Ego, wollen gehen. Das ist ein Grund, warum Hinterbliebene das Sterben oft als »schwierig« ansehen, wenn sie dies miterleben. Wir sehen nur das Verstandes-Ego und den Körper, die um ihr Überleben ringen. Beide sind an diese Realität gebunden und können nur hier existieren. Unser feinstoffliches Wunderwerk, die Seele, bleibt jedoch die Königin in diesem Geschehen. Sie entscheidet, was, wann mit unserem Verstand und Körper geschieht, sonst niemand.

4.19

Präsenzen - Unsichtbare Mitbewohner

Was genau ist damit gemeint?
Hat jeder von uns unsichtbare Mitbewohner?

4.20

Leere Projektionsflächen

In den vergangenen (mehr als 10 Jahren) war ich ziemlich oft im Arthur Findlay Collage in London-Stansted. Es ist DAS College für paranormale Wissenschaften. Das gesamte College ist ein riesiges Gebäude mit vielen Gängen und Zimmern. Nur allzu leicht kannst du dich hier verlaufen und du hast keinen Schimmer mehr, wo du gerade bist. In der oberen Etage des Haupthauses gibt es verschiedentlich kleine Treppen, die nach oben, wahrscheinlich zum Dachboden führen.

Bei einer dieser Treppen hatte ich immer ein komisches Gefühl, besser konnte ich es zu Beginn nicht erklären. Mir standen die Haare zu Berge, wenn ich dort vorbeigehen musste. Warum wusste ich lange nicht! Ich konnte es mir selbst nicht erklären. Ich hatte panische Angst. Da war etwas, aber was zum Kuckuck, war da? Auch verstand ich nicht, warum ich so eine derartige Panik vor dieser dusseligen Treppe schob, auf der anderen Seite den ganzen lieben langen Tag in Kursen Verstorbene durchgeben konnte - ohne Angst, versteht sich. Wieso hatte ich dann vor dieser Treppe Angst? Waren es Verstorbene, die ich wahrnahm? Irgendwann begann ich mich, dieser Thematik zu stellen. Nicht gleich, versteht sich, aber irgendwann war ich zu neugierig und wollte unbedingt herausfinden, warum ich eine solche Panik hatte. Eine Kursteilnehmerin ermutigte mich und stand mir bei, mich voller Liebe dieser Thematik zu stellen. Sie konnte wahrnehmen, was für mich damals zuerst im Verborgenen lag. Ich setzte mich also auf die Treppe, mit dem Rücken zur oberen Tür und wartete, was wohl passieren würde. Kaum gesessen spürte ich, wie die Tür hinter mir aufflog und eine Handvoll Kinder durch mich durch die Treppe runterliefen, danach den Gang entlang rannten und verschwanden. Kinder - ich hatte Angst vor Kindern?

Ich fasste mir an den Kopf, sind die Kinder gerade mittendurch mich durch gerannt? Ja, das konnte ich deutlich spüren. Sie schienen keine Notiz davon zu nehmen, ob ich schlotternd vor Angst auf der Treppe hockte oder nicht. Sie rannten einfach durch mich durch, einfach so. Nach meinem ersten Schock kam direkt der Nächste. Kaum hatte ich realisiert, was hier geschehen war, flog die Tür erneut auf und die Kids liefen wieder durch mich durch die Treppe und den Gang hinunter. Wieder rannten sie einfach durch mich durch. Was war das? Ansprechen ließen sich diese Kinder nicht, sie waren auch nicht aufzuhalten. Sie rannten und rannten im Kreis. Nun war es mir auch endlich möglich, diese Kinder nach und nach deutlicher wahrzunehmen und zu sehen. Es war nichts, vor dem ich hätte Angst haben müsste, oder doch? Solche Geschichten passieren dort zuhauf. Auch die Tutoren lächeln nur müde, ohne großartige Erklärung. Sie bestätigen nur, dass da etwas ist, man davor aber keine Angst haben müsse. Na toll, denen stehen aber auch nicht die Haare zu Berge. So, etwas war man hier anscheinend gewohnt, nur ich für meine Person war es eben nicht. Auf der Suche, nach der für mich verständlichen Lösung passierten noch mehr solcher Geschichten, die ich genauso wenig zuordnen bzw. mir erklären konnte. Alle hatten aber eines gemeinsam: Sie machten mir zu Beginn fürchterliche Angst. Ich werde dich jetzt nicht länger auf die Folter spannen und dir alles aus meiner heutigen Sicht heraus, erklären. Vielleicht kennst du ebenfalls Phänomene, die du für dich bisher selbst nicht zuordnen konntest. Es sind Energien, wie alles. Dennoch sind diese Energien anders: Ich konnte die Kinder hellsichtig wahrnehmen, obwohl mir das nicht sofort möglich war. Die Tatsache des Sehens allein brachte mich zuerst gar nicht auf den Gedanken, auch mit ihnen reden zu können. Für mich sahen die Kinder genauso aus wie Verstorbene, mit einem kleinen Unterschied: Ich konnte diese eher leicht schwebend sehen.

Diesen Unterschied habe ich damals vor lauter Panik zu Beginn nicht bemerkt. Diese Kinder waren so etwas wie leere Projektionsflächen, also Menschen, die sich wie eine leere Hülle darstellen. Dennoch ist diese Hülle für uns ebenfalls wahrnehmbar, es sind ja schließlich Energien.

Aber im Unterschied zu meinen geliebten Verstorbenen konnte ich mit diesen Energien, mit diesen leeren Projektionsflächen, die aussahen wie Verstorbene, nicht kommunizieren. Sie machten ihr Ding, völlig ungeachtet dessen, was ich so tat. Wie geht so was, dachte ich damals? Das, was ich dir heute dazu sagen kann, ist, dass diese Energien von Personen sind, die tatsächlich z.B. für sehr lange Zeit in diesem Hause gewohnt haben. Sie haben immer auch eine Geschichte mit dem jeweiligen Ort. Eine Geschichte, die wir aus menschlicher Sicht unter gut oder böse einordnen und bewerten. Meist sind diese Personen auch in diesem Haus gestorben und rennen deshalb immer noch als leere Projektionsfläche dort herum. Ihre Energien haben sich an diesem Ort manifestiert. Das, was sie tun, wurde für mich als Außenstehende, die dem Geschehen folgen wollte, als einer Art Dauerschleife aufgezeigt, immer wiederkehrend, ohne Sinn, und ohne eine Kommunikationsmöglichkeit. Diese Projektionsflächen laufen in Dauerschleife in bzw. durch unsere Realität. Allerdings sind sie nur hier, und nicht im Jenseits. Es hat sich einzig die leere Hülle an diesem Ort manifestiert. Jede Seele ist ein schöpferisches Wesen. Als schöpferisches Wesen ist es mir möglich, Energien immer und überall zu manifestieren. Die Projektionsflächen habe ich deutlich wahrgenommen, obwohl ich nicht wusste, was diese eigentlich sind. Dieses »nicht wissen«, hat meine tief sitzenden Ängste ausgelöst. Diese Kinder sind als Energie an diesem Ort in Schleife manifestiert, wenn auch nur als leere Hüllen.

Warum das schlussendlich so ist – keine Ahnung. Im Universellen hat alles einen Sinn oder Grund. Einen Sinn, den wir mit unserem derzeitigen Bewusstsein vielleicht noch nicht verstehen können. Für mich war diese Erfahrung wichtig. Ich weiß jetzt: Projektionsflächen reden nicht und trampeln einfach durch mich hindurch. Der Knaller! Falls du so etwas selbst schon einmal erlebt hast und nicht weißt, wie du damit umgehen sollst, hier ein paar Tipps: Bekomme heraus, ob es eine Projektion, und damit eine leere Hülle oder wirklich ein Verstorbener ist. Verstorbene reden mit dir, Projektionsflächen nicht. Diese rennen, stehen oder laufen nur ohne Sinn und Verstand (im wahrsten Sinne des Wortes) umher.

Wenn du deren Geschehen wahrnehmen kannst, dann tun sie immer das Gleiche. Ist es eine leere Projektionsfläche, dann versuche es mit Räucherkram. Durch das Räuchern sollen sich manifestierte Energien lösen können. Keine Sorge, du löst damit keine Verstorbenen auf, das weiß ich, auch wenn ich nicht die Räucher Königin bin. Wenn ich räuchere, dann mit Weihrauch. Ich empfinde den Geruch weißen Salbeis als furchtbar, und mir wird sofort schlecht, wenn ich diesen Kram nur rieche. Deshalb Weihrauch (bestimmt war ich zu lange Messdiener, grins).

Falls die Projektion sich nach deinem Geräuchere nicht oder nur kurzfristig auflöst, versuche es erneut. Gehen die Projektionen nicht weg, lebe damit, sie tun dir nichts, sie sind einfach nur da. Mit diesem Wissen wird es einfacher für dich sein, damit umzugehen. Nun weißt du, was es ist und dass es in Dauerschleife (immer das Gleiche tuend) bei dir abhängt. Arrangiere dich damit! Akzeptiere, dass es ist wie es ist, vielleicht kann diese Projektion über dein Annehmen der Realität endlich gehen.

4.21

Hologramme & Verstorbene

Wenn alles Energie ist, dann sind es natürlich auch unsere geliebten Verstorbenen. Was glaubst du, wie sieht Energie aus? Wieso können wir unsere Verstorbenen wahrnehmen? Diese und andere Fragen werden uns gerne von der jenseitigen Welt beantwortet. Lange habe ich mich damit beschäftigt, was ich eigentlich »sehe«, wenn es doch nur Energie ist. Wieso »sehe« und «fühle» ich diese überhaupt? Wieso kann ich wahrnehmen, dass die Verstorbenen bei mir im Kontakt, neben mir in der Wohnung oder am Bett stehen? Wieso habe ich ein Gefühl, dass sich eine verstorbene Person neben mich setzt, obwohl die doch eigentlich nur Energie ist? Woher kommt dieser Eindruck dessen, dass ich jenseitige Menschen sehen, fühlen und wahrnehmen kann?

Ganz einfach, wie bitte, sonst sollen wir Menschen mit unserem begrenzten Verstand begreifen, dass es wirklich die Verstorbenen sind, mit denen wir gerade im Kontakt stehen? Deshalb zeigen sie sich uns in ihrer ehemals menschlichen Form. Würdest du deine geliebte Person erkennen, wenn diese sich als wabernde Energie darstellen würde? Ich denke, ich kann es mit einem lauten NEIN beantworten. Wir akzeptieren nur, was wir sehen oder selbst erfahren können, alles andere fällt in die Kategorie »kann weg, glaube ich nicht und ist Schwachsinn«.

Die geistige Welt hat uns hier das Wunder des Hologramms bzw. Astralkörpers geschenkt. Das bedeutet, dass die Seele sich ihres Astralkörpers bedient, der so aussieht, wie wir diese Person zu Lebzeiten kennen und lieben gelernt haben. Mittels ihres Astralkörpers, für mich der spirituelle Körper, erhalten sie die benötigte Akzeptanz. Darüber können wir sie als Seele annehmen. Nur so lässt sich für uns verstehen, dass die Seelen wirklich da sind. Wir sehen sie als Menschen in ihren spirituellen Körpern.

Angie bzw. Wendell berichteten in ihrem Buch »Unfassbar« darüber, dass bei jedem »Abholen« sich lange zuvor Verstorbene in ihren Astral oder spirituellem Körper zeigen, damit jeder Neuankömmling den Zusammenhang zwischen Seele und Mensch besser verstehen kann. Sie geben uns darüber die große Chance des Erkennens, das Erkennen des Großen und Ganzen. Die Möglichkeit zu erkennen, dass unser Seelenleben endlos ist, um das, was für viele nicht sichtbar ist, sichtbar, greifbar und fühlbar zu machen.

Auch erhalten wir darüber die sensationelle Gelegenheit, uns und unsere Fähigkeiten aufzubauen, auszuprobieren und mehr und mehr zu vertiefen. Die sind doch der Knaller, oder?

Ich liebe die geistige Welt! Ich hoffe, du verstehst jetzt, was für ein bedeutendes Geschenk es ist, diese wertvolle Kommunikationsmöglichkeit zu erhalten sowie in diesem Leben ausüben zu dürfen.

4.22

Paranormale Phänomene

Ich liebe paranormale Phänomene! Ist dir bewusst, wie viel Energie die Verstorbenen dafür aufwenden müssen, um dir in physischer Form darüber Zeichen zu schicken? Voller Liebe versuchen dir deine jenseitigen Lieben, über physische Wege Zeichen zu geben, damit du verstehen kannst, dass diese bei dir sind.

Versetze dich bitte kurz in die Lage, dass du die verstorbene Person sein könntest. Gerade bist du mit deiner Familie im gleichen Raum. Sie sehen und hören dich nicht, du aber siehst sie und hörst alles. Sie wünschen sich nichts sehnlicher als zu wissen, ob du noch da bist und ob es dir wirklich gut geht. Die mentalen Zeichen, die du allen bereits gesendet hast, haben bisher nur leidlich funktioniert, denn alle deine Zeichen werden von deiner Familie als Hirngespinst, Wunschtraum oder Einbildung abgetan. Jetzt gehst du über zu Plan B. Vielleicht verstehen sie, dass du da bist, wenn du dich in deren Alltag bemerkbar machst. Du sorgst z.B. dafür, dass dein liebevoll aufgestelltes Bild plötzlich umfällt, währenddessen deine Familie im Raum anwesend ist. Diese schauen sich aufgrund des Geräusches erschrocken um und sehen nun dein umgefallenes Bild. Im Normalfall sagen und denken sie nun: »Ein Windzug, jemand hat ein Fenster offengelassen. Das war bestimmt nur der Wind!« Niemand wird dieses Phänomen mit dir in Zusammenhang bringen, wenn sie nicht darum wissen, oder es am eigenen Leibe bereits erfahren durften. Du fährst jetzt größere Geschütze auf und probierst dich an allem, was einen Stecker hat. Du nimmst dir die Energie des TV-Gerätes vor. Du schaltest diesen, während deine

Familie TV schaut, ein und aus. Gleiches beim Föhn, Radio und anderen Elektrogeräten. Weiß deine Familie um solche Zeichen und dass Verstorbene sich darüber zeigen können, wird deine Chance hoch sein, dass sie dich ebenfalls darüber wahrnehmen können. Werden all diese Zeichen in die »böse Geisterecke« geschoben, dann ist es eher unwahrscheinlich, dass alle Zeichen dir zugeordnet werden. Als Seele hat man's auch nicht immer leicht (grins).

Die geistige Welt verschwendet keine Energie, das kann ich dir mit Bestimmtheit sagen. Nichts passiert einfach nur so, gar nichts! Du hast gerade eine geliebte Person verloren, und dauernd passieren unerklärliche Dinge in deinem oder vielmehr eurem Zuhause? Super freue dich, auch wenn dir vor Grusel die Haare zu Berge stehen sollten. Deine Lieblingsseele reißt sich gerade im übertragenen Sinne die Beine aus, um dir zu zeigen, dass sie immer bei dir ist. Freue dich, teile deiner Lieblingsseele mit, wie sehr du dich freust von ihr zu hören. Rede mit ihr, und lass diese aktiv an deinem Leben teilnehmen. Zwar hat nicht jeder gleich paranormale Ereignisse zu Hause, aber falls es passiert, freue dich. Lass dich darauf ein. Solche Phänomene gehören zu den wundervollen Momenten, die ich niemals mehr missen möchte. Eigentlich ist daran auch nichts Gruseliges, wenn du weißt, dass es deine geliebte Person ist, die du durch dein Haus laufen oder die Treppe hochkommen hörst. Ist es nicht wundervoll, all das zu wissen? Darüber kannst du deine inneren Ängste abstellen. Diese Zeichen sind nicht nur einzigartig, sondern auch wirklich toll!

Beginne dich zu freuen, jubele und schlage Purzelbäume, wenn im Zusammenhang mit deiner verstorbenen Person:

- Bilder umfallen oder auf einmal schief hängen,
- alle möglichen Geräusche (Klopfgeräusche, Lauf- oder Schlurfgeräusche) aufkommen,

- mit Licht und allem Elektronischen gespielt wird, sich Dinge bewegen,

- Kerzen flackern (natürlich ohne Luftzug),

- und vieles mehr!

Auch hier gibt es nichts, was es nicht gibt, alles ist möglich. Sie geben alles für dieses einzigartige Schauspiel, erkenne es als sensationelle Gelegenheit an. Wichtig ist, dass diese Phänomene immer im Zusammenhang mit deiner Lieblingsseele auftreten. Vielleicht, weil du an diese Person gedacht, oder eine Frage an sie gerichtet hast.

Über die vielen Jahren habe ich unzählige paranormale Erlebnisse erfahren dürfen. Erlebnisse, die meine Nackenhaare haben aufrecht stehen lassen. Ereignisse, die ich zu Beginn nicht zuordnen konnte, und die eine totale Panik in mir verursacht hatten. Gleichzeitig war aber auch die tiefe Liebe aus der geistigen Welt deutlich für mich zu spüren. Eine solche Liebe, die mich voller Demut und Dankbarkeit auf alles, was ich mit diesen Verstorbenen erlebte, blicken ließ. Heute weiß ich, dass alle meine Phänomene entweder mit meinen Lieben aus der geistigen Welt, oder aber mit Verstorbenen, die ich innerhalb der nächsten Zeit im Jenseitskontakt durchgebe, zu tun haben. Diese Zeichen aus der geistigen Welt haben mich überglücklich gemacht, weil ich in der Lage war, all das wahrnehmen zu dürfen:

- Einmal war es mir möglich, die Hand meines jenseitigen Sohnes Elia deutlich in meiner Hand zu spüren. Er schob seine kleine Hand in meine und hielt diese ganz fest. Oft kann ich meine Kinder und Hunde im Alltag mit deren Liebe für mich deutlich spüren. Sie sind da!

- Meine jenseitige Tochter Emilia zeigte sich einige Jahre nach der Geburt meines Sohnes, als dessen Zwilling auf. Viele Jahre hatte ich mich als Rabenmutter gefühlt, weil ich meine beiden Fehlgeburten vergessen bzw. verdrängt hatte. Aber irgendwann standen meine Kinder vor mir und haben mir darüber aufgezeigt, dass sie glücklich sind, wenn ich es bin. Sie haben mir gezeigt, dass es ihr höchst eigener Wunsch war, nur kurz die Enge eines menschlichen Körpers erleben zu wollen. Weiter zeigten sie auf, dass ich ihnen darüber das schönste Geschenk überhaupt gemacht hatte. Es war ihnen möglich, erneut den Übergang, zwischen dem Dies- und dem Jenseits erleben zu können. Dieser Übergang wird als die großartigste Erfahrung beschrieben, die wir als menschliches Seelenwesen zurück in der geistigen Welt erfahren können.

- Meinen Opa konnte ich in meiner damaligen Wohnung herumlaufen hören. Seine Schritte waren deutlich wahrzunehmen, wenn er die kleine Wendeltreppe zu mir hochstieg.

- Mein Onkel, legte nur Stunden nach seinem Sterben bzw. Übergang meinen Föhn im Bad lahm. Auf meine fröhliche Begrüßung seiner Seele und dem Hinweis, dass ich glücklich bin, dass er gut angekommen ist, funktionierte mein Föhn sofort wieder.

- Eine meiner Tanten, die tot in ihrem Stuhl saß, gab noch alle möglichen Botschaften durch, bis ihr menschlicher Körper Stunden später vom Bestatter abgeholt wurde.

- Meinen Onkel konnte ich auf seiner eigenen Beerdigung, hinter seiner Frau stehend und seine Hände auf ihren Schultern liegend sehen, um ihr in diesen schweren Stunden beizustehen. Auch half mein Onkel, bei der Musikauswahl für seine Beerdigung mit, als er ein kleines Rotkehlchen schickte, dass am Fenster erschien und sich minutenlang flatternd im Rahmen festklammerte. Das war sein Dankeschön für die für ihn ausgewählte Musik. Eins der Lieder berührt mich heute immer noch zutiefst emotional, obwohl diese Musik so überhaupt nicht mein Fall ist. Über die Musik war das Wunder der Berührung von Seele zu Seele deutlich spürbar. Der ganze Raum war erfüllt von Liebe, als dieses Lied zu seiner Beerdigung abgespielt wurde.

- Eine meiner Tanten meckerte auf ihrer eigenen Beerdigung ständig rum, weil der Pfarrer ihrer Meinung nach nichts richtig machte. Besonders schön war, als sie direkt auf mich zukam, um mir ihre Hand als Zeichen unseres gemeinsamen Friedens zu reichen. Dieses Zeichen hat mir persönlich viel bedeutet, da sie aufgrund ihrer Verbitterung vor ihrem Tod kein freundliches Wort mehr fand und alles nur noch scheiße war, mich einbezogen!

- Mein zweiter Hund Emma, die ihr Spielzeugschwein minutenlang grunzen ließ, obwohl ich es nicht berührt hatte. Oder ihr Bild, was Emma in Anwesenheit einer Freundin umfallen ließ, als wir über sie sprachen.

- Mein erster Hund Ilma, die mir im Traum ein Licht schickte, welches aus ihrem Grab in den Himmel hineinreichte, damit ich wusste, dass sie gut angekommen ist.

- Kartonagen, die sich heben und senken im Büro, weil der Herr, der danach im Jenseitskontakt durchkam, sich schon mal bei mir im Büro umgesehen hatte.

- Der Transformator des Studiolichtes, der mitten in einer Ghostflix TV-Aufzeichnung mit einem lauten Knall und ganz viel Rauch durchflog. Kurz vorher hatte ich von meiner verstorbenen Tante und deren Verbitterung vor der Kamera erzählt - das fand sie offenbar nicht witzig!

Das sind nur ein paar der Phänomene, die um mich herum passiert sind. Oft waren es Phänomene, die nur ich persönlich wahrnehmen konnte. Manchmal sind auch Phänomene und Ereignisse dabei, die jeder im Raum erkennen und deutlich dem Übersinnlichen zuordnen kann. Vertraue darauf, dass dir jedes noch so kleine Phänomen als Zeichen der Liebe aus der geistigen Welt geschickt wird. Es gibt so viel mehr, als das, was wir uns mit unseren physischen Augen und Verstand vorstellen können.

4.23
Psychometrie

Der Begriff Psychometrie kommt aus der Psychologie und beschreibt die Möglichkeit, über das in der Hand halten oder Berühren eines persönlichen Gegenstandes, dessen Geschichte wahrnehmen zu können. Alles hat eine Aura, auch jeder Gegenstand. Psychometrie beschreibt die Arbeit von Aura zu Aura. Alle Energien sind hierüber in einem Gegenstand gespeichert, du kannst also jeden Gegenstand mit deiner Seele lesen. Nehmen wir mal meines Opas-Armbanduhr als Beispiel, die ich heute noch in Ehren halte. In der Aura des Gegenstandes ist ebenfalls die Aura und Energie der verstorbenen Person gespeichert. Darüber kannst du ebenfalls einen direkten Kontakt zu deinem Lieblingsverstorbenen sowie zur Geschichte dieses Gegenstandes aufnehmen. Ein Gegenstand lässt dich erkennen, wem dieser gehört hat und ob dieser z.B. ein Geschenk war. Die Aura ist ein Sammelbecken für alles, was du erlebt und erfahren hast, für alle wichtigen gelebten und erlebten Emotionen. Du darfst dir das so vorstellen, dass diese Verbindung mit jedem Gegenstand möglich ist, der mit der verstorbenen Person in Verbindung stand. Selbst Dinge aus deren Geschichte, die du bisher nicht kanntest.

Jeder Gegenstand bei dir zu Hause hat eine Geschichte, oder besser eine Erinnerung. Vielleicht besitzt du Gegenstände deiner geliebten Person, einen Ring, eine Uhr, ein Bild - egal was. Diese Gegenstände, die du als deine Erinnerungsstücke hegst und pflegst, stehen direkt auch mit der Energie deiner Lieblingsperson in Verbindung, da diese den Gegenstand (wie z.B. eine Uhr) jahrelang getragen hat. Über das in der Hand halten solcher persönlichen Gegenstände ist für viele Hinterbliebenen eine Art Nähe spürbar, die sich die meisten nicht wirklich erklären können. Jeder Gegenstand ist natürlich auch energetisch mit Emotionen und Gefühlen verbunden, die ebenfalls Nähe schaffen. Das hat genau mit dieser Verbindung zu tun, die ich dir eben beschrieben habe. Die Energie deiner geliebten jenseitigen Person ist ebenfalls in diesem persönlichen Gegenstand vorhanden und schafft darüber eine direkte Verbindung. Natürlich nur Gegenstände, die den Verstorbenen auch gehört haben. Im Übrigen ist Psychometrie für viele Menschen im Kontaktaufbau einfacher, da sie gedanklich über den Gegenstand direkt eine Brücke zur verstorbenen Person aufbauen können. Sie wissen, dass der Gegenstand ihrer geliebten Person gehörte, da kann ihr Verstand sie noch so oft verunsichern, das wissen sie. Die Hinterbliebenen halten meist an solchen Gegenständen fest und fühlen darüber völlig unbewusst die direkte Anwesenheit ihrer Lieblingsseele. Spannend, nicht wahr? Probiere es aus, lasse dich darauf ein, die Energie über einen persönlichen Gegenstand, der dich so sehr mit deiner Lieblingsseele verbindet, zu fühlen, und dich darüber mit ihr zu verbinden. Du besitzt einen solchen Gegenstand? Probiere es gleich mal aus, und beachte: Fühlen, nicht denken!

4.24
Vertrag

Einige Kolleginnen und Kollegen schwören darauf, dass ein Vertrag mit der geistigen Welt dir helfen könnte, deine Ängste zu überwinden. Dargestellt wird dies ähnlich einem Arbeitsvertrag, in dem Anforderungen an die geistige Welt gestellt werden.

So etwas wie: wie du mir, so ich dir. Diese beinhaltet feste Vereinbarungen, die ich als Mensch treffe, damit sich das Jenseits an diese Abmachung hält. Na ja, wer's braucht …

Bitte gehe jetzt wieder in dein Gefühl: Brauchst du einen Vertrag mit der geistigen Welt, der dir bescheinigt, dass du in tiefer Liebe und Verbundenheit mit deinen Lieben, oder ggf. auch mal mit anderen Verstorbenen Kontakt aufnehmen darfst? Brauchst du ein Papier, auf dem geschrieben steht, dass sich die geistige Welt im Gegenzug dazu verpflichtet, die Bilder, Gefühle und Infos zu übermitteln, die du für dich in welcher Form auch immer verkraften kannst? Wenn ja, dann bastel dir gerne einen Vertrag. Versiegle ihn, rolle diesen womöglich noch ein und lege diesen in deinen Tresor. Du hast keinen? Dann brauchst du jetzt vielleicht einen (entschuldige meinen Sarkasmus).

Wichtiger ist für mich, dass du wirklich bereit bist, dich mit dem Jenseits zu beschäftigen und hier Erfahrungen zu sammeln. Ich weiß, und deshalb ist für mich dieses Vertragszeugs auch hinfällig, dass die geistige Welt sich auch ohne ein Papier immer an die universellen Gesetzmäßigkeiten hält, und immer und zu jeder

Zeit zu meinem bzw. deinem höchsten Wohle handelt, IMMER! Und das (halte dich fest) voller Liebe! Was aus der Angst vor dem vermeintlich Bösen alles auf den spirituell/esoterischen Markt geworfen wird, ist z.T. unfassbar.

4.25 Ausbildung ja/nein

Wie du gleich zu Beginn dieses wundervollen Buches lesen konntest, erweckt das Wort »Ausbildung« in meinen Augen den Anschein, dass wir mit etwas »fertig« werden, sobald diese Ausbildungsform abgeschlossen ist. Soweit so gut, aber im Medialen bist du allerdings nie fertig. Selbst, wenn du dir alle medialen Ausbildungen reinziehst, die angeboten werden, so sind diese einzig als unterstützende Maßnahme anzusehen, als Trainingseinheiten.

Wichtiger finde ich, falls du so etwas ins Auge gefasst hast, ob die Ausbilder oder Lehrer ein gutes Gefühl in dir auslösen. Oft sind Lehrer sind nicht am Weiterkommen ihrer Schüler interessiert, sondern einzig am schnöden Mammon. Deshalb lasse dich bitte von deiner Intuition leiten. Sei sicher, die geistige Welt schiebt dich immer zu dem für dich im Moment richtigen Lehrer. Lehrer, auch so ein blöder Begriff, der für mich einzig für die spirituellen Lehrer der geistigen Welt passt. Egal, du weißt bestimmt, was ich meine. Jede Übung hilft dir, dich und deine Fähigkeiten besser zu verstehen. Deshalb nutze jede Übungsmöglichkeit, die du finden kannst. Alle Seminare, die ich besucht habe, hatten ihre Vorteile, allein schon, weil ich mit Gleichgesinnten zusammen sein und mich ausprobieren konnte. Menschen, denen es oftmals ähnlich ging wie mir. Sie waren anders. Ach, wundervoll, endlich mal nicht allein und abseitsstehen! Wenn du genug Geld für Seminare, Aus- und Fortbildungen aufbringen kannst, dann nutze alles, was sich für dich richtig anfühlt. Wenn dir wenig Geld zur Verfügung steht, dann wisse, es gibt immer auch eine Möglichkeit, ohne teure

Seminare zu üben, immer. Deine Ausbilder aus der geistigen Welt sind ohnehin immer am Start. Sie üben gerne und jederzeit mit dir. Abgesehen davon gibt es viele Facebook-Gruppen, in denen du mit Gleichgesinnten kostenfrei üben kannst.

Eines noch: Sei bitte nicht enttäuscht, wenn du eine sogenannte Ausbildung abgeschlossen hast, und es dann nicht so läuft, wie du es dir vorgestellt hast. Nicht du bestimmst, wann du mit deinen Fähigkeiten so weit bist, um auf die Welt losgelassen zu werden. Dieses »Go« kommt vonseiten der geistigen Welt. Ich weiß noch, als ich 2017 frisch begann, endlich unter meinem richtigen Namen Jenseitskontakte zu geben, herrschte zu Beginn eine extreme Flaute, die mich schier zur Verzweiflung brachte. Ich habe das damals nicht verstanden. Ich war doch gut im Kontakte geben, wieso wollte denn dann keiner einen Termin? Natürlich reden wir hier von bezahlten Terminen, nicht von kostenfreien. Hätte ich damals über Facebook und Co. einen Aufruf gestartet, kostenfrei Jenseitskontakte zu geben, würde ich heute noch die Liste der kostenlosen Kontakte abarbeiten. Meine Gruppen waren immer randvoll mit der Bitte um einen kostenfreien Jenseitskontakt.

Die Mitglieder hatten auch keine Scheu, mich 24/7 auf allen Kanälen anzuschreiben und vollzulabern. Jeder hatte nur eine Frage und ging davon aus, dass ich erst ihnen und dann erst dem Rest der Welt einen Kontakt geben sollte. Irgendwann wurde mir das alles zu viel, und ich warf von heute auf morgen alle Gruppen zu. Zu Beginn meiner medialen Tätigkeit wäre ich verhungert, hätte ich nicht eine gut gehende Firma und einen Ehemann gehabt, die mich bis heute tragen. Es dauert, bis du so weit bist, und ich meine Jahre, nicht Monate oder Wochen. Klar, mit dem Blick auf mein heutiges Leben sieht meine Arbeit als Medium mega erfolgreich aus, was sie auch ist. Aber glaube bitte nicht, dass dies von Beginn an der Fall war, weit gefehlt! Ich kann dir sagen, eine Ausbildung findet speziell auf dich und deine Fähigkeiten ausgerichtet von Anbeginn deiner Geburt statt. Diese Ausbildung wird vonseiten der geistigen Welt durchgeführt. Sie trainieren dich über das, was wir Leben nennen. Irgendwann kommt dann dein eigenes Entdecken dazu. Wir entdecken dann das Übersinnliche, und richten mehr und mehr unseren Fokus darauf. Zwischenzeitlich grinst sich die geistige Welt bestimmt einen ab, weil wir Jahre brauchen, um zu bemerken, dass sie immer an unserer Seite sind. Dann kommt der nächste Prozess-Schritt. Das Erkennen, was du bereits alles kannst. Fähigkeiten, die du schon immer hattest, dir aber noch nicht einmal ansatzweise bewusst sind oder waren. Weiter geht es dann mit dem Trainieren dessen, was du kannst. Solange, bis du entweder wirklich damit arbeiten, oder diese einfach nur für den sicheren Kontakt zu deinen Lieblingsseelen oder deinem innerlichen Frieden, deiner inneren Balance und Ausgeglichenheit einsetzen willst. Nicht jeder ist dazu geboren, als Medium zu arbeiten. Dennoch könnte das Leben so vieler Menschen glücklicher sein, wenn diese für sich verstehen würden, dass die Gaben und Fähigkeiten, die jeder von uns besitzt, dazu angelegt sind, uns in die Vollkommenheit zu führen. Unterm Strich ist alles, was du tun kannst, üben, üben und abermals üben. Trainieren, um täglich mehr darüber zu erfahren, was du bist, kannst und wie du am besten täglich damit umgehst. Bleibe dran, wenn du dich wirklich dafür interessierst. Nicht nur mal zwei Tage oder vier Wochenenden im Jahr. Die jenseitige Realität steht dir immer zur Verfügung, wenn du bereit dafür bist.

4.26

Realität oder Einbildung

Tja, was soll ich sagen, da musst du jetzt durch, und zwar selber! Bis auf die physischen Zeichen und Hilfestellungen findet der Großteil der Wahrnehmung mental statt. Mental bedeutet, die Stimme oder die Stimmen in deinem Kopf, alles läuft über deinen Verstand. Ja, es ist nicht einfach, diese zu unterscheiden, oder erst mal überhaupt für sich zu erkennen. Aber wisse, es gibt nichts, was du nicht kannst. Wir alle haben die gleichen Ausgangsmöglichkeiten. Du entscheidest, ob du dein Potenzial nutzen möchtest. Ich glaube, das zu erkennen, gehört zu den größten Herausforderungen: Wann bin ich im Verstand bzw. im Ego, und wann ist es wirklich die geistige Welt. Mein Gott, du hast keine Vorstellung, wie oft ich dachte: »Ich hab‘ sie doch nicht alle« oder bilde mir das alles hier nur ein. Unzählige Zeichen, Hinweise und Botschaften habe ich von meinen spirituellen Freunden, meinem Team und natürlich ebenfalls von meinen verstorbenen Personen und Tieren erhalten. Verpackt als Trainingseinheiten, um mich zu unterstützen. Mit jeder Hilfestellung aus der geistigen Welt haben sie mir geholfen, selbst zu erleben, worin für mich dieser wichtige Unterschied besteht. Sieh es als eine Art Dauertraining an, ein Training, zu dem du dich entschließen darfst. Du bestimmst, wie oft, und ob überhaupt deren Schulung und Hilfe für dich stattfinden darf. Wenn ja, dann bleibe dran, auch wenn's scheiße läuft! Immer wenn ich dachte: »Ach, jetzt weiß ich, wie es geht«, fanden neue Veränderung statt, die ich nicht zuordnen konnte. Training, es gibt kein Patentrezept, außer diese wertvolle Kommunikation und Zusammenarbeit zuzulassen, sowie dich aktiv und immer wieder dafür zu entscheiden, diese dauerhaft zu trainieren. Alles unterliegt dem Prozess der Entwicklung, auch deine Wahrnehmung. Immer kommt es ebenfalls auf dein jeweiliges Bewusstsein und deine Sichtweise an. Alles, was du dir für diesen Moment schenkst. Öffne dich schon mal für die Gedanken, dass dieses Training endlos ist, und du niemals innerhalb dieser Kommunikation etwas falsch machen kannst. Es geht nur mit probieren bzw. trainieren. Der Mensch braucht Erfahrungen, um für sich die Realität zu erkennen. Deine Verstorbenen werden dich mit all ihrer Liebe bei diesem Prozess des Tuns unterstützen, sei sicher!

4.27

Eigene innere Wahrheit

Was meinst du, ist deine innere Wahrheit? Für mich bedeutet innere Wahrheit, dass alles, was für dich wichtig und richtig ist, schon immer in dir weilt. Deine innere Wahrheit zu finden bedeutet, sich selbst zu leben. Diese Wahrheit, welche alle Zeichen deiner Seele beinhaltet, führt dich immer auf den für dich richtigen Weg. Sie ist dein persönlicher Seismograf. Deine innere Wahrheit hilft dir, im Alltags-Getümmel für dich herauszufinden, was wirklich dienlich und wichtig ist. Oft ist das etwas anderes als das, was dein Verstand dir erzählt. Meist steht die Aussage deines Verstandes sogar im krassen Gegensatz dazu.

Wie findest du nun heraus, ob und was deine Wahrheit ist? Ganz einfach, mit deinen wundervollen, dir von Gott gegebenen Anlagen, deinen Hellsinnen. Genauer, mit deinen natürlich fließenden Gefühlen. Ein Gefühl, das normalerweise sofort von unserem Verstand überspielt wird, weil dieser sich wie ein Monarch über alles Gefühlte hinwegsetzen will, und damit die kleinen, zarten Gefühle, welche immer da sind, außer Kraft setzt und direkt in die Tonne tritt. Wir alle haben über unsere Erziehung und auf der Suche nach der Sinnhaftigkeit unseres Lebens schlicht verlernt, auf unsere Seele, und darüber auf unsere innere Wahrheit zu hören. Wir haben gelernt, dass »mein Haus, mein Boot, mein Auto, mein Job, mein Pferd« usw. wichtiger ist als unser Seelenleben. Wir haben alles Materielle über unser Seelenwohl gestellt. Verstehe mich bitte nicht falsch, auch Geld ist pure Energie.

Dennoch bleibt die Frage, ob sich eine Person ohne Rücksicht auf Verluste dem schnöden Mammon verschrieben hat oder nicht. Glücklich macht das auf andere Kosten leben oder reich sein jedenfalls nicht. Dennoch be- und verurteile diese Menschen oder Situationen nicht, denke bitte an die universellen Gesetzmäßigkeiten. Alles bedarf eines Ausgleiches. Die Wahrscheinlichkeit ist hoch, dass diese Person auf der anderen Seite ein Leben lebt, in dem sie nichts hat, oder allen Besitz mit anderen teilt. Dieser Ausgleich für uns hier zwar nicht sichtbar, aber er findet statt!

Zurück zu deiner inneren Wahrheit und wie du diese im Alltag für dich nutzen kannst. Alle wichtigen Werte wie Liebe, Zuneigung, Glück, innerer Frieden, Balance und vieles mehr lassen sich mit Geld weder kaufen noch herbeiführen. Warum, glaubst du, ist das so? Gott, das Universum oder die göttliche Quelle sind schon sehr geil: Sie ermöglichen uns, aufgrund unseres freien Willens, eigentlich alles! Jede nur erdenkliche Form, aus der wir Erkenntnisse für uns als Seelenwesen schöpfen können, steht für uns bereit. Auch hier ist es unsere Entscheidung, wohin wir unseren Fokus legen, und wie wir dieses, unser wertvolles Leben nutzen möchten, wir alle haben immer die Wahl. Das Erkennen deiner inneren Wahrheit findet über deine Gefühlsebene statt. Dieser Gefühls-Seismograf ist übrigens 24/7 zugeschaltet, auf dieser Ebene bist du immer »On« und empfangsbereit. Deine innere Wahrheit ist neben deiner Vorstellungskraft, die wir auch alle als Seelentool mitbekommen haben, eines der großzügigen göttlichen Geschenke an uns alle.

Bei jedem Gedanken, den du denkst, genauso wie bei allen Informationen, die du von anderen Menschen empfängst, ist dein innerer Gefühls-Seismograf dazu geschaltet. Sofort wird dir hier über ein Gefühl von weich, warm, rund, gut, glücklich, friedvoll und liebevoll angezeigt, ob das Gesagte, Gedachte oder Getane, einer inneren Wahrheit entspricht. Im Gegenzug entspricht alles, was sich wie ein kurzer Schlag in die Magengegend anfühlt, einem unguten

Gefühl. Ein Unwohlsein oder schlechtes Gefühl zeigt dir auf, wann etwas nicht deiner inneren Wahrheit entspricht.

Aber Achtung, denn hier gibt es ein kleines Problem: Viele Menschen denken, sie haben ein schlechtes Gefühl zu Sache XY, was sie deutlich für sich wahrnehmen. Ja, kann sein. Bedenke aber bitte, dass unser Verstand, mittels unseres Egos immer unter dem Tisch versuchen wird, diese natürlichen Gefühle zu negieren. Unser Verstand kreiert dann im nächsten Moment selbst eine Art programmiertes positives oder negatives Gefühl, um das natürliche Gefühl außer Kraft zu setzen. Zugegeben, kein einfaches Thema.

Auch hier geht nur: Üben und dranbleiben. Hilfreich zu wissen ist, dass immer, wenn du mit einer Person und Situation Mühe hast, oder du im ich »will oder muss« Modus bist, dein Verstand am Werk ist. Über diesen lehnst du die Realität in diesem Moment der Mühe vollständig ab. Ins Gleichgewicht können wir dann nur über das Erlauben und Erkennen der Gedanken und Programme kommen.

Jedem von uns stehen immer alle Möglichkeiten offen, und zwar nicht nur die, die wir aktiv sehen wollen. Solange, bis du für dich deutlich entlarvt hast, ob du in einem Programm deines Verstandes, der meist nur rum schimpft, dich klein hält und alles schlechtmacht, bist, oder wirklich in deinen natürlich fließenden Gefühlen. Kann sein, dass es dauert, aber es lohnt sich! Bitte deine Lieben aus der geistigen Welt, sie werden dich auch hier gerne unterstützen, als Seelenwesen im Jenseits haben sie diese Thematik für sich erneut erkennen dürfen. Deshalb unterstützen auch sie dich in solchen Situationen mit Zeichen und Impulsen, damit du schneller zwischen deinem Verstand und deinen Gefühlen unterscheiden lernst. Eines noch: unser Verstand ist nichts Schlechtes. Auch der Verstand ist, wie unser menschlicher Körper, ein Wunderwerk der Schöpfung. Sein Job ist es, Programme zu entwickeln, um uns mit diesen im Leben Sicherheit zu vermitteln. Eine Sicherheit, die programmiert ist und nichts mit der Realität zu tun hat. Er macht schlichtweg seinen Job, und das mit Bravour.

4.28

Geistführer und Co.

Jeder hat ein sogenanntes spirituelles Team. Vielen Menschen ist das weder bewusst noch wichtig. Erst, wenn das spirituelle Erwachen beginnt, fangen viele Personen an, sich mit den Themen des Universellen und des Geistführers zu beschäftigen. Dann stellt sich für viele die Frage: Habe auch ich einen Geistführer, der mir hilft und mich begleitet?

Den meisten Menschen ist vor lauter Geistführersuche nicht bewusst, dass es sich immer um ein spirituelles Team, dass jedem von uns zur Verfügung steht, handelt. Die geistige Welt hilft uns darüber, diese Thematiken für uns Menschen fassbarer zu machen.

Ich bin der festen Überzeugung, dass es ist für viele Personen einfacher ist, sich diese spirituelle Begleitung als einen Lehrer vorzustellen. Dies ist einfacher als den Gedanken zuzulassen, dass unfassbar viele spirituelle Wesenheiten einem täglich über die Schulter schauen und uns helfen, uns selbst zu erkennen. Dieser Lehrer wird oft als Hauptgeistführer oder als Kontrollgeist für den Bewusstseinsbereich »Trance« beschrieben. Ein spirituelles Team besteht nicht aus einem Geistführer, sondern aus vielen höher entwickelten Wesenheiten, die sich uns mit ihrem Wissen verschrieben haben. Ein Teil dieser Wesenheiten hat ebenfalls bereits unzählige menschlichen Facetten in unendlichen vielen Leben durchlebt. Dieser Bewusstseinsbereich des Erfahrens ist für sie abgeschlossen. Sie haben dieses Menschsein hinter sich gelassen, und sind über die nächsten Realitätsebenen weiter vorangegangen.

Sie stehen uns hier aus der vierten Realität, der Realität der Meister sowie oft auch aus der fünften Realität zur Verfügung. Wesenheiten (oder besser Seelenwesenheiten) aus der fünften Realität sind Meister der Qualitäten, ähnlich spezialisierten Professoren, die sich uns mit ihrem Wissen für spezielle Lebensaufgaben und Bewusstseinsbereiche unterstützend zur Verfügung stellen. Für mich ist es immer ein Team von Wesenheiten, die sich je nach meinem Bewusstseinsstand neuformieren und zusammensetzen können. Diese Energien bzw. Veränderungen in den Energien meines Teams sind für mich deutlich spürbar.

Ich brauche dir nicht zu sagen, dass auch ich viele Jahre lang dachte, es gibt hier nur einen Lehrer, einen Geistführer für mich. Nur eine Energie, die ich deutlich körperlich hinter mir spüre. Auf den Gedanken, dass es ein Kollektiv aus Energien ist, wäre ich damals nicht gekommen. Außerdem hätte mich dieser Gedanke voll und ganz überfordert.

Auch ich war wahnsinnig neugierig zu erfahren, wer oder was mein Geistführer ist. Irgendwann (gefühlte 10000 Übungen später), nachdem ich immer nur Füße dieser Wesenheit wahrnehmen konnte, bekam ich mehr Informationen. Wir Menschen wollen alles mit dem Verstand verstehen und sind derart neugierig, dass wir erst dann glauben, wenn wir irgendetwas Greifbares in die Hände bekommen. Ich hatte also bei den ersten Übungen mit meinem Geistführer Füße. Später zeigten Sie mir neben den nackten Füßen auch dessen Gewand bis zu den Knien. »Toll« dachte ich, andere bekommen Namen, Bilder und ganze Lebenshinweise ihres Geistführers. Und ich? Füße und Gewand bis zum Knie, das war es!

Die geistige Welt hat mir, da ich zu Beginn auch solchen Vorstellungen und Erwartungen unterlag, gleich mal einen dicken Strich durch diese Rechnung gemacht. Zu Beginn sah und fühlte ich gar nichts, ich wusste einzig nur um ihre Existenz. Und das, obwohl die Hellsichtigkeit für mich immer ganz wunderbar funktionierte. Mit Gewissheit konnte ich bis dahin nur sagen, dass auf meine Bitten hin jemand aus der geistigen Welt für mich anwesend war. Guide, das englische Wort für Geistführer, finde ich übrigens tausendmal schöner als Geistführer. Wie auch immer, ich wusste, er/sie/es ist da. Aber, was war es überhaupt, war wirklich jemand da? Nach dieser Bitte entstand eine Art Totenstille so, als ob mir jemand das Licht im Raum ausgeschaltet hätte. Alle Übungen, meinen Guide zu sehen oder zu wissen, wer es ist, verliefen im Sand. Bis auf die Tatsache, dass ich so klar wie Kloßbrühe sagen konnte: »Jap, er ist da«! Nur zu gerne hätte ich gewusst, wie er/sie/es aussieht und heißt, aber dazu gab es keine Info. Immer bekam ich den Hinweis vonseiten der geistigen Welt, dass dies doch egal sei, denn herauszugehen aus meinen Erwartungen und Vorstellungen wäre das Ziel. Mein Verstand gab irgendwann auf. »Gut« dachte ich, »dann ist mir eben egal, wie du/ihr/es ausseht, heißt oder woher ihr kommt«. Und siehe da: Ab diesem Moment begann neben dem Wissen auch eine Energieveränderung, die endlich deutlich auch körperlich wahrnehmen konnte. Auf einmal ließen sie mich körperlich fühlen, wenn unsere Zusammenarbeit startete und sie dicht bei mir standen.

Dennoch war mein mächtiger Verstand immer auf der Suche, auch einen Namen bzw. mehr Wissen über meinen Geistführer zu erhalten. »Dein Wille geschehe« dachte sich mein Team und präsentierte mir, wie gewünscht, den Namen meines Geistführers sowie den Hinweis, dass dieser ein tibetanischer Mönch sei. Oft nahm ich ihn schwebend neben mir wahr, wenn ich mit ihm und unseren Hunden Gassi ging. Mein Verstand war befriedigt.

Erst viele Jahre später, raus aus dem Wollen des Verstandes und meines Egos, durfte ich erfahren, dass sie mich in diesem Glauben gelassen hatten, weil ich es so sehen wollte. Heute ist mein wunderbares Team ein Kollektiv aushelfenden Wesenheiten, die mich mit ihren wunderbaren Energien aus der geistigen Welt unterstützen. Auch hier hatte ich keinen Schimmer, wer oder was das war. Immer wieder unterlag auch ich unserer menschlichen Vorstellung, wissen und verstehen zu wollen. Solange wir versuchen, alles Universelle mit dem Verstand zu verstehen, so lange erschaffen wir selbst die Bilder dessen, was wir erfahren wollen. Typisch Mensch, wir versuchen alles mit dem Verstand zu verstehen, damit wir auch wirklich glauben können, was in diesem unsichtbaren und unfassbaren Bereich mit uns passiert.

Wie alles sind auch unsere geistigen Helfer pure Energie. Sie lieben uns bedingungslos, d.h. ohne uns verändern zu wollen. Uns zur Liebe zeigen sie sich aus diesen kollektiven Energien heraus in einer bestimmten Form. So, dass wir deren Gestalt annehmen können. Gleiches passiert mit dem Wunsch, einen Namen haben zu WOLLEN. Die geistige Welt stellt für jeden von uns ein spirituelles Team voller Experten für die jeweiligen Lebens- und Bewusstseins-Abschnitte zur Verfügung. Wesenheiten, die uns sowie unseren Seelenplan kennen und genau wissen, mit welcher jenseitigen Hilfestellung wir diesen erfüllen können. Sie schenken uns unendliche viele Möglichkeiten anderer Sichtweisen. Ist das nicht der Hammer?

Diese Wesenheiten können aus unterschiedlichen Realitäten stammen und sind einzig an unserer Seite, um uns auf unserem spirituellen Weg zu unterstützen.

Dem Weg des Bewusstseins sowie den Übergang in das »Sein bewusst«, der Quelle, dem alles was ist. Sie helfen uns, all die unsichtbaren Dinge besser verstehen und darüber unsere Gaben und Fähigkeiten in unseren Alltag integrieren zu können. Dieses sensationelle spirituelle Team ist einzig für dich als Seele abgestellt. Du erhältst darüber von ihnen jede nur erdenkliche Unterstützung. Alles, was für dich und den nächsten Schritt in Richtung Bewusstsein gerade das Bestmögliche ist. Nur die Creme de la Creme ist bei dir am Start. In der geistigen Welt werden keine Unterschiede oder Hierarchien zwischen den Wesenheiten gemacht, es gibt kein besser oder schlechter. Du, wie alles andere, entspringst einem göttlichen Funken der Quelle, du bist der Tropfen im riesigen Ozean, alles ist eines. Darüber erhältst du nur Beste, was die geistige Welt und alle Realitäten für dich und deine persönliche Entwicklung zu bieten haben. Dort ist es nicht wie hier, keiner wird benachteiligt. Es reicht ihnen schon, dass sie mit ansehen dürfen, dass wir Menschen alles bewerten und verurteilen. Aber sie wissen zu jeder Zeit, dass wir der Tropfen des gleichen Meeres sind. Ein Tropfen, der gerade (wie auf einem Ausflug) die Erde besucht. Sie lieben uns bedingungslos und helfen uns mit Spezialisten und Experten auf die Sprünge, damit wir uns als einzigartiges Seelenwesen selbst erfahren.

Aber Achtung: Die Form der geistigen Unterstützung hat nicht zur Aufgabe, dein Leben zu verbessern oder gar dein Leben zu leben. Sie unterstützten das Entdecken deines Lebenssinns, deiner Bestimmung oder Berufung als Seele. Sie helfen dir, dein Mangeldenken und Ängste zu überwinden. Nicht, in dem sie es dir wegnehmen, sondern in dem sie dir deinen liebevollen Spiegel aufzeigen. Einen Spiegel, der dir zu erkennen hilft, was du für dich bisher in die unterste Schublade des Verdrängens gesteckt hast. Ein Leben, durch das du bisher nur mit Scheuklappen gelaufen bist, und vielleicht immer noch nicht gemerkt hast, dass einzig du für alles, was um dich herum geschieht, zuständig bist. Du ziehst es über deine ausgerichteten Energien in dein Leben. Wichtig wäre an dieser Stelle zu erwähnen, dass es einen Unterschied zwischen deinen medialen Gaben, Fähigkeiten und deinem Lebenssinn gibt.

Deine Fähigkeiten und Gaben beziehen sich sowohl auf alle deine medialen Möglichkeiten als auch auf deine Bestimmung, die nichts mit »Medium sein« zu tun haben, muss. Dennoch helfen dir deine medialen Gaben und Fähigkeiten dabei, mehr und mehr in deine innere Kraft zu kommen. Die geistige Welt unterstützt dich in deinem Sein. Sie wissen genau um deinen Seelenplan und den daraus resultierenden Aufgaben, die du dir vor diesem Leben zusammen mit deinen Helfern in der geistigen Welt zusammengestellt hast.

Sie helfen dir, auf diesen vorher gewählten Weg zu kommen. Sie unterstützen dich dabei, auf die Stimme deiner Seele zu hören, diese wahrzunehmen und darüber Leben genießen sowie deiner Bestimmung auf ganzer Ebene folgen zu können. Sie schulen dich in deinen medialen Gaben und Fähigkeiten, sofern du dies bewusst zulässt und mit ihnen praktizierst. Immer stehen sie dir 24/7 voller Liebe für deine spirituelle Entwicklung als Privatlehrer Team zur Verfügung. Ich weiß, jeder, der seine Medialität beginnt zu entdecken, will nichts mehr anderes tun! Dennoch beachte, dass es vielleicht gar nicht um »Medium sein« in deinem Lebensplan geht. Jeder von uns hat seinen eigenen, individuellen spirituellen Weg, über den du deine medialen Gaben und Fähigkeiten zum Ausdruck bringen kannst. Immer indem, was du am liebsten tust, liegen deine natürlichen Fähigkeiten und Gaben verborgen. Wir alle gehen den Weg zu mehr Bewusstsein und Achtsamkeit. Einen Weg zum inneren Glück, nur darum geht es. Wenn du das leuchtende Licht deines spirituellen Weges beginnst zu erkennen, dann stehen dir alle Wege offen. Wege, die du für dich weit vor diesem Leben als multidimensionale Möglichkeiten erfahrbar gemacht hast.

Zurück zum Schmerz: Ja, dein spirituelles Team kann dir deine geliebte verstorbene Person nicht körperlich zurückbringen. Aber sie helfen dir gerne dabei, alles Feinstoffliche zu verstehen und dahinter das universelle Große und Ganze für dich zu entdecken. Sie helfen dir gerne zu verstehen, dass du nie von deiner Lieblingsseele getrennt bist, und dass du immer Kontakt zu ihr haben kannst. Immer! Sie sind Helfer, Lehrer, Trostspender, bester Freund und liebevollster Begleiter zugleich.

Auch du kannst das Diesseits mit dem Jenseits verbinden, und darüber ein glücklicheres Leben führen. Wenn du dazu bereit bist, deinen seelischen Weg, der vielleicht nicht den einfachsten Weg sein wird, zu gehen. Immer wirst du ihre Unterstützung erhalten, wenn du darum bittest. Auch ist dein spirituelles Team dafür da, dich für diese unsagbar schöne Kommunikation mit deinen Verstorbenen zu öffnen und zu erleben, dass du selbst diese Kommunikation mit ihrer Unterstützung immer für dich fortführen kannst. Dazu braucht man kein Medium, das kannst du selber. Dir ist genauso möglich, diese beiden sensationellen Welten zusammenführen, und dein Leben zusammen mit deinem Team und deinen Verstorbenen genießen zu können. Sie kennen dich, deine Seele, deine Aufgabe, aber auch deine Gaben und Fähigkeiten. Sie wissen um alle Lebens- und Seelenbelange, deiner Seele. Ich bin überglücklich, diesen bedeutsamen, unbezahlbaren universellen Schatz für mein Leben gefunden zu haben.

Mein eigenes spirituelles Kollektiv hilft mir täglich, für mich immer nur das Beste zutage zu fördern, egal in welchem Bereich. Was, wenn es nur darum geht, sich all dem, was du bist sowie darüber deinen Gaben und Fähigkeiten zu öffnen? Heute ist mir bewusst, dass mein Team mich für meine Seelenaufgabe des »Medium sein« von Kindesbeinen an geschult und auf das Leben heute vorbereitet hat, und das war für mich nicht der einfachste Weg. Spiritualität leben geht nicht, ohne sich verantwortungsvoll all seinen Lebensaufgaben, Themenbereichen, Ängsten, Mangeldenken und Herausforderungen im Leben zu stellen.

Alles bewusst zuzulassen und zu durchleben, zum Wohle der daraus gewonnen Erfahrungen. Sie helfen mir selbst heute noch jeden Tag bei meiner persönlichen spirituellen Entwicklung. Einer Entwicklung, die unendlich ist. Sie werden mich immer begleiten und schulen - es gibt kein fertig. Sie begleiten dich und mich bei jedem noch so kleinen Schritt. Sie helfen uns durchzuhalten, bis wir bereit sind, uns für andere Sichtweisen bewusst zu öffnen und darüber weitergehen zu können. »Was würde die Liebe an deiner Stelle tun?!«, höre ich dann oft als Hilfestellung von meinem Team.

Selbst dann, wenn ich mal wieder in einem meiner tiefen, selbst kreierten Löcher hocke und denke »Liebe! Am A....«, sind sie für mich da. Bedingungslos. Wir sind ein Team, in guten oder wie von uns Menschen bewertet in schlechten Zeiten. Sie lassen mich fühlen, dass wir eine feste Instanz ist. Diese Wahrnehmung rührt mich zu Tränen und berührt mich tief in meiner Seele, wenn ich deren unendliche Liebe und Wertschätzung aus der geistigen Welt für mich spüre. Ihnen ist völlig egal, wie ich aussehe, oder was ich meine sein zu müssen. Sie lieben jede Faser meines Seins. Sie lieben mich so, wie ich bin, sie lieben, dass ich bin.

Stand heute, bin ich schon mein ganzes Leben auf meinem spirituellen Weg unterwegs. Lange war mir nicht bewusst, dass es so etwas wie ein spirituelles Team, Guide, Geistführer oder was auch immer gibt. Lange hatte ich eine unfassbare Angst und dachte, ich werde verfolgt, weil ich deutlich jemanden oder etwas hinter mir spüren konnte. Es flößte mir Angst ein, weil ich keine Ahnung hatte, was hier mit mir passiert. Wie oft wird sich mein Team den Bauch vor Lachen gehalten haben, wenn ich mal wieder beim Spüren ihrer Anwesenheit voller Panik um mein Leben gerannt bin. Zum Glück gibt es dieses wundervolle Team für mich - und auch für dich! Heute bin ich überglücklich, wenn ich deren Energie auf meinem Körper spüre. Welch ein Geschenk. Dann darf ich Himmel und Erde miteinander verbinden. Wie gerne gebe ich meinem Team die Erlaubnis, durch mich wirken zu dürfen. Es ist mir eine Ehre, mit ihnen zusammenzuarbeiten, und meinen Teil zu dieser ehrenvollen Aufgabe beitragen zu dürfen. Ich bin inkarniert, um Menschen wie dir aufzuzeigen, dass es ein Leben nach dem Tod gibt, und wie sie diese Zusammenhänge für sich fassbar machen können. Die Verstorbenen sind immer da, wenn diese da sein dürfen. Zu meiner Bestimmung gehört ebenfalls dir aufzuzeigen, dass auch du den Kontakt zu deinen geliebten Verstorbenen immer führen kannst. Gerne zeige ich dir, dass es sich lohnt, sich für diese Form der Kommunikation Zeit zu nehmen und darüber neue Möglichkeiten für euch zu erfahren. Danke, dass ich diese wertvolle und wichtige Aufgabe auch für dein Leben in diesem Moment ausführen darf. Danke dafür, dass ihr immer für mich da seid. Danke, dass ich bin, Danke!

4.29

Dein Job!

Oft erlebe ich, dass Menschen sich um Hilfe bittend erst dann an das Universelle wenden, wenn sie sich in einer Sinnkrise befinden, oder ihr Leben in allen Belangen Kopf steht. Wir brauchen als menschliches Seelenwesen Krisen und Schicksalsschläge, um aufzuwachen und umzudenken. Die geistige Welt, egal in welcher Form und Realitätsebene (Verstorbene, Meister, Engel, Christus-Wesen, Gott usw.), stehen dir jederzeit mit all ihren unterstützenden Möglichkeiten zur Verfügung. Keiner von uns und gerade auch unsere Verstorbenen, haben nicht gleich die Weisheit mit Löffeln gegessen, nur weil sie jetzt auf der anderen Seite sind. Das solltest du bei deinen Wünschen beachten. Es ist dein Leben und in deinem Leben geht es immer nur um dich.

Einige Menschen sitzen der fixen Idee auf, dass ihr Geistführer oder ihr spirituelles Team ihnen ebenfalls bei allen schnöden menschlichen Lebensfragen behilflich sein müssen. Nein, das müssen sie nicht. Sie sind einzig für die übergeordneten Sichtweisen der spirituellen Weiterentwicklung zuständig. Sie leben nicht unser Leben, sie entscheiden nicht für uns. Wir haben in jedem Moment deine eigene souveräne Wahl inne. Wir entscheiden, ob wir rechts, links, geradeaus gehen oder stehen bleiben wollen. Sonst keiner.

Häufig erwarten die Menschen, dass ihnen sofort der richtige Weg vonseiten des Universums gezeigt werden müsse. Sie verstehen in diesem Zusammenhang nicht, dass es keinen falschen Weg gibt. Wenn du von einer anderen Seite auf dich und dein Leben schauen würdest, wäre die Chance gegeben zu erkennen, dass du dir alles multidimensional angelegt hast. Und zwar jeden einzelnen Weg. Jeden Weg, den du gewählt hast, wählen oder auch nicht wählen wirst. Alles ist schon da, in jeder erdenklichen Form. Versuche es bitte nicht mit dem Verstand verstehen zu wollen. Universelles lässt sich nicht verstehen, nur fühlen. Mal ganz davon ab, dass wir diese komplexen Zusammenhänge auch mit unserem begrenzten Verstand gar nicht verstehen können.

Dazu reicht der menschliche Verstand nicht aus. Anderseits geht es aus Sicht deiner Seele nicht darum, als Mensch auf dieser Realitätsebene »Erde« alles mit dem Verstand verstehen zu müssen. Es geht um das Leben an sich. Es geht darum, so viele emotionale Erfahrungen zu sammeln wie möglich. Emotionen, die einzig in dieser menschlichen Form erfahrbar sind. Deswegen bist du hier. Wie auch immer, jeder von uns kann die Hilfe aus der geistigen Welt, entsprechend seinem Bewusstseinsstand, bekommen. Die Entscheidung, wie du leben und welche Entscheidung du für dich treffen wirst, liegen immer nur bei dir. Dem Universum ist dabei egal, ob und welche Entscheidungen du bewusst oder unbewusst triffst. Wie wäre es: Entscheide dich doch mal zur Abwechslung bewusst, und lasse dir darüber alle Möglichkeiten im Leben offen. Auch die Möglichkeiten, die du dir noch heute nicht mal in deinen kühnsten Träumen vorstellen kannst.

4.30

Geht das auch mit Tieren?

Ich selbst habe viele Tiere in der geistigen Welt. Allen voran meine geliebten Vizslas Ilma und Emma. Meine Hunde, die mich fast 25 Jahre meines irdischen Lebens begleitet haben. Das Wundervolle an Tieren ist, dass sie wie große Geschenke an unserer Seite sind. Sie lieben uns so, wie wir sind, bedingungslos. Selbst, wenn wir in unserem menschlichen Bewusstsein denken, wir hätten uns die Tiere in unserem Leben ausgesucht. Universell gesehen, suchen nicht wir das Tier, sondern die Tiere suchen uns aus.

Für die Zeitspanne, die ein Tier körperlich auf Erden für uns inkarniert, stehen sie uns helfend mit ihren Energien zu Seite, um Lebensphasen mit deren Liebe und Hilfe einfacher durchlaufen zu können. Wundervolle Geschöpfe. Auch sie vereinbaren mit uns und unseren Beratern lange vorher, wann sie in unser Leben treten. Wie und wobei sie uns mit ihrer Liebe unterstützen, steht darüber genauso fest, wie auch der Zeitpunkt, wann sie uns wieder verlassen werden. Die Seelen der Tiere existieren genauso in der zweiten Realität »Jenseits«, wie alle anderen Seelen unserer Verstorbenen auch.

Auch Tiere kommen oftmals in meinen Jenseitskontakten dazu, um ebenfalls aufzuzeigen, dass sie heute noch unterstützend an unserer Seite sind. Zu ihren irdischen Lebzeiten können Tiere meist sehr deutlich einen Besuch aus der jenseitigen Welt wahrnehmen. In diesem Punkt sind sie so viel mehr Seele als wir. Sie hinterfragen nicht, wieso sie in diesem Körper sind, wie wir es tun. Alles läuft ganz natürlich ab. Eine Natürlichkeit, die wir uns regelrecht absprechen und zu der wir wieder zurückfinden dürfen.

Innerhalb dieser zweiten Realität Jenseits gibt es eine eigene Tierebene, wenn du diese so sehen oder wahrnehmen möchtest. Hier sind alle Tiere zu finden, die engen Kontakt zu ihren geliebten Menschen hatten. Auf der einen Seite ist es dieser verstorbenen Person möglich, Kontakt zu dieser Tierebene zu haben, und darüber hinaus natürlich auch zu der Tierseele, die sie so viele Jahre begleitet hat. Auf der anderen Seite ist es uns hier, in der menschlichen Form ebenfalls möglich, einen Kontakt zu diesen geliebten Tierseelen aufzunehmen.

Denke ich z.B. an Emma oder Ilma, sind sie da. Auch ich durfte hier eine Menge Erfahrungen sammeln, dank der unendlichen Liebe zu diesen wundervollen Wesenheiten. Ich weiß noch, als ich einmal mit Emma durch Wald spazieren gegangen bin. Ich schaute ihr zu, wie sie wild mit einem Stock spielend, fröhlich den Weg entlang sprang und dachte gleichzeitig an Ilma, die viele Jahre zuvor schon in die geistige Welt gegangen war. Direkt fiel mir zusätzlich unsere Vizsladame Mala ein, die wegen eines Gehirntumors aus ihrem Körper geschieden war. Seit ich denken kann, waren Hunde die stetige Begleitung an meiner Seite. Wenn ich alle zusammenzähle, dann komme ich auf weit über 12 Hunde.

Zurück zur Waldgeschichte: Auf Emma schauend, an alle anderen Hunde denkend, war auf einmal der gesamte Waldweg voller Hunde. Meine Hunde! Sie alle waren gekommen, um Emma und mir beim Gassi nahe zu sein. Was für eine Freude und welchen Spaß alle Hunde hatten. Emma hatte Spaß, ich hatte Spaß.

Wären wir in diesem Moment beobachtet worden, bin ich mir ziemlich sicher, dass mein Tun bei anderen völliges Unverständnis hervorgerufen hätte. Noch mehr dann, wenn die Person die Hundeseelentruppe hätte wahrnehmen können, die mich fröhlich durch den Wald begleitet. Vielleicht wären sie verwundert und begeistert zugleich gewesen, wer weiß.

Auch in Jenseitskontakten zeigen sich regelmäßig Tiere. Tiere, die entweder zu den Verstorbenen, oder aber direkt zu den Hinterbliebenen gehören und nun im Jenseits sind. Diese Tiere zeigen auf, dass sie immer auch an der Seite ihres geliebten Menschen oder Verstorbenen sind. Selbst dann, wenn die Hinterbliebenen ihre Tiere nicht selbst wahrnehmen können. Tiere können ebenfalls über ihre Energien aufzeigen, dass sie bei uns sind. Emma hat dazu ihr Spielzeugschwein laut und für alle hörbar quietschen lassen. Und das, obwohl das Ding nur unter massivem Druck überhaupt anfängt, Geräusche zu machen. Normal grunzte das niedliche rosa Schwein nur 2-3 mal, dann trat Stille ein und Emma hätte erneut draufbeißen müssen, um es wieder zum Grunzen zu bringen. Nach ihrem Tode grunzte das Schwein in Dauerschleife so lange, bis ich es in meine Hand genommen hatte. Eines ihrer sensationellen Zeichen, um mir zu zeigen, dass sie immer noch bei mir ist. Ich kann Emma und Ilma, meine beiden Hunde, körperlich wahrnehmen, wenn sie mich liebevoll mit ihrer Pfote kratzen, dicht an mir liegen oder mit mir schmusen. Sie sind da.

Die Kommunikation zu den Tieren unterscheidet sich hierbei nicht von denen der ehemals menschlichen Seelen. Über meine Gedanken kann ich sie telepathisch hören, genauso wie es ein Verstorbener machen würde. Auch hier findet vieles telepathisch bzw. mental statt. Ist das nicht schön zu wissen? Auch deine verstorbenen Tiere sind immer bei dir und um dich herum, wenn du ihnen deine Erlaubnis dazu gibst. Sie sind bei dir und geben dir alle möglichen Zeichen, damit du weißt, dass es auch ihnen in der geistigen Welt gut geht, oder sie gut angekommen sind. Sie geben dir Zeichen und Impulse, wie jedes andere Seelenwesen auch. Sie zeigen dir darüber gerne auf, wie sehr sie dich lieben und wie sehr sie es genießen, immer an deiner Seite sein zu können.

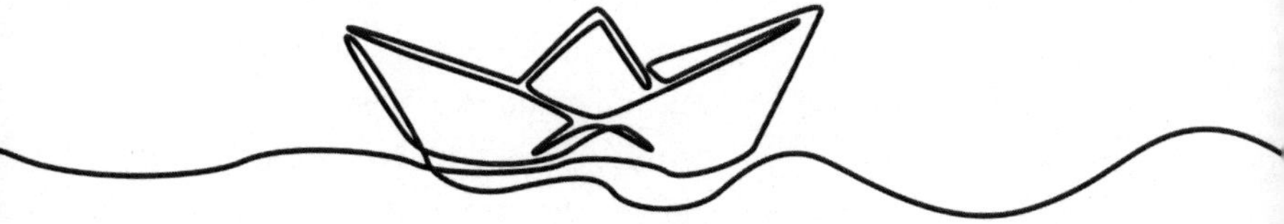

5
GABEN & FÄHIGKEITEN

5.1
Grundlagen

Alle Menschen haben die Möglichkeit, übersinnlichen Wahrnehmungen zu aktivieren, zu trainieren und darüber im Alltag einsetzen zu können. Diese übersinnlichen Wahrnehmungen werden unter der Begrifflichkeit »Hellsinne« zusammengefasst. Hellsinne sind ein göttliches Geschenk an uns, dass wir bereits zu unserer Geburt erhalten haben. Jedem ist es möglich, seine Hellsinne zu aktivieren. Insgesamt gibt es sieben Hellsinne, welche in Körper-, Geist- und Seelensinne unterschieden werden. Viele Jahre waren auch mir diese Unterscheidung nicht bewusst, obwohl ich längst mit allen drei Kategorien gearbeitet hatte. Bei den meisten Hilfestellungen im Netz werden einzig die fünf körperlichen Hellsinne beschrieben. Manchmal auch der sechste, geistige Sinn. Fast immer wird in den Beschreibungen der uns zur Verfügung stehende siebte, seelische Sinn (oder Hellsinn) ausgeblendet. Selbst ich hatte zuvor Hellsinne immer so beschreiben, da ich unbewusst den seelischen und den körperlichen Hellsinn des Fühlens in einem zusammengefasst hatte.

Wie auch immer, daran kannst du erkennen, dass sich meine Bücher ebenfalls immer über das mir gerade zur Verfügung stehende Bewusstsein verändern. Was mir früher auch nicht bewusst war, ist, dass der Zahl »sieben« eine große universelle, numerologische Bedeutung zukommt, die selbst über viele Glaubensrichtungen in unserem Alltag Einzug gehalten hat: Von Siebensachen packen, sieben Tage Woche, sieben Tage der Schöpfung, sieben Todsünden über die sieben Realitäten, den sieben Haupt-Chakren, die mit diesen sieben Realitäten verbunden sind, bis hin zu den sieben Hellsinnen gibt es unfassbar vieles, womit dieser göttlichen Zahl in Verbindung gesetzt wird. Frage mal das Internet nach der Bedeutung der Zahl »sieben«, und du wirst dich wundern, welch große Bedeutung diese Zahl z.B. durch alle Religionen hindurch hat. Nun aber zurück zu deinen sieben Hellsinnen. Ich bezeichne unsere Hellsinne als wunderbare Seelenwerkzeuge, die zwar jeder hat, aber meistens nur unbewusst im Alltag einsetzt.

5.2

Die fünf körperlichen Hellsinne

Wie im Innen so im Außen«, dieser Spruch ist dir mit Sicherheit auch schon untergekommen. In diesem Satz steckt so viel Wahrheit, die uns im Alltag nicht bewusst ist. Die körperlichen Hellsinne werden ähnlich unseren körpereigenen, menschlichen Sinnen, die als Sehen, Hören, Fühlen, Schmecken und Riechen bekannt sind, beschrieben. Diese körperlichen Hellsinne stehen also in einer direkten Verbindung zu unserer normalen menschlichen Wahrnehmung mit Augen, Ohren, Nase, Mund und Haut. Irgendwo habe ich gelesen, wie schön es wäre, Hellsinne wahrnehmbar zu machen. Hier ist mein Versuch: Viele von uns kennen einen der feinstofflichen, körperlichen Hellsinne sehr gut. Dieser wird im Allgemeinen als »Bauchgefühl«, als komisches oder gutes Gefühl zu etwas zu haben, bezeichnet. Ist dir schon einmal aufgefallen, dass die meisten Menschen immer nur vom schlechten oder unguten Bauchgefühl reden? Was ist denn mit dem guten Bauchgefühl?

Typisch Mensch, viel zu oft haben wir den Fokus auf Mangel, oder auf dem, was nicht geht. Wie auch immer, eigentlich verfügen wir immer über die Gesamtbreite aller Möglichkeiten, nicht nur über A und B. Dazu aber später mehr, in der Beschreibung der einzelnen Hellsinne. Unsere körperlichen Hellsinne werden darüber hinaus mit den Begrifflichkeiten »objektiv« und »subjektiv« beschrieben. Wobei du wissen solltest, dass es sich hierbei immer um die eigenen Sichtweisen dreht, und das, was jeder für sich selbst wahrnehmen kann. Kein Außenstehender ist in diesem Fall in der Lage wahrzunehmen, was dieser Person in diesem Moment ihre Hellsinne aufzeigen. Zumindest bei der subjektiven und objektiven Wahrnehmung. Geht es aber um die Wahrnehmung von paranormalen Phänomenen, reden wir jetzt davon, dass jeder sich im Raum befindende Mensch, dasselbe mitbekommt. Es ist eben ein ganz anderer Bereich, der zwar ebenfalls von unseren Hellsinnen erfasst wird, aber in eine ganz andere Rubrik gehört. Eine Rubrik, die ich ganz zu Beginn dieses Buches als Physical Mediumship oder physikalischer Medialität beschrieben habe.

All diese komplexen Zusammenhänge hier aufzuführen, würde den Rahmen dieses Buches vollständig sprengen. Die objektive Wahrnehmung beschreibt die körperlichen Hellsinne, die sich ähnlich unseres normalen Sehens, Hörens oder Fühlens, feinstofflich empfinden lassen. Im Unterschied zur subjektiven Wahrnehmung erfassen wir nun feinstofflich das, was in uns geschieht. Ich hoffe, du kommst noch mit. Dieses »in-uns-Geschehen« beschreibt die feinstoffliche Art des Sehens, Hörens, Fühlens und Wahrnehmens mit all deinen inneren feinstofflichen, körperlichen Hellsinnen. Würden wir unsere körperlichen Hellsinne bzw. unsere körperlich, feinstofflichen Wahrnehmungsmöglichkeiten bildlich betrachten, dann kommt dies einem im Wasser treibenden Eisberg sehr nahe.

Auch hier liegt nur ein Bruchteil dessen, was wir wahrnehmen, im Bewussten bzw. Sichtbaren. Der viel größere Teil bleibt im Verborgenen, und daher im Unbewussten. Im übertragenen Sinne nutzen wir Menschen nur ein Bruchteil unserer Möglichkeiten, da der andere, viel größere Anteil, ungenutzt unter der Oberfläche bleibt. Ich hoffe, du erkennst gerade für dich, wievielt Potenzial auch in dir ungenutzt noch vorhanden ist. Es geht so viel mehr, wenn jeder von uns dazu bereit ist, sich für all seine Möglichkeiten, Gaben und Fähigkeiten zu öffnen. Wie auch immer. Schauen wir uns nun zusammen an, was über das Eisbergbildnis möglich wäre, wenn du neben dem Erkennen ebenfalls ins Tun kommst. Der Rest wird nach und nach immer mehr zum Vorschein, bzw. vom Unbewussten ins Bewusste kommen. Und nur darum geht es.

5.3

Hellsehen: innere Wahrnehmung

Stelle dir bitte mal einen Strand vor und achte auf das Bild, was binnen Sekunden in deinen Kopf auftauchen wird. Gerne darf es der schönste Strand sein, den du dir vorstellen kannst.

Beschäftige dich bitte einen Moment mit diesem Gedanken und betrachte das Bild. Ich weiß, dass es funktioniert, denn der Ablauf ist immer der gleiche. Dein Verstand ruft ab, was du bereits kennst oder erfahren hast. Selbst dann, wenn du noch niemals zuvor selber am Meer warst, und es bis heute ein lang ersehnter Wunsch von dir ist.

Du hast Strände, Traumstände, Meer, Sand und Wasser mit deinen physischen Augen schon unzählige Male gesehen, z.B. im Fernsehen oder in Urlaubsprospekten. Daraus entsteht ein gedankliches Bild. Ein Bild, das mental vor deinen inneren Augen aufgebaut wird. Meist fliegen diese Bilder nur so im Verstand herum. Sie kommen und gehen ohne fixes Standbild in rasender Geschwindigkeit. Das Wort »Hellsehen« beschreibt die bildliche Sprach- bzw. Kommunikationsform deiner körperlichen Hellsinne. Hellsehen, mit der inneren Wahrnehmung, richtet sich auf die mentale Sichtweise von Bildern, Gegenständen, Objekten, Szenerien oder ähnlichem aus, die du selbst irgendwann, irgendwo mit deinen physischen Augen gesehen hast. Soweit so gut. Denke bitte noch einmal kurz an deinen Strand. Bis jetzt ist das hier entstandene Bild nur ein Werk deines Verstandes.

Und wieder sind wir beim »Tun«. Erst über das Erkennen und das aktive Trainieren dieser Hellsinne kann dir der Unterschied zwischen einem Programm deines Verstandes, Bilder deiner Seele oder Bilder aus dem Jenseits deutlich werden. Auch deine Verstorbenen schicken dir Zeichen als Bilder aus ihrer jenseitigen Realitätsebene. Jetzt gilt es zu unterscheiden, ob dein mental empfangenes Bild deiner Lieblingsseele, oder etwa deinem Verstand zuzuordnen ist. Ich weiß genau, wovon ich rede, denn ich habe nur allzu oft und nur allzu leicht das mental erhaltene Bild bildlich »in die Tonne getreten«, und meinem eigenen Verstand entsprungen, zugeordnet.

Zu blöd, denn gerade diese wundervolle, bildliche Sprache wird gerne vom Jenseits genutzt.

Das Hellsehen beschreibt aber nicht nur die mental empfangenen Bilder aus der geistigen Welt, deines höheren Selbst oder deines Verstandes. Die Hellsichtigkeit kann ebenfalls für das Lesen von Menschen, Pflanzen und Tieren eingesetzt werden. Hellsichtig kannst du mentale Bilder oder Visionen von allem erhalten, inkl. deiner Traumbilder. Auch die Aura von Menschen, Tieren und Pflanzen sind hellsichtig wahrnehmbar, was als »Aura lesen« bezeichnet wird. Alles, was du im übertragenen Sinne »sehen« kannst, ist im feinstofflichen bereits vorhanden. Kompliziert sind also nicht das Erkennen und Trainieren deiner Hellsichtigkeit, sondern zu erfahren, woher genau deine mental empfangenen Bilder kommen.

5.4

Hellsehen: äußere Wahrnehmung

Puh, jetzt wird es etwas komplexer, weshalb ich dazu ein Beispiel aus meinem Leben gewählt habe. Seelenwesen oder Verstorbene, die ich nachts neben meinem Bett oder sonst wo um mich herum sehe, würde ich als mentale, äußere Wahrnehmung beschreiben. Eine »Art Star-Treck-Science-Fiction-Hologramm«, welches sich bewegen und sprechen kann. Sie sehen für mich nicht immer schwebend aus, wenn die Damen und Herren Verstorbenen neben meinem Bett auftauchen. Aber auch das kann natürlich vorkommen, da ich liegend schlicht nicht sehe, ob jemand neben mir steht oder rum schwebt.

Wie auch immer, dieses wundervolle Hologramm sieht sehr real und echt aus. Aus vollem Herzen habe ich dann das Gefühl, diese Verstorbenen real zu sehen und mit ihnen sprechen zu können. Was ich auch tue. Sie reden ja auch mit mir, oder starren mich oft auch einfach nur liebevoll an. Es sieht für mich nicht nur real aus, sondern es ist Realität. Auf Basis meiner feinstoffliche Hellsinne sehe nur ich dieses Seelenwesen. Sie sind wirklich da, und nicht nur Bilder in meinem Kopf. Für alle anderen Menschen um mich herum sind die Aktionen der Verstorbenen sowie darüber hinaus auch andere spirituelle Wesenheiten (wie mein Team) nicht sichtbar.

Ich hoffe, du verstehst jetzt, was ich mit innerer und äußerer Wahrnehmung meine. Alles hat eine Aura. Aura ist das elektromagnetisch-bioaktive Energiefeld, welches alles umhüllt. Bei Gegenständen genauso wie bei Menschen, Tieren oder Pflanzen. Diese Aura kann von vielen Menschen, mit deren innerer mentalen Wahrnehmung, und manchmal auch um den Körper im außen sichtbar sein. Dann sehen sie andere Personen so, als ob diese in die leuchtenden, blassen oder dunklen Farben ihrer Aura eingehüllt sind. Derzeit kann ich eine knallbunte Aura, wabernd um den Körper eines Menschen, nur hellsichtig, aber noch nicht im Außen sehen. Da geht also noch etwas, und gerne lasse ich mir auch diese Möglichkeit offen. Das Einzige, was ich an Außensehen schon kann, ist die äußerste Auraschicht, die unseren physischen Körper einhüllt.

Diese Schicht sieht aus wie ein ganz feiner, weislich transparenter, sich sehr harmonisch bewegender Bereich, der sich ziemlich eng, rings um den Körper der jeweiligen Person befindet. Früher immer dachte: »Geil, das will ich auch können«, bin ich sofort losgelaufen, und habe mir aus dem Internet eine »setze-mich-auf-und-du-kannst-du-durch-mich-die-Aura-der-Menschen-und-Tiere-sehen-und-lesenlesen» Brille gekauft.

Emma war mein Versuchskaninchen. Mal ganz davon ab, dass ich völlig bescheuert aussah, und mir irgendwann ganz schlecht vom Dauer starren auf meinen Hund war, ist nichts passiert. Damit flog das Ding relativ zügig in die Ecke, und das Thema «Aura sehen im Außen« war für mich erst mal Geschichte. Ja, du kannst stundenlang auf deine Fingerkuppe schauen, bis du vielleicht deine eigene Aura siehst. Du kannst es aber auch lassen und wissen, dass wenn du tatsächlich so weit bist und dir die Erlaubnis gibst, dich für alle deine Fähigkeiten und Möglichkeiten zu öffnen, dass all das irgendwann vielleicht auch ganz natürlich eintreten wird. Je mehr du willst, desto mehr bist du im Verstand, und umso weniger geht.

Die Natürlichkeit ist hier wie immer der magische Schlüssel.

Die Hellsichtigkeit ist einer deiner wundervollen, körpereigenen und feinstofflichen Hellsinne. Über dieses Hellsehen kannst du Bilder, Visionen und ganze Szene sowohl im Inneren, als auch im Außen um dich herum sehen. Deine Traumbilder gehören ebenfalls in diesen Bereich. Es sind dann innere Bilder, die wir im Moment des körperlichen Schlafes, entweder von unserem Verstand, oder aber aus dem Jenseits bzw. unserer Seele erhalten können. Hellsichtig ist es dir ebenfalls möglich, das Energiefeld eines Objektes, die sog. Aura, um Menschen, Tiere, Pflanzen und Gegenständen herum im inneren und/oder in der äußeren Wahrnehmung zu sehen. Dein Hellsehen, ist behilflich dabei, Verstorbene so wahrzunehmen, als wären sie direkt neben dir. So, als würden sie an deinem Leben immer noch teilnehmen. Hierbei spielt es keine Rolle, mit welcher Form deiner Hellsichtigkeit du diese wahrnehmen kannst. Fakt ist: Es geht. Ist das nicht der Hammer?

5.5
Das dritte Auge

Beim Thema Hellsichtigkeit komme ich gleich mal mit meinem Lieblingsthema »Drittes Auge«, um die Kurve. Meine Sichtweise darüber habe ich bereits in meinem Buch »Das 1x1 der Engelkommunikation« belustigt zu Ausdruck gebracht. Ja, mit dem dritten Auge wird durch viele Religionen und Kulturen hinweggearbeitet. Und ja, wenn du Übungen machten möchtest, um es zu öffnen, mache es. Liebevoll weise ich dich darauf hin, dass ein »ich will das können« gleichzeitig aussagt, dass du davon ausgehst, dass dein 3. Auge gequetscht und außer Betrieb ist.

Achte auf deine Gedanken, Worte und Taten. »Dein Wille geschehe«, sage ich dazu nur. Das Universelle setzt alles deinem Willen entsprungene sofort um. Wie auch immer, irgendwie habe ich mit der Vorstellung eines zyklopartigen, dritten Auges ein Thema.

Vielleicht, weil es nur ein Teil der Wahrheit ist. Lasse dich bitte nicht vor mir aus der Bahn werfen, gehe immer in deinem Gefühl und achte darauf, was sich für dich dienlich anfühlt und deiner inneren Wahrheit entspricht.

Für alle, die glauben, ihr drittes Auge öffnen zu müssen, gibt es zahlreiche Übungen im Netz, die euch dabei helfen werden. Für mich impliziert dieses »sich öffnen müssen«, dass Menschen glauben, sie könnten nicht hellsehen, ohne dieses 3. Auge geöffnet zu haben. Über diese unbewussten Glaubenssätze schlagen wir uns selbst die Tür zum Unbewussten und Unsichtbaren zu.

Klar habe auch ich früher versucht mein 3. Auge zu öffnen, so groß war der Wunsch, hellsehen zu können. Spannenderweise konnte ich ein toll aussehendes, mit langen, klimpernden Wimpern ausgestattetes Auge sehen, welches sich auf der Stirn, inmitten meiner Augen befand. Deutlich war für mich zu erkennen, dass sich dieses Auge immer wieder auf- und zuklappte. Ich sah also, ohne zu sehen. Auch ich dachte, ich müsse es genauso so machen wie alle anderen. Es finden sich Tausende von Übungen und Menschen im Netz, die dank ihrer Überzeugung genau das erklären und erzählen. Es hat auch bei mir gedauert, bis ich für mich dahintergekommen bin, was an diesem zyklopartigen, langwimprigen Auge dran war.

Noch mal, das Auge konnte ich deutlich sehen, aber immer im Bewusstsein, dass ich erst hellsehen kann, wenn das dusselige Auge geöffnet ist. So funktionieren also Programme und Muster, die wir uns fröhlich selbst ans Bein hängen. Ich habe mir noch nicht mal im Ansatz erlaubt, die Möglichkeit des Hellsehens bereits zu haben.

Deshalb kann ich gut verstehen, warum viele glauben, dass sie erst etwas tun müssen, um ein Ergebnis zu erzielen. Solche Verhaltensweise ist uns anerzogen worden. Uns allen liegen Fähigkeiten und Gaben zu Füßen, die es zu erkennen gilt.

Diese, deine wundervollen Gaben funktionieren aber nicht über das Müssen. Irgendwann habe ich mich für die Möglichkeit geöffnet, dass ein 3. Auge seinen Sinn haben darf, und ich einfach ganz natürlich hellsehen kann. Warum sonst wäre dieser Chakra-Bereich des dritten Auges mit einer der Realitätsebenen verbunden? Alles hat seinen Sinn, nichts geschieht ohne Grund, Sinn oder wie auch immer du es bezeichnen möchtest. Lasse dir bitte alle Möglichkeiten offen, damit all das Feinstoffliche zu dir kommen kann, was derzeit noch unbewusst und daher ungenutzt für dich ist.

5.6

Hellhören: äußere Wahrnehmung

Ähnlich dem Hellsehen hast du beim Hellhören über die mentale, äußere Wahrnehmung das Gefühl, wirklich Dinge zu hören. So, als ob jemand mit dir redet, du Musik, Klänge oder Geräusche hören kannst. Alles hört sich real an, und dennoch hört es keiner außer dir. Ich hatte das Phänomen des »im Außen Hören« bisher nur ein paar Male. Meist dann, wenn ich vor lauter Skepsis auf der Suche nach Beweisen das Mediale hinschmeißen wollte.

Damals war es mir nicht möglich zu unterscheiden, wo genau die Stimmen oder Geräusche herkamen, die ich hörte. Waren diese wirklich real oder fielen unter blanke Einbildung? Drehe ich jetzt langsam durch und bilde mir alles nur ein, oder was zu Geier geht hier ab? Eines der krassesten Beispiele erlebte ich damals mit einem unserer geliebten Vizslas. Marla war eine sehr liebenswerte Vizslahundedame, die ich damals vor der Tötungsstation gerettet hatte. Sofort ist mir dieses Wesen ans Herz gewachsen. Nach nur zwei Jahren begann sie mit epileptischen Anfällen krank zu werden. Während das Tierkrankenhaus versuchte, alle möglichen Ursachen diagnostisch auszuschließen, erhielt ich direkt von Beginn an universelle Hinweise, dass Marla einen Hirntumor habe, und nicht mehr lange leben würde. »Schwachsinn«, dachte ich, »das bilde ich mir alles nur ein, das arme Tier«.

Völlig verunsichert, sprach ich mit den Tierärzten, die mir bestätigten, dass sie sich alles als Ursache vorstellen können, aber dass es sicherlich kein Hirntumor sei. Meine Gedanken drehten sich im Kreis. Kleinlaut schlich ich völlig verunsichert von dem, was ich gehört hatte, nach Hause. Aber die Stimmen ging nicht weg, ganz im Gegenteil, sie wurde immer lauter und deutlicher, auch gegen die ärztlichen Prognosen.

Einmal während des Gassi Gehens erschrak ich total, weil ich das Gefühl hatte, dass jemand neben mir stehend direkt in mein Ohr sprach. Ich hörte laut und deutlich: »Es ist ein Hirntumor, du darfst das gerne glauben«. Dieses Gefühl und diese Aussagen passierte mehrfach hintereinander. Immer wieder konnte ich die Nachricht ganz deutlich hören. Im Gegenzug sagten die Tierärzte genau das Gegenteil. So zog sich das diagnostische Verfahren für Marla über ein paar Wochen hin, und meine Hinweise wurden immer deutlicher. Irgendwann, nachdem ich Haare raufend und flehend in meiner Wohnung gestanden hatte, endlich verstehen zu dürfen, was bei mir abgeht, bat ich die geistige Welt, mich doch bitte dabei zu unterstützen, wirklich für mich zu erkennen, woher diese Stimmen kommen. Ich bat um eine innere Sicherheit, da ich kurz vor dem Durchdrehen stand.

Alle meine gehörten Informationen fanden zu unmöglichen Zeiten, und an den unmöglichsten Orten statt. Irgendwann in dieser Zeit begriff ich, dass alles, was ich an Hinweisen bekam, ein Geschenk ist. Das Geschenk zu erkennen, was wir an Marla hatten, und sie dafür bis zur letzten Minute zu ehren. Mit meiner neu gefassten inneren Sicherheit versuchte ich meine Mutter darauf vorzubereiten, dass Marla bald gehen würde, was sie mir aber nicht glaubte. Immer lauter und deutlicher vernahm ich, dass Marla bald gehen wird. Je mehr ich versuchte, meine Mutter davon zu überzeugen, die letzte noch verbleibende Zeit mit ihrem Hund zu genießen, umso mehr hörte ich: »Ach was, der Tierarzt hat gesagt, das wird wieder, und es ist auf keinen Fall ein Hirntumor«. Um die Geschichte hier abzukürzen: der Tag der Diagnose kam - Hirntumor. Erst bei der letzten Diagnostik kam dieses Ergebnis zum Vorschein. Der Tag, an dem Marla ging.

Die Ärzte waren geschockt, wie groß und deutlich der Tumor auf Marlas MTR Aufnahme zu erkennen war. Wir haben sie vom Leiden erlöst, keine Frage. Heute weiß ich, dass auch Marla diesen Tumor für sich zum Gehen kreiert hat. Ihre Hilfestellung für uns war beendet. Teils innerlich froh, dass ich doch nicht spinne, und alles Wahrgenommene real war, trug ich auch den anderen Teil in mir. Der Teil, der sagte: »Wie soll ich damit umgehen, dass ich solche Informationen im Vorhinein weiß? Fluch oder Segen, oder beides gleichzeitig«? So schwer es für mich in diesem Moment auch war, den baldigen Tod von Marla deutlich vorahnen zu dürfen, so wich dieses menschliche Denken und die Trauer schnell dem Gefühl, ein großes Geschenk erhalten zu haben, was mich bewusst alles miterleben und wahrnehmen lässt.

5.7

Hellhören: innere Wahrnehmung

Hellhören über deine mentale, innere Wahrnehmung bedeutet, wie das Gefühl, etwas gehört zu haben. Ich hoffe, alleine mit diesem Satz kannst du jetzt verstehen, dass es nicht ganz leicht ist, beides auseinanderzuhalten. Mental bedeutet, das innere Hellhören von Gedanken und/oder Worten und Stimmen. Manchmal fühlt es sich an, als ob wir Geräusche z.B. von Schritten, ein Klingeln, Kirchenglocken, bestimmte Namen oder sonst was innerlich hören. Auch hier fühlt es sich z.B. im Jenseitskontakt für mich so an, als ob ich etwas innerlich über meinen Kopf höre. Mental heißt, die Kommunikation findet auf einer telepathischen Ebene statt. Oft, wenn ich im Jenseitskontakt Namen höre, dann klingen diese identisch oder ähnlich des Namens der verstorbenen Person. Manchmal nehme ich eher ein Flüstern als laute Worte oder Geschrei wahr. Es ist ein Hören im Inneren. Hellhören meint, dass sich für dich als Mensch alles das, was sich akustisch wahrnehmen lässt, ebenfalls im Feinstofflichen hörbar ist. Die größte Herausforderung beim Hellhören ist, die Stimme, oder besser die Stimmen in deinem Kopf zu unterscheiden, ähnlich wie beim Hellsehen. Woher kommt diese Stimme, das Wort oder der Satz, den du innerlich hörst.

Ich habe gefühlt eine halbe Ewigkeit gebraucht, um für mich zu unterscheiden, ob ich meine Verstandesstimme quatschen höre, es ein Verstorbener oder meine Seelenstimme ist. Alle Stimmen haben sich für mich gleich angehört. Wenn du genau das für dich einmal selbst herausgefunden hast, dann geschieht ein Wunder. Ab dann ist es dir möglich, besser zu verstehen, woher deine Infos kommen. Außerdem birgt dies ebenfalls die Chance, dass du die Stimme deiner geliebten verstorbenen Person so hören kannst, wie diese zu Lebzeiten mit dir sprach. Auch hier steht uns die geistige Welt mit ihrer unendlichen Liebe, Geduld, Barmherzigkeit, Gnade und Hilfe gerne zur Verfügung. Im ersten Schritt darfst du erst einmal deine Verstandesstimme für dich enttarnen. Ist dir bis eben überhaupt aufgefallen, dass es in dir ständig herumquatscht?

Deutlich ist mir meine innere Verstandesstimme erst aufgefallen, als ich begann mich mit dem zu beschäftigen, was ich denke oder besser, was es in mir denkt. Auf einmal fiel mir auf, dass ich mich (auffallend oft) innerlich wegen jeder Kleinigkeit in den Senkel stellte. Ich beschimpfte mich regelrecht und hielt mich so klein, dass ich gar nicht wusste, wie ich zu Beginn mit dieser Erkenntnis umgehen sollte. Unfassbar laut beschimpfte ich mich selbst als zu blöde, zu dumm, zu faul, nichtsnutzig usw. Niemand sonst in meinem Leben hat es je gewagt, mich so derart zu beschimpfen und niederzumachen, wie ich es selbst tat. Fassungslosigkeit machte sich breit. Dennoch, diese Erkenntnis führte zu meinem ersten Schritt. Nun war ich bereit, mich genauer dem zu widmen und unterscheiden zu wollen, welche Stimme mir Informationen gibt. Wie gesagt, auch die geistige Welt kommuniziert genau über diese Ebene. Mein dritter Schritt war dann die damals größte Herausforderung, die Königsklasse. Ich beschäftigte mich damit, wie ich die Stimmen meines Verstandes, die meiner Seele und die der geistigen Welt für mich besser unterscheiden kann. Ich suchte Sicherheit, anstatt zu bemerken, dass alles bereits ganz natürlich schon vorhanden war. Lehne dich bitte einmal kurz zurück: Tue jetzt ganz kühn einfach mal so, als ob du all deine Hellsinne mit Bravour bereits im Griff hast. Alle geliebten Personen in der geistigen Welt, von denen du gerne hören würdest, kannst du auch hören.

Damit dich aber das Stimmengewirr im Kopf nicht restlos überfordert, achtet die geistige Welt darauf, uns langsam an diese

Thematik heranzuführen. So etwas wie eine Eingewöhnungsphase, die dir helfen kann, schrittweise einer möglichen Überforderung zu entgehen, und langsam die Stimmen erkennen bzw. unterscheiden zu können. Schritt für Schritt darfst du verstehen, dass du deine Lieblingsseele immer und überall mental hören kannst. Wäre das nicht ein tolles Geschenk, für das sich all dein Aufwand, Mühe und Durchhaltevermögen lohnen würde?

Nach und nach würdest du hörend wahrnehmen, wenn neben deiner Lieblingsseele auch andere geliebte verstorbene Personen dir »Hallo« sagen würden. Vielleicht ein Elternteil oder deine Großeltern, vielleicht verstorbene Freude, oder wer auch immer. Alle sind da und zeigen dir gerne, dass auch diese bei dir sind. Lässt du dir alle Möglichkeiten offen, kann sich nach und nach über dein Tun und ein fortwährendes Training entsprechend deiner Wahrnehmungsfähigkeiten alles zeigen. Immer vorausgesetzt, du bleibst dran, arbeitest an dir selber und darüber an deiner Zusammenarbeit mit der geistigen Welt. Dann steht dir jede nur erdenkliche Kommunikationstür offen, du entscheidest.

Es kann gut sein, dass du gelegentlich an einen Punkt gelangst, der dich unsicher sein lässt. Ein Gefühl von »alles ist verstummt«, und darüber ist die Stimme deiner geliebten verstorbenen Person ebenfalls für dich weder hör- noch wahrnehmbar. Sind die Stimmen und die Verstorbenen dann wirklich weg? Nein, das sind sie nicht, da kann ich dich beruhigen.

Alles unterliegt dem Wandel, alles ist immer und ständig in Bewegung, auch die Energie. Die mentale Kommunikation mit uns kostet die geistige Welt Energie. In der Zusammenarbeit mit uns lernen auch sie das Haushalten mit ihren Energien. Vielleicht sind deine Lieben gerade dabei, ihre Energiereserven aufzuladen, um weiterhin deutlich mit dir kommunizieren zu können. Dann wirst du deine Lieblingsseele nach kurzer Zeit wieder ganz vergnügt hören bzw. an deiner Seite wahrnehmen können.

Jeder von uns ist unterschiedlich, jeder hat eine andere Energieschwingung, die innerhalb dieser Kommunikationsform auf die gleiche Ebene angehoben werden darf. Das kann weiterer Grund sein, warum sich diese Form des Hellhörens bzw. deine Wahrnehmung verändert. Auch birgt jede Stille die universelle Vorbereitung auf deinen nächsthöheren Bewusstseinsschritt, einen Schritt zu weiteren Kommunikationsstufen. Herrlich, oder? Du siehst, alles hat einen Sinn und beinhaltet immer unzählige Chancen, die wir aber solange nicht sehen können, wie wir nicht dazu bereit sind, uns zu öffnen.

Ach, übrigens: Noch mehr Energie bringen unsere Verstorbenen auf, um Menschen Beweise dafür zu liefern, die nicht an ein Leben nach dem Tod glauben. Das kann z.B. einer der Gründe sein, warum auch nicht jeder Mensch die geistige Welt gleich wahrnehmen kann. Der Energieaufwand ist dann extrem hoch für sie, um diese Bewusstseinsebenen auszugleichen. Was nicht heißt, dass sie nicht alles versuchen werden, jede erdenkliche Chance zu nutzen. Immer kommt es auf die persönliche Einstellung des Menschen zu sich und zur geistigen Welt an.

Das Jenseits an sich, sowie auch deine Lieblingsseelen, verschwenden keine Energie für irgendwelchen Schabernack. Sie sind sich sehr bewusst, wie viel Aufwand das Halten dieser hohen Schwingungsebenen an sich bedeutet, und wie kostbar und wertvoll die darüber zustande kommende Kommunikation ist.

Abschließend ist zu sagen: Ja, es ist nicht einfach, das real Gehörte von der inneren Wahrnehmung zu unterscheiden. Meist auch aus dem Grund, weil es sich nicht in Zeitlupe, sondern in rasender Geschwindigkeit abspielt. Unterm Strich ist mir völlig egal, ob das, was ich höre, nun unter der Rubrik der mentalen, äußeren oder inneren Wahrnehmung läuft. Hauptsache, hier geht etwas. Das ist meine Devise - der Rest ist mir sowas von egal. Ich bin dankbar über alles, was ich höre, wahrnehme und aus der geistigen Welt an Informationen erhalte.

5.8

Hellfühlen: äußere Wahrnehmung

Erinnerst du dich, ob es nach dem Tod einer geliebten Person für dich einen kurzen Moment gab, indem du das Gefühl hattest, dass deine geliebte Person immer noch bei dir ist, oder dich sogar kurz berührt hat? Hellfühlen ist wie ein Gefühl auf der Haut zu spüren, was sichtbar nicht da ist. Den Verstorbenen ist es möglich, uns mit deren Energien, z.B. eine Berührung oder ein Kribbeln, ein Streicheln oder ein Windhauch, eine Gänsehaut oder einen gefühlten körperlichen Druck und vieles mehr aufzuzeigen. Oder auch Gefühle, wie z.B. einen Schmerz oder ein Gebrechen, welches du weder vorher noch nachher hattest. All diese gefühlten Zeichen sind meist nur für einen kurzen Moment vorhanden, aber alles fühlt sich bei der mentalen äußeren Wahrnehmung echt und real an. So, als ob du von einer Person im Raum berührt wirst, obwohl du sie nicht sehen kannst. Das Hellfühlen ermöglicht uns, alles Gefühlte über unseren eigenen Körper wahrzunehmen. Dieses Fühlen funktioniert nicht nur mit der Energie deiner Lieblingsseele, es funktioniert auch bei anderen Menschen. Cool, oder? Nicht einfach zu verstehen ist, dass die Grenzen zwischen der äußeren und der inneren Wahrnehmung ineinander übergehen, und damit verschwimmen. Deshalb versuche deine medialen Gaben nicht zu verstehen, sondern folge einfach deinen natürlichen Gefühlen und Impulsen. Wichtig ist immer nur dein Gefühl.

5.9

Hellfühlen: innere Wahrnehmung

Jetzt wird es etwas »tricky«, denn im Gegensatz zur mentalen äußeren Wahrnehmung, die sich deutlich so anfühlt, als ob dir jemand anders im Raum dieses Gefühl gibt, verursacht die innere Wahrnehmung eben auch nur ein inneres Gefühl davon. Ein innerliches Gefühl zu haben, als ob tatsächlich, Glück, Freude, Schmerzen oder sogar körperlichen Probleme bzw. Krankheiten von lebenden oder auch verstorbenen Personen kurz für dich wahrnehmbar sind.

Wie gesagt, deinen körperlichen Hellsinnen ist es völlig egal, welche Energien gerade wahrgenommen und gelesen werden. Diese machen hier keinen Unterschied zwischen innen und außen, Menschen, Verstorbenen oder deinen spirituellen Helfern. Alles ist und kann darüber ganz natürlich fließen.

Für mich stellt das Hellfühlen den körperlichen »Haupthellsinn«, über den im Bereich des Fühlens alle feinstofflichen Energien zusammenlaufen, dar. Fühlen ist Seelenarbeit. Über dieses Fühlen wird jedem von uns die Möglichkeit geschenkt, die Brücke zum seelischen Hellsinn herzustellen bzw. zu fördern (mehr dazu im Kapitel »seelischer Hellsinn«). Selbst Menschen, die nichts mit Hellsinnen am Hut haben, wissen um das Bauchgefühl. Gut, sie erkennen nicht unbedingt dessen bedeutende körperlich, außersinnliche Wahrnehmungsfähigkeit. Aber sie wissen, dass es ihn gibt. Das sog. Bauchgefühl kennt zum Glück wohl jeder, wenn auch nur wenige im Zusammenhang mit Hellfühlen - selbst dann, wenn alle anderen körperlichen Hellsinne unerkannt und deshalb meist ungenutzt bleiben. Unzählige Male bestätigten die Seelen im Jenseitskontakt, dass die Hinterbliebenen über ein sehr gutes Bauchgefühl, und darüber einen guten Zugang zu ihren körperlichen Hellsinnen besitzen.

Wie bereits erwähnt, für mich ist das Hellfühlen die Hauptquelle, der Dreh und Angelpunkt aller körperlichen Hellsinne. Der Sitz dieses Sinnes wird anatomisch im Bereich des Solarplexus lokalisiert, genau dort, wo sich für uns das Bauchgefühl bemerkbar macht. Selbst, wenn du diesen wundervollen, körperlichen Hellsinn bisher ignoriert, großzügig missachtet und über seine Funktionen hinweggesehen hast: Er ist da. Dieser Sinn stellt einen persönlichen Seismografen für uns dar. Es ist die Verbindung zwischen deiner Seele und deinem menschlichen Körper. Oder besser gesagt: Zwischen deinem Seelen- und deinem Körperbewusstsein. Durch ein Bauchgefühl erhalten wir immer ein deutliches, gefühltes Zeichen, wobei Warnungen meist noch präsenter als Glücksgefühle wahrgenommen werden. Wir schenken unseren Glücksgefühlen größtenteils noch weniger Beachtung, als den Gefühlen, die von uns als schlecht bewertet werden.

Über den wundervollen Hellsinn führen wir unbewusst Gedanken und Gefühle zusammen, wir kreieren darüber unsere eigenen Emotionen. Triggert uns beispielsweise ein Wort, ein Mensch, eine Tat oder eine Situation, wird über den Trigger unser Verstandesprogramm gestartet. Dieses gleicht alles in Lichtgeschwindigkeit mit deinen bewerteten Emotionen aus der Vergangenheit ab und löst Angst, Wut, Hass oder aber Freude und Liebe in dir aus. Darüber holst du uralte Programme hervor, verknüpft mit einer von dir bewerteten Emotion. Das, liebe Leserin und lieber Leser, läuft ebenfalls »eisbergmäßig« im Unbewussten ab.

Das Hellfühlen kann uns Menschen behilflich sein, die persönliche innere Wahrheit deutlich wahrnehmen und erfahren zu können. Aber Achtung: Es braucht hierzu immer deine Bereitschaft, all das auch wahrnehmen zu wollen. Außerdem spreche ich hier von einem ganz feinen Gefühl, dass sich unterschiedlich deutlich zeigen kann. Gleichzeitig versucht allerdings unser Verstand, der über die Körperebene immer zugeschaltet ist, dieses Gefühl mit seinen Programmen abzugleichen, zu übergehen und nach seinen eigenen erworbenen Erfahrungen nachzubehandeln. Auch das findet meist ebenfalls im Unbewussten statt. Über bewusste Achtsamkeit kann all das Unbewusste ins Bewusste getragen werden.

Auch die Hinweise deiner Seele, dass etwas deiner bzw. nicht deiner inneren Wahrheit entspricht, findet nur ganz kurz und mittels eines meist kleinen Gefühls statt, das binnen Sekunden vom Verstand eingefangen wird. Aber immerhin, es gibt diese Zeichen für uns. Hier ein anderes Beispiel: Dicke Luft lässt sich auch von Menschen spüren, die bei einem vorangegangenen Streit anderer Personen gar nicht im Raum waren. Wir sagen dann mit bildlicher Sprache: »Ups, hier ist aber dicke Luft«, ohne es wirklich erklären zu können.

Über den körperlichen Hellsinn »Hellfühlen« wird die feinstoffliche Körperbewusstseinsebene deiner Empfindungen gesteuert. Von Freude bis Wut ist alles deutlich über dein Gefühl spürbar.

Großer Gott, ich habe eine gefühlte Ewigkeit gebraucht, bis ich für mich verstanden habe, dass über den körperlichen Hellsinn »Hellfühlen« alles zusammenläuft. Oder anders gesagt: Von hier aus werden alle feinstofflichen Informationen sternförmig in die anderen körperlichen Hellsinne weitergegeben. Zu kompliziert?

Warte, ich versuche es noch einmal anders zu beschreiben: Das Hellfühlen gibt den Impuls für ein hellsichtiges Bild, oder einen »hellgehörten« Satz. Alles läuft zuerst über den körperlichen Hellsinn. Am besten lässt sich dieser sensationelle, feinstoffliche Hellsinn mit der Vorstellung von »ein Gefühl von« oder »Gefühlt wie«, zusammenfassen. Auch Wärme oder Kälte lassen sich über »Gefühlt wie« wahrnehmen. 10 Grad sind nicht unbedingt kalt, können sich aber gefühlt wie eiskalt anfühlen - ich denke, du weißt, was ich meine.

5.10

Hellschmecken und Hellriechen

Jetzt, wo dir möglicherweise bewusster ist, wie toll die Hellsinne sind, und was sich mit ihrer Hilfe alles wahrnehmen lässt, sind die letzten beiden körperlichen Sinne, das »Hellriechen« und das »Hellschmecken« eine Kleinigkeit. Beim Hellschmecken hast du ein Gefühl, oder eben den realen Geschmack von z.B. etwas Saurem, Scharfem oder Süßem - allerdings hast du während dieser Wahrnehmung gar nichts im Mund. Dennoch erkennst du feinstofflich genau den Geschmack einer Zitrone, Erdbeere oder Schokolade. Sogar Blut kann geschmeckt werden. Manchmal schmecke und rieche ich im Jenseitskontakt sogar die Lieblingsgerichte der Verstorbenen, die mir dann zusätzlich noch das entsprechende Bild z.B. von Rouladen zeigen. Auch sehr geil. Über das Hellschmecken des Lieblingsgerichts ist es nicht weit zum Hellriechen. Mir ist in solchen Momenten möglich, das Gericht ebenfalls zu riechen, und nicht nur zu sehen und zu schmecken. Bisweilen rieche ich den Rauch einer Zigarre oder Zigarette, was natürlich aufzeigt, dass der Verstorbene geraucht hat. Hellriechend lässt sich ebenfalls alles wahrnehmen, was du über deine physische Nase riechen kannst, wie Düfte, Blumen, Rauch, Verbranntes oder auch das Meer.

Das sind sie, deine fünf körperlichen Hellsinne, die nur darauf warten, mehr mit dir zusammenarbeiten zu dürfen. Auch, wenn ich dir hier versucht habe, alle Hellsinne einzeln zu erläutern, so arbeiten diese blitzschnell und fast untrennbar für uns zusammen. Probiere dich aus, es ist toll und eine solche Bereicherung, wenn du deine eigene Wahrnehmung wirklich vom Unbewussten ins Bewusste holen kannst.

5.11

Sinn – geistiger Hellsinn

Wir alle verfügen bereits über einen tief im Körperinneren sitzenden sechsten Sinn, der »Propriozeption« genannt wird. Die Propriozeption ermöglicht uns Menschen in Echtzeit, unseren Körper bei jeglichem Tun wahrzunehmen. Dieser sechste Sinn beschreibt eine Funktion, die uns hilft, unseren Körper als Mensch wahrnehmen zu können. Wir brauchen also einen inneren Sinn, der uns hilft, unseren menschlichen Körper wahrzunehmen - für mich logisch, da wir so viel mehr, als nur dieser Körper sind.

Kommen wir nun zu den beiden (aus meiner Sicht) besonderen Sinnen. Sinne, die du ebenfalls für dich nutzen kannst, wenn du um deren Bedeutung und der Möglichkeit weißt, wie du dorthin eine Brücke bauen bzw. eine Verbindung für dich herstellen kannst. Wir alle sind Wesenheiten mit Körper, Geist und Seele. Das ist wichtig zu verstehen, weil wir eben nicht nur Körper mit einem entsprechendem Körperbewusstsein sind. Der sechste Sinn beschreibt genau eine dieser beiden Energieebenen. Oft wird dieser sechste geistige Sinn auch als »Hellwissen« beschrieben.

Die geistige, mentale Ebene, mit der wir ebenfalls kommunizieren können, befindet sich um unser körperliches Sein herum. In dieser geistigen Ebene, auch mentaler Körper genannt, sind all deine Gedanken, Muster und Programme, sowie alles aus all deinen anderen Leben und der eine, vollkommene Gedanke gespeichert. Der eine vollkommene Gedanke beinhaltet alle Gedanken und hält darüber alle Alternativen für uns bereit.

Wir alle inkarnieren mit einem bereits umgeschnallten Rucksack voller Prägungen, Mustern und Programmen. Mitgeschleppt über viele, gleichzeitig stattfindenden Inkarnationen, werden diese über unsere Geburt mit in dieses Leben gebracht. Egal, wie das Mitgebrachte auch aussehen mag, wir alle verfügen über den Zugang zur Vollkommenheit und können, wenn wir um das Brückenbauen wissen, darüber unsere eigenen Themen ausgleichen und neutralisieren.

Der sechste Sinn arbeitet völlig präzise und blitzschnell, wie alle Hellsinne. In Momenten, in denen wir unbewusst den Zugang zu diesem Wissen offengelassen haben, erhalten wir Intuitionen, Geistesblitze, Ideen, Visionen, Ahnungen oder Vorahnungen über die telepathische Ebene. Hierbei arbeitet die Verstandesebene sowie die geistige Ebene des sechsten Sinnes zusammen, denn irgendwie müssen dich diese Infos ja erreichen. Selbst unser Verstand, der manchmal wegen unseres Ego nicht so gut abschneidet, gehört zu unserem körperlichen Sein, hat darüber natürlich ebenfalls einen tieferen Sinn. Das Hellwissen bzw. der sechste geistige Sinn arbeitet hierbei so, dass du Antworten schon weißt, bevor die Frage dazu überhaupt gestellt wurde. Wie aus heiterem Himmel kennst und weißt du die Antworten. Meist bringen die Personen diese Informationen nicht mit dem sechsten geistigen Hellsinn, sondern eher als dem Verstand entsprungen in Verbindung. Wir Menschen verstehen oft nicht, über welch herrliche universelle Geschenke wir verfügen.

Ach, erinnerst du noch meine Erläuterung, dass in dieser einzigartigen geistigen Ebene alle Informationen und Programme ebenfalls aus anderen deiner Leben gespeichert sind? Dieser geistige Hellsinn funktioniert multidimensional, welches uns im menschlichen Körper nicht gelingt. Haben wir diesen Zugang für uns geöffnet, sind wir sowohl mit dem universellen Wissen als auch mit dem Wissen aus all unseren Leben verbunden. Wir erhalten Einblick in unsere innere Intelligenz und Weisheit, um unser

Bewusstsein erweitern zu können. Wir erfahren alles, was wir mit unserem derzeitigen Bewusstseinsstand verarbeiten können. Ist das nicht spannend?

Vielleicht erkennst du über all diesen Erklärungen deutlicher, dass du alltäglich weder unter Hirngespinsten noch unter Einbildungen oder Wahnvorstellungen leidest. Es ist an dir, dich mit all dem beschäftigen zu wollen. Vielleicht erkennst du dann, wie viele universelle Hilfen uns auf ganz natürlichem Wege zur Verfügung stehen.

5.12

Sinn – seelischer Hellsinn

Der 7. Sinn hat hier nichts mit der ehemaligen Informationsfernsehsendung zur Verkehrssicherheit zu tun. Mal ganz davon ab, dass Frauen nicht gerade überragend dort abgeschnitten haben. Wie auch immer beschäftigen wir uns nun mit unserem siebten Sinn, dem feinstofflichen, seelischen Sinn. Wenn Menschen verstehen würden, welche Möglichkeiten ihnen über den Zugang der feinstofflichen, geistigen und seelischen Hellsinne möglich wäre, dann würden viele glücklicher leben. Deine Gefühle bergen einen direkten Zugang zu diesem siebten, seelischen Sinn. Genau, wie der sechste, geistige Sinn, befindet sich der siebte Sinn ebenfalls außerhalb unseres menschlichen Körpers. Oft wird dieser als emotionaler Körper beschrieben, da hier alle Emotionen, auch aus all deinen anderen Leben, neben der vollkommenen Emotion gespeichert sind. Die vollkommene Emotion beinhaltet dabei alle, von jedem Wesen je erfahrene Emotionen. Nicht nur deine oder die deiner Seelenwesenheiten. Wir alle verfügen über Körper, Geist und Seele, die oft völlig aus dem Gleichgewicht gekommen sind. Betrachten wir uns einzig als Körper, stehen uns darüber auch nur die oben beschriebenen fünf körperlichen Hellsinne zur Verfügung. Allein das Öffnen der Vorstellung, mehr als nur dieser Körper zu sein, kann Mechanismen auslösen, die uns behilflich sind, wieder in unsere Kraft und in unser Gleichgewicht zu kommen. Dieser seelische Hellsinn ist ebenfalls mit deiner Intuition und deinem gesamten seelischen Potenzial verbunden. Unser wunderbarer menschlicher Körper ist hierbei als eine Art Anker für alle anderen Energiekörper, die wir ebenfalls haben, zu sehen.

Wir alle haben körperliche, aber darüber hinaus auch geistige und seelische Themen, die mit dem Wissen und den Zugängen zu allen vorhandenen Energiekörpern ins Gleichgewicht gebracht werden können. Immer geht es darum, in der Harmonie mit Körper, Geist und Seele zu sein. Deshalb ist das Wissen, wie ich die Brücke zu meinen ebenfalls geistigen und seelischen Energiekörpern herstellen kann, so unendlich kostbar.

Wie bereits erwähnt, bist du über deine Gefühle direkt mit diesem siebten seelischen Sinn und dessen Energiekörper verbunden. Über unsere verstandesmäßigen Bewertungen und Verurteilungen nehmen wir unseren Gefühlen die Neutralität und verpacken diese oft in negative Emotionen. Emotionen, die meist weit weg von unserer inneren Wahrheit sind, da diese verstandesmäßig gebildet wurden, und der Grund dafür, warum wir aus dem Gleichgewicht geraten. Wir erkennen nicht, dass unter der bewerteten Emotion ein neutrales Gefühl liegt. Es fällt uns schwer, aus schmerzenden und ängstlichen Emotionen auszusteigen, die über Jahre nicht im Gleichgewicht gefühlt und deshalb körperlich manifestiert werden.

Da das »Gefühle in Emotionen packen« einem natürlichen Prozess entspricht, liegt der Schlüssel darin, neben dem Öffnen der Vorstellung, dass wir mehrere feinstofflichen Körper besitzen, unser Emotionsverhalten zu Beginn zu erkennen und darüber für sich annehmen zu können. Die Brücke zum seelischen und geistigen Sinn öffnet sich dann, wenn wir, anstatt zu bewerten und zu verurteilen bereit sind, in eine Art Beobachterposition zu unserem Verhalten zu wechseln. Das meint annehmen und akzeptieren, dass es so ist, wie es ist. Öffne dich dafür, dass du zu jeder Zeit selbst die Wahl treffen kannst, anders mit deinen Gedanken, Gefühlen und Emotionen umzugehen. Öffne dich dafür, dass auch dir die Vollkommenheit in allem zu Füssen liegt. Öffne dich für all deine Möglichkeiten, Gaben und Fähigkeiten, ohne zu verstehen, was sich genau dahinter verbergen wird. Jeder von uns hat vor diesem Leben alle uns zur Verfügung stehenden Möglichkeiten selbst kreiert und geplant.

Diese Möglichkeiten sind im Feinstofflichen verankert, auch die vielen ungeahnten Chancen, die wir tief in Emotionen, Problemen und Themen steckend nicht sehen wollen und können. Nur wenn wir zulassen, unsere Wahrnehmungen über ein »Offenlassen der Möglichkeiten« verändern zu dürfen, gelangen wir erneut ins Gleichgewicht. Alles in unserem Leben hat eine Berechtigung, auch dann, wenn wir den darunter liegenden Grund nicht verstehen. Über den Zugang zum siebten seelischen Sinn werden dir Alternativmöglichkeiten geschenkt, dich der vollkommenen Emotion, die bereits alle Emotionen beinhaltet, zu öffnen, um darüber endlich weitergehen zu können - natürlich nur dann, wenn dies deiner eignen Wahl entspricht.

Alles ist mit allem verbunden, auch deine Hellsinne. Die Liebe stellt die universelle, treibende Kraft der Schöpfung dazu dar. Wir können eins sein mit allem in der materiellen und feinstofflichen Welt. Der seelische Hellsinn schenkt uns über die Verbindung des Universellen die Gelegenheit, ein spirituelles, bewusstes Leben trotz des materiellen Daseins zu führen. Unser Bewusstsein kann neue Gedanken und neue Möglichkeiten erschaffen. Wir sind in der Lage, unsere Aufmerksamkeit auf alle Bewusstseinsebenen zu richten und mit all unseren geschenkten himmlischen Hellsinnen, sowie mit den feinstofflichen universellen Kräften stets in Verbindung zu sein.

5.13 Kraftquelle Gefühle

Jetzt, wo dir bewusst ist, dass wir über unsere eigenen Bewertungen und Verurteilungen selbst unsere Emotionen zusammenbasteln, entsteht das erste Mal die Gelegenheit der Beobachtung und des Erkennens, deiner eigenen souveränen Wahl. Alle Gefühle stellen eine unsichtbare Kraftquelle dar. Eine Kraftquelle, die du für dich entdecken darfst. Gefühle, geliebt, geachtet und wertgeschätzt zu werden, bergen unglaubliche Kraftreserven. Ebenfalls zum Gefühl der Liebe gehören Freude, Glück, Leichtigkeit und alles, was dich im Leben beschwingt und gut fühlen lässt.

Das Gefühl von »ich könnte die Welt umarmen«. Wie mit allem unterteilen wir Gefühle auch in Gut und Schlecht, anstatt die Wunderwaffe des vollkommenen Gefühls für uns wahr- und annehmen zu können. Es existiert Liebe oder Angst. Zur Angst zählen Gefühle (oder besser Emotionen) wie Ärger, Wut, Hass, Traurigkeit, Ohnmacht, Hilflosigkeit, Schmerz usw., also genau das Gegenteil der Liebe. Auch dabei erkennen wir nicht, dass das eine nicht ohne das andere hier in dieser Realität funktioniert.

Alle Wesenheiten unterliegen den universellen Gesetzmäßigkeiten, und damit auch dem Gesetz der Polarität - so auch wir. Natürlich fällt es uns leichter, die schönen, tollen, herzerwärmenden Gefühle zuzulassen. Keiner will sich Scheiße, blöd oder ungeliebt fühlen. Was aber, wenn genau diese zum Bewusstwerden des Ganzen dazugehören? Über das Fühlen und Annehmen der bewerteten

»blöden« Gefühle können wir ins Gleichgewicht gelangen, aber nur dann, wenn wir nicht versuchen, diese möglichst schnell wieder weg- oder loshaben zu wollen. Ist dir das bewusst? Im Allgemeinen sind wir oft damit beschäftigt, alles Blöde sofort wieder loswerden zu wollen. Dazu gehört neben Ängsten, Traurigkeit, Hilflosigkeit auch der Schmerz. »Nix wie weg« mit diesen Gefühlen, ist die Devise. Wir haben Hochachtung davor, diese unserer Erfahrung nach schlechten Gefühlen zuzulassen.

Allein bei der Überlegung, diese Gefühle zuzulassen, steht vielen die blanke Angst, wir könnten dieses Zulassen gar nicht überleben, ins Gesicht. Es ist schon lustig, tief in unseren bewerteten Emotionen sitzend, haben wir nicht gelernt, auch diese Form der Gefühle zuzulassen. Ganz im Gegenteil, wir haben gelernt, dass Gefühle wie Schmerz, Angst, Krankheit usw. über Sätze wie: »Du brauchst keine Angst zu haben«, oder »das wird schon wieder« nicht sein dürfen. Alles muss sofort weg und wieder gut sein. Nur weg und bloß nichts fühlen, was weh tut. Als Angsthasen oder Jammerlappen und Co. wird man meist schon als Kind tituliert, allein beim Versuch, sich diesen Gefühlen zu stellen. Keiner will mit einer Heulsuse oder einem Jammerlappen spielen. Ich erinnere mich noch gut an den Satz aus der Kindheit: »Davor brauchst du doch keine Angst zu haben«. Blöd nur, dass ich Angst hatte. Diese war real und da.

Angst, die ich versuchte, mit diesem Satz zu ignorieren, nicht zuzulassen und sofort weg haben zu wollen. Ich brauche ja keine Angst zu haben, das wurde mir von Eltern, Großeltern usw. immer wieder bestätigt, und ich habe das Gesagte geglaubt, ohne es jemals zu hinterfragen. Wir werden bereits als Kinder von unserem Umfeld geprägt, genau das Gegenteil von dem zu tun, was wir fühlen. Auch ein sehr geiles Beispiel aus meiner Kindheit ist: Wer hat Angst vorm schwarzen Mann. Der schwarze Mann (oder je nach Region auch »Bullemann« genannt) war ein Fangenspiel. Gerufen wurde: »Wer hat Angst vom schwarzen Mann? Niemand. Und wenn er kommt? Dann laufen wir«, war der Satz, mit dem dieses Spiel begann. Überlege bitte kurz den tieferen Sinn hinter all diesen Worten. Keine Ahnung, wie viel unzählige Male wir als Kinder diese Verse gesungen, und dann Fangen gespielt haben.

Aber, ich bin tatsächlich etwas abgeschweift. Warum ich dir das alles etwas ausführlicher erklärt habe, ist ganz einfach: Wenn du fühlen willst, und deine wunderbaren Sinne dazu vollumfänglich nutzen möchtest, dann ist es wichtig alles zu fühlen, auch das, was du bisher nicht fühlen wolltest, oder gelernt hast auszublenden. Über das Fühlen kann die bisher in deinen Emotionen gestaute Energie wieder in den Fluss kommen. Die Energie wird nicht weiter gestaut oder blockiert, sondern kann fließen. Auch Ängste lassen sich darüber annehmen, zulassen und akzeptieren, sowie die Chance, dich für alle Gefühle öffnen zu können. Es ist ganz einfach, sei bereit, deine Angst kommen zu lassen und diese zu fühlen. Da ist es wieder, das vollkommene Gefühl. Lerne, alles für dich zu fühlen, fühlend anzunehmen und anzuerkennen. Damit stärkst du dich jeden Tag mehr. Je besser dein Zulassen des Fühlens ist, umso deutlicher wirst du ebenfalls in deine Wahrnehmung gelangen. Alles läuft über das Gefühl. Denk dran, du bist Seele, Geist und Körper. Noch ein Tipp: Wir sagen oft unbewusst: »Ich denke, dass …. «. Darüber sind wir sofort mit unserem Verstand verbunden. Um besser in dein Fühlen zu gelangen, stelle dir bitte die Frage: »Wie fühlt sich das an oder was fühle ich gerade«? Diese Fragen werden dich vom Verstand direkt in dein Gefühl bringen, selbst wenn dir dies zu Beginn vielleicht nicht ganz einfach erscheinen mag. Denke bitte immer dran, deine innere Wahrheit lässt sich nur spüren und fühlen, nicht denken.

Welch ein geiles Seelentool! Gefühle sind über deine körperliche Wahrnehmung nicht manipulierbar. Dieses geniale Tool deiner Seele zeigt dir mit dem Gefühl des: Warm, weit, freudig, heiter und liebevoll seins etc. an, wenn dir etwas dienlich, und damit gut für dich ist. Im Gegenzug ist das Fühlen einer Enge, Kleinheit, Hilflosigkeit, Drucks etc. ein sehr deutliches Zeichen, der nicht Dienlichkeit. Dann hast du die Wahl, die Finger von etwas zulassen, oder es trotzdem zu tun. Probiere dich aus, je mehr du bereit bist zu fühlen, dich von Bewertungen zu lösen und dir darüber alles an Möglichkeiten offenzulassen, umso schneller wirst du in deine innere Kraft gelangen. Sei gespannt, was passiert, wenn du genau das zum ersten Mal für dich herausfindest.

5.14

Wozu brauche ich Hellsinne

Was meinst du, nach all dem, was du hier darüber erfahren hast, dein »Sein« vollumfänglich ausleben zu können? Alles ist immer deine Entscheidung, du musst gar nichts. Aus meiner Sicht ist die Verwendung der feinstofflich unsichtbaren Hellsinne damit vergleichbar, ob du, um von Hamburg nach München zu kommen, bewusst ein Fahrrad ohne Gangschaltung wählst, oder dich für so etwas wie ein Batmobil mit allem Brimbramborium inkl. Lichtgeschwindigkeit entscheidest. Du wählst deinen Komfort. Du hast die Wahl, alles wahrnehmen und dein Leben genießen zu können. Du könntest darüber ein höheres Bewusstsein wählen, und irgendwann die Sinnhaftigkeit in und hinter allem, was geschieht, erkennen und fühlen. Oder zumindest wissen, dass es so ist. Wie wäre das? Klappriges Fahrrad oder Batmobil?

Hellsinne sind in erster Linie nur für dich da. Deine feinstofflichen Sinne helfen auf allen Ebenen Erfüllung und Ausgleich zu finden und diese feinstofflichen Ebenen helfen dir, deinem höheren Selbst, mit deiner Lieblingsseele sowie mit allen Ebenen deines Seins kommunizieren zu können. Sie sind jeden Tag einsatzbereit, und dir auf der Suche nach dir selbst jederzeit behilflich. Deine Verstorbenen nutzen diesen Ebenen, um sich für dich real bemerkbar zu machen, dich »anzutriggern« und mit dir zu kommunizieren.

Du siehst, sie sind hilfreich in allen Bereichen deiner Wahrnehmungen. Du hattest bis eben keinen Schimmer, was alles bei dir geht? Kein Thema, ich darf dir versichern, dass du auch über diese wunderbaren Gaben verfügst. Vielleicht arbeitest du nicht bewusst mit ihnen, aber da sind sie auf jeden Fall.

5.15

Wie arbeiten die Hellsinne

Wie erkennst du, dass deine Hellsinne bereits in Funktion sind und mit dir arbeiten? Das ist eigentlich einfach, denn wir stellen es uns komplizierter vor, als es ist. Wir denken, alles mit dem Verstand verstehen zu müssen. Es geht aber einzig um das Fühlen, und nicht um das verstandesmäßige Verstehen. Hier ein paar Beispiele für zu deinen Fähigkeiten:

- Du hörst Geräusche, von denen du definitiv weißt, dass du diese gehört hast, ohne eine ersichtliche Quelle dafür wahrzunehmen. Vielleicht sind es Schritte, die dich an deine geliebte verstorbene Person erinnern.

- Du bekommst ein Gefühl, dass z.B. deine geliebte verstorbene Person sich mit dir im gleichen Raum befindet. Da dieses Gefühl nur kurz währt, kommt sofort die fixe Idee mit dem Gedanken auf »schön wäre es gewesen. Ich vermisse dich so sehr«. Gefolgt von den sofortigen Gedanken: DAS KANN JA NICHT SEIN. Was, wenn du gerade in diesem Moment zuvor wirklich deine Lieblingsseele realisiert hast? Du hast sie wirklich wahrgenommen.

- Du nimmst Gerüche wahr, die du keinem »sichtbaren« Objekt oder einer Person zuordnen kannst.

- Gedanken und Stimmen sind in deinem Kopf, die mit dir reden. Eine Stimme, die den ganzen Tag mit dir quatscht, aber die du bisher noch nicht erkannt hast. Mal ganz ab von den Stimmen, die nicht deine sind. Auch gehen wir davon aus, dass du keine Krankheit hast, die ebenfalls ähnliche Stimmen nutzen. Jetzt ist die Frage, welche von den vielen Stimmen ist deine? Welche Stimme gehört zu deinen Gedanken, welche zu deiner Seele, welche gehören zu deinen Verstorbenen im Jenseits oder anderen Wesenheiten, wie z.B. deinem Schutzengel?

- Das ist die Krux, die es genauer herauszufinden gilt. Die mentalen Wahrnehmungen deutlich vom Verstand oder besser noch des Egos unterscheiden zu können, das war für mich die größte Herausforderung.

- Vielleicht siehst oder erkennst du manchmal Schatten oder Silhouetten, die du dir weder erklären noch zuordnen kannst.

- Vielleicht hast du Vorahnungen in allen Bereichen. Vom Postboten, der gleich klingeln wird, bis hin zu Anrufen. Oder aber du ahnst, dass jemand versterben wird.

Ein erstes Ziel wäre, wenn du körperlich und mental die liebevollen Energien und Informationen deiner Verstorbenen fühlen und darüber im körperlich physischen Kontakt mit deinen verstorbenen Lieblingsseelen treten kannst. Auch hier kann dir nichts passieren, denn du bist immer über das Empfinden deiner Liebe zu ihnen beschützt. Jedes gefühlte Zusammensein findet in größter Liebe statt. Niemals wirst du hier beschimpft. Das Jenseits ist unendlich dankbar für alle Möglichkeiten, dir die Nähe selbst aufzeigen zu dürfen. Die machen damit keinen Unfug, denn sie wissen, dass jede Verunsicherung dazu führen kann, dass der Mensch nicht mehr bereit dazu wäre, die Tür zur geistigen Welt offenzuhalten. Falls etwas komisch sein sollte, dann liebe Leserin und lieber Leser, kann es gut sein, dass du in deinem Verstand bist. Dein Verstand, der dir fröhlich das Jenseits über deine anerzogenen Muster und Programme vormacht. Dein Verstand zeigt dir dann auf, wie sich aus dessen Be- und Verurteilungssicht alles Jenseitige anfühlen müsste, selbst dann, wenn das Jenseits gar nicht anwesend ist. Auch in deinem Leben wird es bisher unzählige Gänsehautmomente gegeben haben, in denen dein Verstand verrückt gespielt hat, und du nicht mehr wusstest, was real oder Einbildung ist.

Mag sein, dass du für dich noch nicht entdeckt hast, wann du deine Hellsinne bewusst oder unbewusst einsetzt. Vielleicht denkst du sogar, dass du erst mal dafür beten müsstest, um auch so etwas Großartiges zu haben. Nein, das brauchst du nicht. Erneut: Diese wundervollen Sinnesmöglichkeiten gehören zu unserer Grundausstattung.

Die sind schon im Paket Mensch mit Körper, Geist und Seele vorhanden, wie bei einem Auto. Du erhältst ein vollausgestattetes Auto mit allem Zipp und Zapp, was du jetzt daraus machst, das liegt an dir. Ob du lieber mit einem soliden, stabilen Kleinwagen, oder mit einem Batmobil mit allen Schikanen durch deine Welt gehen möchtest, das obliegt deiner Entscheidung.

Ich habe mich für das Batmobil entschieden, gerne noch mit Anhänger, und was sonst alles noch so geht. Bewusst habe ich mich dafür entschieden, alles mitzunehmen, was geht. Und hier noch eines meiner Geheimnisse: Ich lasse mir für mich alles offen, jede undenkbare Möglichkeit oder Chance, alles darf kommen. Täglich öffne ich mich bewusst für alle meine Möglichkeiten, Gaben und Fähigkeiten, damit auch das kommen kann, was ich niemals gedankentechnisch auf dem Schirm hätte. So lasse ich mir alle Alternativen des Lebens offen, damit ich mir nicht mit meinen eigenen Begrenzungen im Weg stehe. Wie auch immer.

Alle diese wundervollen Hellsinne arbeiten zusammen. Einzig beim Üben baut man diese faktisch auseinander, um deren Bedeutung und Wahrnehmung besser verstehen und trainieren zu können. Geht es aber um die Kommunikation mit dem Jenseits, dann arbeiten alle Hellsinne ineinandergreifend zusammen. Sie werden zu einer Einheit und helfen dir, eine ganz wundervolle, eigene Kommunikationsebene aufzubauen.

Aber bitte: Nichts geschieht über Nacht. Es ist ein dauerhafter, durchlaufender Entwicklungsprozess, der sich über alle Ewigkeit erstreckt. Erst mit der Zeit wirst du für dich erkennen, wie alle Sinne funktionieren und gleichzeitig miteinander arbeiten. Beachte im Alltag, auch mittels der Achtsamkeit, die Funktionen und Gaben deiner menschlichen Sinnesorgane, die zwangsläufig auch mit deinen Hellsinnen gekoppelt sind.

Je achtsamer und aufmerksamer du wirst, umso einfacher werden dir irgendwann die außersinnlichen Wahrnehmungen fallen.

5.16

Symbole und Zeichen

Zeichen und Symbole stellen eine einfache und besondere Art der Kommunikation dar. Außerdem spielen sie nicht nur in unserem Leben bzw. Alltag eine große Rolle. Symbole bestechen durch ihre Einfachheit und sind universell einsetzbar. Der Terminus »Symbol« stammt dabei aus dem Griechischen und bedeutet so viel wie Erkennungszeichen. Auch helfen Wörter, Zeichen, Fotos, Gegenstände solchen Menschen, die entweder eine Sprache nicht beherrschen, oder die nicht sprechen, lesen oder schreiben können dabei, sich auszudrücken. Symbole erleichtern durch ihre bildliche Sprache unsere Kommunikation und das miteinander kommunizieren.

Zu den bekannten Symbolen gehören z.B. rote Rosen. Das Überreichen eines roten Rosenstraußes spricht Bände. Rosen sagen mehr als 1000 Worte. Roten Rosen zeigen in ihrer Bedeutung auf: »Ich liebe dich. Du bist etwas Besonders«. Sie sagen, »du gehörst zu mir. Ich bin unendlich glücklich mit dir und froh, dass es dich für mich gibt«. Symbole sagen: »Unsere Liebe währt ewiglich«. Sie stehen aber auch für: »Entschuldigung, ich habe Mist gebaut«. Oder, sie kleiden die gefühlte Liebe in ein wundervolles Symbol der Liebe. Egal, wo im Alltag überall arbeiten wir mit Symbolen und Zeichen. Vieles sagen wir mit Bildern, Farben und Worten oder Zeichen, weil darüber die Sprache völlig egal ist. Wir schauen ein Plakat an und wissen um die Botschaft, übrigens meist auch völlig unbewusst. Symbole nutzen wir als einfachste Erkennungszeichen, fast jeder versteht ihre Bedeutung und die darunter liegende Aussage.

Überlege bitte kurz, welche Symbole du benutzt und kennst. Hier ein paar Beispiele:

- Ein Herz, Kleeblatt, Hufeisen, Schornsteinfeger oder Marienkäfer stehen für das Symbol des Glücks.

- Das Ohm-Zeichen oder die liegende Acht stehen für das Symbol der Unendlichkeit.

- Ein Ring, das Herz und Rosen stehen für Liebe, Verbundenheit, Einheit und Zusammengehörigkeit. Auch steht der Ring für die Ewigkeit, für etwas ohne Anfang und ohne Ende.

- Scherben stehen sinnbildlich für einen Bruch, oder werden oft mit Unglück gleichgesetzt.

- Zahlen, Tiere und Farben stehen ebenfalls im Symbolik-Bereich hoch im Kurs. Sie werde, je nach persönlicher Auffassung und Aberglaube, entweder als Glücks- oder als Pechbringer eingestuft.

Ich bin sicher, dass dir noch viel mehr Zeichen und Symbole einfallen. Auch im Jenseits, der 2. Realität, spielen Symbole als Zeichen aufgrund der Einfachheit ihres Erkennens eine wichtige Rolle. Das gibt dem Wort »universell« einsetzbar noch eine zusätzliche wertvolle Bedeutung. Symbole sparen Energie, und sind alleine deshalb in jedem Jenseitskontakt mit von der Partie. Alles, was du dir vorstellen oder auch nicht vorstellen kannst, kann über Symbole aufgezeigt werden. Ja, natürlich werden uns Symbole auch als Zeichen geschickt. Da wir im Alltag von Symbolen und Zeichen bereits umgeben sind, nutzen unsere Verstorbenen diese Art der nonverbalen Kommunikation ebenfalls. Wir erhalten darüber ihre Zeichen, immer und überall. Achte mal bewusst auf alle Symbole, die dir in deinem Alltag so begegnen. Ich bin sicher, dass dir bei dem einen oder anderen Symbol sofort auch deine Lieblingsseele in den Sinn kommt. Dann wisse, sie spricht in diesem Moment des Erkennens über diese Symbolik mit dir, denn du weißt, was dieses Symbol für dich und euch zu Lebzeiten bedeutet hat. Bist du bereit, immer und überall deinen Fokus vom Alltagsbewusstsein weg, hin zu den Kleinigkeiten, die jedes Leben lebenswert machen, auszurichten, so können Wunder geschehen. Deine Verstorbenen sind sofort da, um mit dir darüber zu kommunizieren, das Erlebte zu genießen und dir ebenfalls ganz nahe zu sein. Zeichen, Symbole und Visionen werden gerne von der geistigen Welt und deinen Lieben benutzt. Zum einen, weil jeder gleich um die Bedeutung weiß, und zum anderen, weil diese Art der Kommunikation ihnen unendlich viel Energie spart. Ein Symbol sagt mehr als 1000 Worte. Das vereinfacht und beschleunigt die Kommunikation immens, und spart darüber so viel wertvolle Energie.

Gerne werden auch Farben, die ebenso feststehende Bedeutungen haben, mit eingebaut. Alles wird dabei miteinander kombiniert: Rot kann dabei z.B. für die Liebe, Kraft, aber auch für Durchhaltevermögen usw. stehen. Die Verstorbenen nutzen Kenntnisse, die wir bereits als Menschen gelernt haben oder ggf. auch nachlesen können. Die geistige Welt wendet dabei die Zeichen so an, dass du ein Gefühl erhältst, und über dieses Gefühl das Symbol als Zeichen in deinen Fokus gelangt. Ein Symbol, eine Zahl, eine Farbe, ein Gegenstand, eine Erinnerung, ein Foto, ein Lied, was auch immer. Immer blitzt für einen kurzen Moment ein Funke aus deinem Alltag heraus und steht im Fokus deiner Aufmerksamkeit. Das sind die Zeichen unserer Verstorbenen, und das macht es gleichzeitig auch zu unserem Problem. Wir erkennen die Zeichen oft nicht und tun alles als Zufall ab. Die geistige Welt sagt: »Es gibt keine Zufälle«. Deine jenseitigen Verstorbenen, das kann ich dir an dieser Stelle sagen, fabriziert keine Zeichen ohne Sinn und Verstand. Alles nur Erdenkliche wird dir als Erkennungszeichen geschickt. Bitte stelle deshalb nicht das, was du als Zeichen bekommst, sofort infrage. Ich bin sehr sicher, dass jeder von uns jenseitige Zeichen über die Gefühlsebene erkennt. In der nächsten Sekunde ist dann allerdings unser Verstand am Start, der jedes wundervolle Zeichen sofort infrage stellt. Gut, diese Thematik ist sehr komplex und hängt natürlich ebenfalls davon ab, wie du für dich Zeichen oder Symbole interpretieren willst. Personen, die Zeichen ihrer Verstorbenen nicht für möglich halten, werden diese schlicht nicht erkennen. Dennoch sind sie da und werden fröhlich von unseren Verstorbenen benutzt.

Nimm dir bitte einmal vor, deutlicher auf das zu achten, was plötzlich in deinen Fokus gerät. Ähnlich einer Karotte, die einem Esel vorgehalten wird, damit dieser endlich losmarschiert (schönes Tier übrigens). Dem Esel obliegt im Übrigen auch die wundervolle Symbolik der Sturheit, des Starrsinns sowie der Einfältigkeit des Denkens - wie oft sind wir alle sinnbildlich der Esel? Auch schleppen Esel ohne zu murren unzählige Kilos als Tragetier für uns Menschen herum, bis diese nicht mehr bereit ist weiterzulaufen. Wir benehmen uns im übertragenen Sinne so oft wie Esel in der Kommunikation mit der geistigen Welt.

Lieber schleppen wir stur unsere Päckchen als Last umher, als zu erkennen, dass alles auch ganz anders sein könnte, wie das, was wir bisher gedacht oder geglaubt haben. Du siehst: Symbole wirken überall. Ach, eines noch: Bei den Zeichen aus der geistigen Welt ist es völlig unerheblich, ob du diese real im Alltag, oder nur mit deinen inneren Sinnen wahrnehmen kannst. Es spielt für das Zeichen keine Rolle, Zeichen sind Zeichen. Es spielt für das Zeichen keine Rolle, Zeichen sind Zeichen. Egal, wie und wo du diese empfängst, immer werden sie extra und nur für dich aus der geistigen Welt als Hinweis gegeben.

Egal, wie und wo du diese empfängst, immer werden sie extra und nur für dich aus der geistigen Welt als Hinweis gegeben. Zeichen sind etwas ganz Wunderbares. Sie sind der Hinweis deiner geliebten verstorbenen Personen, dass sie dich ebenfalls vermissen. Sie möchten dir darüber aufzeigen, wie oft sie an deiner Seite sind.

Traue dich, alle Erinnerungen, die eure Beziehung ausmachte, und die dich und deine geliebten Personen verbinden, wieder in deinen Alltag zu integrieren.

Erkenne, was du hast und was dir deine geliebten Personen über ihr Leben alles geschenkt haben. Erinnere dich an ihre Liebe und ihr Lachen. Erinnere dich an die schönen und fröhlichen Momente und Gemeinsamkeiten, die euer Leben ausgemacht haben. Diese Form der Erinnerung wird eure gemeinsame Zukunft stärken. Über diese Form der Gedanken, können deine Verstorbenen dir viel näherkommen, als zuvor.

Vielleicht steckst du gerade noch tief in einer Trauerphase, die es dir noch nicht erlaubt, mit Dankbarkeit und Fröhlichkeit auf das Geschenk des Zusammenseins zu blicken. Das ist völlig ok so, denn Trauer braucht Zeit. Wir brauchen Zeit, um verstehen und erleben zu können, was nach dem Tod eines geliebten Menschen mit unserer vorher gelebten Beziehung passiert.

Lasse dir bitte auch diese Zeit! Ohnehin lässt sich nichts beschleunigen.

Für mich ist das wichtigste, dass du jetzt weißt, dass auch deine Lieblingsseele alles um dich herum mitbekommt. Alles, auch deine Trauer. Am liebsten hätte diese, dass ihr beide wieder gemeinsam lachen und darüber glücklich euer Leben bestreiten würdet.

Aber, auch das braucht Zeit.

Sie wünschen sich ein gemeinsames Leben. Ein Leben, welches zwischen dem Dies- und Jenseits fest verankern ist, und euch in Liebe miteinander verbinden. Stets seid ihr in tiefer Liebe verbunden und besitzt darüber die einzigartige Chance, immer und überall kommunizieren zu können und miteinander zu sein. Was für ein Geschenk.

5.17

Physisches Fühlen oder Spüren

Physisches Fühlen oder Spüren der geistigen Welt geht das wirklich? Über deine Hellsinne steht dir all das tatsächlich offen. Für mich stellt das physische Fühlen der jenseitigen und geistigen Welt einen immensen Stellenwert dar.

Physisches Fühlen bedeutet für mich, dass ich körperlich, oder besser über meinen Körper spürbare Hinweise erhalte. Zum Beispiel, dass ich mit meinem Team und/oder mit meinen Verstorbenen verbunden bin. Sie zeigen mir über das physische Fühlen an, dass sie dicht an meiner Seite stehen. Aber nicht nur das, ich kann über diese physische Chance ebenfalls körperlich wahrnehmen, welche Krankheit, Todesursache oder Handicap die Verstorbenen hatten. Immer vorausgesetzt, sie möchten diese Informationen mit mir teilen. Und, es geht noch mehr.

Vereinzelt ist es sogar dem Publikum bei meinen live Events möglich, diese physischen Zeichen an mir mit deren Hellsichtigkeit wahrzunehmen. Dann nämlich, wenn sich mein Gesicht, meine Gesichtszüge sowie mein Wesen verändert. Über die Energieverschmelzung bewege ich mich oder sage Sätze wie der Verstorbene. Alles kann, nichts muss. Im Englischen wird dieses Phänomen als »Overshadowing« beschrieben. Overshadowing bzw. Überschattung auf Deutsch bedeutet, dass die geistige Welt die Gelegenheit nutzt, ganz dich an mich heranzutreten, und während meines geänderten Bewusstseinszustands so etwas wie eine durchsichtige Energiemaske über mein Gesicht zu legen.

Meine Gesichtszüge und Form ähneln dann z.B. einem Mann, oder einer ganz alten Frau. Auch ist in solchen Fällen der Präsenz der geistigen Welt deutlich spürbar. Zeitweise kann es sich so anfühlen, als ob ich im Kontakt zu dieser verstorbenen Person werde, weil unsere Energien so fest miteinander verbunden sind. Mag sein, dass jetzt der Punkt erreicht ist, an dem viele mit dem Wort »spooky« aussteigen. Auch das kann ich gut verstehen, weshalb ich darauf jetzt auch nicht näher eingehen werde.

Kennst du den Film »Ghost - Nachricht von Sam«? Wenn Sam (alias Patrick Swayze) als Verstorbener in das Medium (alias Whoopy Goldberg) einfährt, um durch sie sprechen und seine Frau umarmen zu können: So etwas meine ich mit overshadowing. Allerdings fährt kein Verstorbener in mich ein und übernimmt dabei meinen Körper. In dieser gezeigten Form ist es klassisch Hollywood und entspricht nicht meiner Realität. Im Jenseitskontakt stehen die Verstorbenen ganz brav dicht an meiner Seite.

Dennoch ist es ihnen möglich, sich direkt über mich als Medium auszudrücken, weil ich ihnen dazu vorher meine Einwilligung gegeben habe.

Ach, eins noch zum Thema »Ghost – Nachricht von Sam«: in meinen persönlichen Jenseitskontakten, bei denen ich weder die Hinterbliebenen noch die Verstorbenen kenne, oder irgendwas vorher über diese Personen weiß, passiert häufig immer dasselbe. Ganz zum Schluss bekomme ich das Gefühl, die hinterbliebene Person umarmen zu müssen. Am Anfang habe ich mir darüber gar keinen Kopf gemacht, weil ich schon immer der »in-den-Arm-nehmen-Typ« bin. Irgendwann hat mir die geistige Welt aber deutlich gezeigt, was genau in diesen Momenten passiert. Ähnlich wie in Ghost, umarme nicht ich die Hinterbliebenen, sondern die jeweiligen Verstorbenen aus der geistigen Welt.

Als mir das zum ersten Mal bewusst wurde, musste ich laut lachen. Du musst wissen, dass ich mir wildfremde Menschen so umarme, dass ich in diesem Moment das Gefühl bekomme, sie nie wieder loslassen zu dürfen. Dann war mir der Ablauf auch glasklar: Sie umarmen, nicht ich.

Wenn ein verstorbenes Kind oder eine verstorbene Person voller Liebe auf dessen Hinterbliebene trifft, dann nutzen sie alles, was geht, um sich im Moment des Kontaktes für ihre Hinterbliebenen sichtbar und fühlbar zu machen. Abgefahren, oder? Heute nach einem Kontakt machen wir bewusst genau diesen Vorgang des Umarmens zum Schluss zusammen.

Die Lieblingsseele aus der geistigen Welt und ich als Medium. Immer frage ich die Hinterbliebenen kurz, ob ich und darüber hinaus auch ihre verstorbene Person, sie umarmen darf. Immer war die Antwort voller Liebe bisher, JA. Und dann geschieht ein Wunder. Im nächsten Moment nutzt die verstorbene Person meine Energie, um auf diesem Wege der Umarmung physisch ihren Hinterbliebenen abermals körperlich nahe zu sein. Das sage ich übrigens auch den Hinterbliebenen. Über diesen besonderen Moment lasse sie fühlen, dass nicht ich, sondern ihre Lieblingsseele sie noch einmal fest in den Arm nimmt, auch wenn das via Verstand nicht beschreibbar ist. Körperlich, wie gesagt, wollen die meisten mich nicht mehr loslassen. Das ist echt völlig verrückt, aber dennoch wunderschön.

Nun aber erneut zurück zum physischen Spüren der jeweiligen Energien aus der geistigen Welt. Keine Ahnung, ob dir über mein Schreiben an dieser Stelle klar geworden ist, was sich alles physisch und damit körperlich wahrnehmen lässt? Dieses physische Spüren oder Fühlen ermöglicht uns, eine verstorbene Person sowie auch den Geistführer inkl. Team, Engel und andere Wesenheiten körperlich, außerhalb unseres Verstandes deutlich wahrzunehmen.

Das ist für mich eines der größten Geschenke aus der geistigen Welt.

Es gibt mir die Sicherheit, dass ich wirklich direkt mit ihnen verbunden bin. Es hilft mir, die Energien, deutlich von meinem Verstand zu unterscheiden. Deshalb lehre ich genau das, dieses physische Spüren oder Fühlen der verstorbenen Personen bzw. Seelenwesen in meinen Workshops. Stelle dir vor, du kannst mit deinen Verstorbenen nicht nur mental sprechen, sondern gleichzeitig auch physisch deren Energie auf deinem Körper wahrnehmen.

Und? Das ist doch der Hammer. Und noch eins: Du kannst das auch. Mit ein bisschen Training, und dem unterscheiden lernen der Energien, ist dir genau das auch möglich.

Wie es sich anfühlt, wenn sich die geistige Welt körperlich nähert, habe ich ausführlich in »Das 1x1 der Untersterblichkeit« beschrieben. Es gibt so viel, was wir nicht wissen. Zu sehr sind wir damit beschäftigt, alles genau verstehen und analysieren zu wollen. Öffne dich für alle deine Möglichkeiten ohne Angst. Richte dich voller Liebe auf die geistige Welt und alles das, was sie dir darüber ermöglichen können. Du wirst spüren, dass sie mit ihrer ganzen Liebe immer auch bei dir sind. Irgendwann erfährst du am eigenen Körper, das Geschenk des physischen Kontaktes, und du lernst, deine Lieblingsseele auch körperlich spüren zu können.

Es lohnt sich, alle Zeit der Welt dafür aufzubringen, um genau diesen Zusammensein-Zustand zu trainieren.

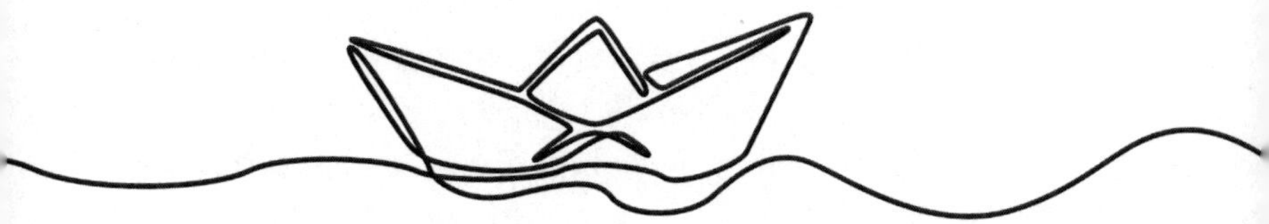

6

WAHRNEHMUNG VERSTORBENER

Unerklärliche Dinge verstehen und spirituell deuten zu wollen, das ist der Wunsch vieler Menschen. Nehmen wir dazu ein Beispiel aus unserer wundervollen Natur: Das Phänomen der Nord- oder Polarlichter. Ein spektakuläres, einzigartiges Schauspiel, welches ich bereits erleben durfte. Freudentränen liefen mir übers Gesicht, als ich zum ersten Mal dieses einzigartige Schauspiel am Himmel sehen und vor allem hören durfte. Bei -20 Grad standen wir in Norwegen draußen im Schnee, aber kalt war mir aufgrund meiner totalen emotionalen Überforderung nicht. Ich staunte und konnte nicht fassen, was ich sah und hörte.

Aus wissenschaftlicher Sicht ist es uns heute möglich, die Erscheinungen der Polarlichter zu erklären. Sie sind einzigartig in Farben und Geräuschen, und viele werden diese von Fotos kennen. Polarlichtbilder, die wir zur kalten Jahreszeit über die Social-Media-Kanäle betrachten können, erwecken den Anschein, als ob diese täglich von überall auf der Nordhalbkugel zu sehen sind. Dem ist nicht so, ganz das Gegenteil ist der Fall. Nur unter ganz bestimmten Umständen und Wetterbedingungen sind Polarlichter überhaupt für uns sichtbar, und sind damit weit weg von jeglicher Tagesordnung. Mit den jenseitigen Lieblings-Verstorbenen ist es ähnlich. Auch diese sind für uns nur unter bestimmten Umständen wahrnehmbar. Anders als bei den Nordlichtern, bei der die Natur bestimmt, wann diese zu sehen sind, liegt der Schlüssel zur Wahrnehmung von Verstorbenen in erster Linie bei uns selbst.

Wir entscheiden bewusst oder unbewusst, ob wir die Tür zum Jenseits, und damit zu unseren Verstorbenen öffnen wollen. Auch entscheidet jeder von uns, ob wir uns allen Möglichkeiten, das Übersinnliche wahrzunehmen, ebenfalls öffnen wollen. Tot ist tot - aber was, wenn nicht? Was, wenn es sich lohnen würde, einfach mal zuzulassen, dass es mehr gibt als das, was wir bisher auch nur ansatzweise für uns erfahrbar gemacht haben? Was dann? Jeder von uns weiß, dass es für den geliebten Verstorbenen in menschlicher

Form kein Zurück gibt. Nur wollen wir genau diesen Punkt meist nicht akzeptieren.

Was aber, wenn es eine leise Chance gäbe, dass du in Zukunft mit den geliebten Verstorbenen an deiner Seite glücklich sein kannst? Glücklich, weil du für dich irgendwann verstanden hast, dass deine geliebten Seelen immer bei dir sind, und du, wie im normalen Leben zuvor, täglich mit ihnen kommunizieren kannst. Die Schwierigkeiten liegen einzig im Verständnis. Die Daseinsform eines jeden Seelenanteils im Jenseits ist etwas, was wir uns weder vorstellen noch mit dem Verstand verstehen können.

Als Menschen leben wir einfach anders, als dies als jenseitiger Seelenanteil der Fall ist. Selbst wenn du derzeit nicht daran glaubst, dass diese übersinnliche Art der Kommunikation für dich möglich ist, bist du bereits ohne es zu wissen mehrfach in Kontakt zu deinen Verstorbenen getreten. Selbst zu Gott, auch wenn du bisher der Meinung warst, dass diesen »Kirchenkram« keiner braucht. Gott, die göttliche Urquelle, das Universum, oder wie auch immer du diese Energieform bezeichnen möchtest, ist immer für uns da, für jeden von uns. Alles, was das Göttliche ausmacht, wurde uns ebenfalls als schöpferische Kraft und machtvolle Energie geschenkt. Wir sind Gott, weil ein Stück in jedem von uns wohnt, und wir alle aus dieser Quelle entstammen. Gut, bei dem einen oder anderen wartet das Göttliche noch auf seinen Durchbruch. Es ist nicht wirklich sichtbar und wird vielleicht für dieses Leben auch nicht mehr sichtbar werden. Warum? Weil jedem von uns als Seelenanteil die eigene freie Wahl geschenkt wurde, die uns möglich macht, eigene Erfahrungen zu machen. Und zwar, ohne diese von anderen indoktriniert zu bekommen, wie das Leben für uns hier in der Dimension Erde für die Person zu laufen hat.

Ich bin mir sicher, dass du an deine Verstorbenen denkst, du mit ihnen redest, du sogar mit der göttlichen Quelle redest, und gelegentlich um Hilfe bittest, dass dich bitte endlich jemand erhören möge. Stimmt das? Damit hast du bereits die Kommunikation in die geistige Welt eröffnet, der Grundstein ist gelegt, du hast die Tür in das Jenseits ein Stück geöffnet. Keine Angst, du wirst sehr schnell selbst erleben, wie viel Unterstützung dir über diesen Schritt zuteilwird.

Du hast über deinen innerlichen Wunsch die Türöffnung ins Jenseits geschehen lassen, und dich darüber für die Chancen geöffnet, leichter, sinnreicher, erfüllter und glücklicher durch dein weiteres Leben zu gehen, auch, wenn du dir das zum jetzigen Zeitpunkt noch nicht einmal ansatzweise vorstellen kannst.

Die Chance ist da, wenn du bereit bist, dann probiere dich aus. Keiner zwingt dich, und wisse, alles findet immer für dich zum richtigen Zeitpunkt und in der richtigen Geschwindigkeit statt. Das betrifft auch die Kommunikation und das Verständnis zum Jenseitigen. Bist du bereit, dich für all deine Möglichkeiten zu öffnen, dann befindest du dich bereits im Prozess. Darüber hältst du hier die Zügel in der Hand. Ich würde mich freuen, dich ein Stück deines Weges begleiten zu dürfen. Gerne zeige ich dir über Schilder am Wegesrand, unbekannten Einblicke auf die schönsten Ziele und Wunder dieses Universums. Wunder, die ich selber schon erleben durfte. Wunder, die du dir wahrscheinlich noch gar nicht vorstellen kannst. So viele Wunder warten auf auch dich. Öffne dich für all deine Möglichkeiten, Gaben und Fähigkeiten, ohne zu wissen, was kommt. Es ist dein Prozess, der immer in der für dich korrekten Geschwindigkeit und Dauer verläuft. Deine Verstorbenen werden voller Liebe immer da sein, egal, wie lange du in diesem Prozess an Zeit benötigst, sie sind da.

Ach, eines noch: Heute gehört es zu meinem Alltag, Verstorbene wahrzunehmen. Allerdings nicht, wie viele denken, 24 Stunden am Tag. Wie genau soll ich sonst meinen menschlichen Aufgaben nachkommen? Sie sind zwar da, was aber nicht heißt, dass ich diese immer und überall wahrnehme. Ich bin hier, um mich als Susan mit all meinen Gaben und Fähigkeiten voll zu entfalten, und mein menschliches Leben auf diesem wundervollen Planeten, in diesem wundervollen Körper, voll auszukosten. Nehme ich Verstorbene während meiner Sitzungen oder sonst wo in meinem Umfeld wahr, dann fühlt sich das für mich immer unterschiedlich an.

Es ist der geistigen Welt wichtig dir aufzeigen, dass dies auch für dich immer unterschiedlich sein kann. Es gibt hier, wie mit allem kein Patentrezept, das auf alles und jeden passt. Was ich dir geben kann, sind Brücken als Hilfestellungen, damit du deine medialen Gaben und deren Auswirkungen besser für dich verstehen kannst. Übung und Umsetzung gehört zu deinem Weg und obliegt deiner Wahl.

Es kann also sein, dass sich die verstorbene Person sichtbar vor, neben oder seitlich von mir zeigt. Es kann sogar sein, dass ich nur ein Gefühl davon habe, dass sich jemand zu mir setzt.

Alles fühlt sich real an (und ist es im energetischen Sinne auch). Es fühlt sich so an, als ob mich z.B. mein verstorbener Opa mit ausgestreckter Hand berührt, streichelt oder mich umarmt. Sei sicher, dass genauso dies auch in diesem Moment geschieht. Das sind keine Hirngespinste oder Einbildungen, es ist Realität. Eine Realität, die vielen im Verborgenen bleibt.

Innerhalb meines Alltags, ohne den Fokus auf dem Jenseits, sondern stattdessen auf so unerotische Themen wie Steuererklärung zu haben, spüre ich erst einmal keine Verstorbenen um mich herum. Klingt logisch, oder? Energie folgt der Aufmerksamkeit. Verstorbene, die Steuern und Buchhaltung geliebt haben, sind jetzt um mich herum. Der Rest hat sich verkrümelt. Richte ich meinen Fokus und darüber hinaus meine Aufmerksamkeit auf die Verstorbenen im Jenseitskontakt aus, nehme ich deutlich wahr, was alles um mich herum geschieht, und welche Seelenwesen mich umgeben. Für meine mediale Arbeit habe ich daher feste Zeitfenster für diese

Zusammenarbeit zur Verfügung gestellt. Auch wenn die geistige Welt immer und zu jeder Zeit am Start ist, nur wenn ich fokussiert bin, kann ein jenseitiger Kontakt zustande kommen. Aufgrund meiner Offenheit für alles Jenseitige erreichen mich natürlich auch wichtige Botschaften dann, wenn ich diese nicht auf dem Schirm habe, weil mein Fokus nicht dorthin ausgerichtet ist. Sie wissen, wie sie mich erreichen können. Unsere Kommunikation fließt in Liebe ganz natürlich, und über diese Natürlichkeit auch fortwährend.

6.1

Energie Grundwissen

Alles ist Energie. Alles, selbst das, was wir als Menschen unter fester Materie verstehen. Egal, ob Stuhl, Tisch, Auto, Baum, Pflanzen, Tiere, Menschen, alles ist pure Energie. Genau wie unsere Verstorbenen, oder auch andere himmlische Helfer, bist du ebenfalls als Seelenanteil Energie. Die feinstofflichen Energien bilden unsere körperliche Daseinsform, die wir für dieses Leben hier gewählt haben. Diese gewählte körperliche Daseinsform schenkt uns die Alternative zum Universellen, alle Emotionen in dieser Form gefühlt erleben und dem großen Ziel Bewusstseinswachstum ein Stück näher kommen zu können. Mag sein, dass sich das völlig abgefahren für dich anhört. Nimm es einfach wertungsfrei auf, selbst wenn du das hier Geschriebene derzeit noch nicht verstehen kannst. Zurück zur Energie. Energie kann nicht aufgelöst werden, Energie IST - ewiglich. Für die meisten Menschen sind diese Zusammenhänge schon unverständlich, da sie sich als Mensch innerhalb einer festen Materie (Körper, Haus, Baum etc.) verstehen. Stellt das Gesehene wirklich unsere Realität dar? Die geistige Welt sagt, nein. Wie auch immer, diese Thematik gehört zu den großen Herausforderungen im Leben, die jeder für sich erkennen darf. Alles ist Energie, und darüber ebenfalls energetisch mit allem verbunden. Deine Gedanken sind ebenfalls pure Energie, die durch Bewertung oder Verurteilung, gepaart mit einem Gefühl, in die »Emotions-Schubladen« gut oder schlecht gesteckt werden. Wir erschaffen darüber unser Leben und auch entsprechende Barrieren, die uns daran hindern, unser eigentliches Wesen zu erkennen. Das Wesen der Vollkommenheit, das wir immer waren, sind und immer sein werden.

6.2

Unterschiede im Jenseitskontakt

Meist geschieht das Lesen von Energien innerhalb eines Raumes oder eines Jenseitskontaktes ohne, dass die Hinterbliebenen das in diesem Moment wirklich bewusst verstehen.

Alles passiert in einer ganz natürlichen Art und Weise. Immer dann, wenn du gedanklich voller Liebe ins Jenseits ausgerichtet bist, findet eine Zusammenkunft des Dies- und Jenseits statt. Was meinst du, gibt es Unterschiede innerhalb der Jenseitskontakte? Die Antwort ist: Ja. Nicht zu verwechseln mit unterschiedlichen Jenseitskontakten, also mehren Verstorbenen, die sich in mehreren jenseitigen Kontakten zeigen. So einzigartig wie jeder von uns ist, so besonders und einzigartig ist ebenfalls jeder Jenseitskontakt. Es ist zum Beispiel ein großer Unterschied, ob Jenseitskontakte in Liebe zu einem Verstorbenen stattfinden oder nicht. Natürlich gibt es noch mehr Unterschiede, z.B. das feinstoffliche und körperliche Fühlen der jenseitigen Energien. Das beleuchte ich noch genauer an anderer Stelle. Also, was meinst du, gibt es fühlbare Unterschiede zwischen deinen und den Verstorbenen anderer Menschen? Ja, natürlich, mal abgesehen davon, dass alle Verstorbenen sich so zeigen, wie sie ihr menschliches Dasein gefristet haben. Es ist viel einfacher, Verstorbene von anderen Hinterbliebenen durchzugeben, als die eigenen von unserem Verstand und allem Wissen unterscheiden zu können. Alleine das Nichtwissen um diese Unterschiede fördert den großen Irrtum, dass viele denken, sie könnten keine Jenseitskontakte zu ihren Verstorbenen herstellen. Ebenfalls stellen Erwartungshaltungen, die wir an alles in unserem Leben haben, einen großen Anteil der Unterschiede in den jeweiligen Jenseitskontakten dar. Wir sind geprägt von Erwartungen. An uns selbst und meist noch mehr an andere. Erwartungen blockieren alles feinstofflich wahrnehmbare.

6.3
Deine Verstorbenen

Eigentlich sind Jenseitskontakte mega leicht. Warum aber haben dann so viele Hinterbliebene große Probleme für sich zu erkennen und zu verstehen, dass sie bereits Jenseitskontakte hatten? Oft, weil sie bewusst oder unbewusst denken, ihnen sei das nicht möglich.

Jeder kann einen Jenseitskontakt mit einer verstorbenen Person, die seit dem Tag des Ablebens so unendlich vermisst wird, herstellen. Natürlich gibt es auch die anderen, die sich entweder gar nicht dafür interessieren, oder, die wie ich Zeichen ihrer Verstorbenen deutlich für sich wahrnehmen können. Das ist allerdings nicht die Masse. Dieses Buch kann dir dabei behilflich sein, genau da hinzukommen, täglich den Kontakt zu deinen Lieblings-Verstorbenen zu pflegen. Wichtigstes Utensil dabei bist du selbst, deine Offenheit für alles Jenseitige, und natürlich Geduld. Mit Geduld und Spucke sagte mein Onkel früher immer, und tat dabei so, als ob er in seine Hände spukte. Jedem sein Humor. Gehörst du auch zu den Menschen, die sich deutliche Zeichen ihrer Verstorbenen wünschen? Wünschst du dir, deine Verstorbenen überall deutlich für dich wahrnehmen und deren Botschaften und Information direkt erhalten zu können? Hast du dir mal überlegt, dass es nicht an deinem Können, sondern eher an deinen Erwartungen liegt, dass alles bisher noch nicht so richtig gut funktioniert hat? Erwartungen, die jeder von uns über sein Leben als eine Art Anspruchshaltung für sich selber entwickelt hat, anerzogen, versteht sich. Kann es sein, dass du eine bestimmte Erwartung daran hast, wie der Jenseitskontakt, den du selbst herstellst, auszusehen hat? Sitzt du gedanklich auf einer solch inneren Haltung, dann landen alle Zeichen, Infos und Botschaften in deiner Gedankentonne, du wirst diese nicht erkennen. All die schönen Hinweise werden gedanklich als Hirngespinst oder Zufälle abgetan. Nur zu oft wird alles Wahrgenommene verworfen und eben nicht geglaubt, dass täglich bereits Zeichen für uns stattfinden.

6.4

Du weißt und kennst fast alles

Zurück zu den Unterschieden in den Jenseitskontakten. Kontakte zu den eigenen Verstorbenen sind deshalb so schwierig, weil wir mit diesen meist viele Jahre Schulter an Schulter verbracht haben. Wir kennen ihre Eigenarten, ihren Humor, ihren Charakter und ihren Geruch. Alles, was diese Person ausgemacht hat, ist uns bekannt. Und das nicht nur grob, sondern ebenfalls unbemerkt feinstofflich. Wir kennen deren Energie ganz genau.

Klar haben wir nicht gelernt, auf diese Feinstofflichkeit zu achten, aber dennoch haben wir unendlich viele Tage in der Energie des Anderen verbracht. Darüber war deren Nähe deutlich als Gefühl des Wohlbehagens für uns spürbar. Wir kennen alles, auch wenn wir zu Lebzeiten nicht auf diese Feinheiten geachtet haben. Tief in unserem Herzen wissen wir, wie sich die Energie unserer geliebten Verstorbenen (und sogar noch lebenden Personen) um uns herum anfühlen. Genau dieses Kennen macht den persönlichen Jenseitskontakt so schwierig. Die wenigsten sind zu Beginn in der Lage, deutlich zwischen Verstand- und Jenseitsbotschaften unterscheiden zu können. Gibt dir bitte Zeit, das gehört zum Prozess dazu.

6.5

Mental-Mediumship

Keine Ahnung, ob dir dieser Begriff überhaupt geläufig ist. Mental-Mediumship bedeutet nichts anderes, als die Lehre der geistigen, feinstofflichen Medialität. Eine Kommunikation, die mittels deiner mentalen Hellsinne vonseiten der geistigen Welt über deine Verstandesebene transportiert wird. Es findet quasi alles in dir statt, und ist für alle anderen weder sichtbar noch hörbar oder wird sonst irgendwie bemerkt. Nur du empfängst in diesen Momenten der mentalen Kommunikation diese Zeichen, Infos und Signale. Dein Umfeld bekommt davon nichts mit. Für dieses Kapitel ist es noch nicht wichtig zu wissen, wie alles funktioniert, sondern nur, dass alle deine Hellsinne gleichzeitig zu allen Bewusstseinsebenen arbeiten. Diese für mich hochemotionalen Bilder und Informationen aus meinen ersten Jenseitskontakten wären ohne das Wissen um einen solchen Kontakt, direkt auf meiner Gedankenebene als

»Hirngespinst« abstempelt worden. Da ich diese aber bewusst durchgeführt hatte, war ich in der Lage, meine Erfahrungen anders wahrzunehmen. Außer, dass mir suggeriert wurde, dass ich einen Jenseitskontakt durchführen kann, hatte ich zu Beginn kein anderes Wissen darüber, und dennoch hat es funktioniert.

Selbst in der Ecke des Hokuspokus, in die mich meine Familie immer abgestellt hatte, habe ich nie infrage gestellt, dass Jenseitskontakte funktionieren. Nur mich selber, und ob ich wirklich gut genug dafür bin, habe ich lange Zeit infrage gestellt. Damals war mir nicht klar, dass ich viele Jahre später nur noch medial arbeiten und Jenseitskontakte geben werde - das bin ich heute. Ich hoffe, ich habe dir deutlich mit diesen Themenbereichen aufzeigen können, dass es immer nur an uns selber liegt. Wir stellen uns und unser Können immerzu infrage. Ja, wir unterstellen sogar dem Jenseits, dass es nicht mit uns zusammenarbeiten bzw. sich uns zeigen will - was natürlich totaler Quatsch ist. Deine Lieben tun alles, um dir täglich aufzuzeigen, dass sie voller Liebe bei dir sind. Du erinnerst noch, dass ich zu Beginn alle meine Kontakte im stillen Kämmerlein aufgeschrieben habe? Das hat mir im Verstehen unendlich viel geholfen. Nicht sofort, aber im Rückblick auf alles Geschehene. Wir vergessen nur allzu leicht. Höre mal in dich hinein, ob es nicht sinnvoll ist, all deine jenseitigen Erfahrungen ebenfalls schriftlich für dich festzuhalten. Heute noch erstaunt mich, wie viele Details und Hinweise ich damals unwissentlich schon wahrgenommen habe.

6.6

Die Verstorbenen Anderer

Gehen wir mal davon aus, du hättest den Wunsch, auch anderen Personen um dich herum, deine jenseitigen Erfahrungen zu überbringen. Im Grunde ist das ganz leicht, genauso leicht wie die gesamte Zusammenarbeit mit der geistigen Welt. Das einzige Problem sind immer nur wir, mit unseren Selbstzweifeln und Erwartungshaltungen. Das Jenseits hat schneller die Tür geöffnet, wie du drei zählen kannst. Die Freude und Möglichkeit hier mit uns in Kontakt zu kommen, ist unendlich. Die erste Hürde für mich war die Frage, ob ich bereit war, überhaupt mit Verstorbenen arbeiten zu wollen, und mich auf das Experiment mit der geistigen Welt einzulassen. Erst später, als ich den Mut aufbrachte, Jenseitskontakte auch für Freunde und Bekannte herzustellen, fiel die nächste Hürde. So viele Jahre blieben im Auf und Ab die Selbstzweifel des »ich kann es nicht oder ich bin nicht gut genug« für diese Aufgabe.

Nach vielen Jahren der Prozesserfahrung mit allen Höhen und Tiefen weiß ich heute, dass ich es kann. Ja, es gibt aus meiner Sichtweise heraus gerade im Umgang mit anderen Menschen ein paar Feinheiten, die deine Beachtung finden sollten. Alles innerhalb dieser medialen Tätigkeit kann große emotionale Auswirkungen auf Dritte haben. Schmetterst du das Wahrgenommene voller Inbrunst heraus, kann es sein, dass der Person vor dir der Atem stockt, oder noch schlimmer, das Herz bricht. Für mich stellt diese Arbeit einen hochsensiblen Bereich dar, der Menschen helfen, aber auch zerstören kann. Achte bitte immer auf das, was du herausgibst, wie auf das, was in dich reinkommt. Für mich stellt ein Jenseitskontakt den Kontakt in die 2. Realitätsebene mit dem Jenseits dar. Diese Kommunikationsform kann über innerlich gehörte Worte oder Stimmen, innerlich gezeigte Symbole oder Bilder, sowie mittels feinstofflicher und körperlicher Gefühle aufgezeigt werden. Gefühle, die mir aufzeigen, wie die Verstorbenen zu Lebzeiten waren, oder am Ende ihres Lebens fühlten (und vieles mehr). Da in diesem Moment des jenseitigen Kontaktes nur ich über meine Hellsinne die Verstorbenen wahrnehme, bedeutet das auch, dass ich voll darauf vertrauen darf, was mir aus der geistigen Welt alles gegeben wird. Ohne dein Tun und dem Vertrauen, dass all das wirklich geschieht, bleibt es einzig eine Wunschvorstellung. Dafür wird dann dein Verstand sorgen. Mein persönlicher Durchbruch kam, als ich für mich herausfand, woher ich welche Infos bekam. Damit hatte ich meine innerliche Sicherheit und konnte sagen, ob die gegebenen Informationen meinem Verstand, meinem geistigen Team, meinem höheren Selbst (bzw. meiner Seele) oder einem Verstorbenen entsprangen. Endlich wusste ich, dass ich mir das nicht einfach nur einbilde. Aus meiner Sicht spielt es keine Rolle, ob du mit deinen geliebten Verstorbenen im Kontakt stehst, oder Kontakte für andere gibst. Es sind nur etwas andere Vorzeichen und Spielregeln, die es zu beachten gilt.

6.7

Erwartungshaltung

Das Blöde an Erwartungen ist, dass sie jeder hat, und wir selber erst einmal darauf kommen dürfen, diese überhaupt zu besitzen.

Das Wort Erwartung steht hierbei für eine von uns geprägte Haltung (alle Bereiche unseres Lebens betreffend). Es steht für unsere Vorstellung, wie unser Leben, oder vielmehr das, was wir leben wollen, aussehen soll. Vielen Menschen gibt diese Haltungsform, die meist auf vergangenen Erfahrungen beruhen, eine feste Struktur im Leben. Selbst Wünsche fallen unter diesen Bereich.

Auch in Bezug auf das Jenseits sind Menschen voller Erwartungen. Tritt nicht das ein, was gewünscht oder erwartet wurde, enden jenseitige Begegnungen in Frust, Wut oder Enttäuschung. Deshalb spreche ich das Thema Erwartung vor jedem Jenseitskontakt an. Oft sagen Hinterbliebene dann den Satz: »Ich? Nein, ich habe keine Erwartungen b an diesen Termin; einzig ein paar grobe Vorstellungen, mehr habe ich aber nicht«. Ein echter Schenkelklopfer. Wenn Hinterbliebene verstehen würden, dass deren Erwartungen über ihr ganzes Leben unbewusst wachsen, dann würden sie vielleicht auch verstehen, warum diese nicht einfach aufzudecken sind. Bereits im Kindesalter glauben wir, was unser Umfeld uns tagein, tagaus predigt. Wir glauben es nicht nur, sondern wir nehmen es sogar irgendwann als unser Gedankengut an. Haben wir Maßregelungen und Hinweise oft genug gehört, tun wir so, als ob dieser Gedanke wirklich unserer Überzeugung entsprungen ist.

Zu keiner Zeit (bis zum, nennen wir es mal »persönlichen Erwachen«) erkennen wir, dass die eigenen Gedanken überhaupt in irgendeiner Form hinterfragt werden müssen. Unsere Prägungen über Elternhaus und Co. unterscheiden sich nicht groß voneinander. Es sind die kleinen Sätze, die tagein, tagaus unsere Unsicherheit nähren, weil wir nicht erkennen, ob diese überhaupt unserer Wahrheit entsprechen. Die einzige Chance das zu erkennen ist, dem etwas mehr Beachtung zu schenken. Achte auf deine Gedanken, oder besser, was es in dir denkt. Ich bin sicher, dass du dich darüber selbst genauso klein hältst, wie ich es viele Jahre getan habe. Ich war mein schlimmster Feind. Ich habe mir immer wieder unbewusst gesagt, dass ich etwas nicht kann, nicht gut genug bin, oder nicht geliebt werde.

Fast 50 Jahre hat es gedauert, bis ich für mich verstanden habe, dass der Ursprung dieser Gedanken nicht meiner Wahrheit entspricht. Das war der Moment, in dem ich begann, meine Gedanken zu hinterfragen. Sehr schnell habe ich damals feststellen dürfen, dass zwischen dem, was ich denke, und dem, was sich in der Realität abspielt, etwas nicht stimmt. Zum Beispiel in meinen Jenseitskontakten: Die Resonanzen auf meine gegebenen Jenseitskontakte waren immer super. Selbst bei meinen eigenen, jenseitigen Zusammenkünften stimmten die von meiner Familie gegebenen Aussagen immer mit den Geschehnissen überein. Dennoch waren sofort unbewusst Gedanken am Start, die mich wissen ließen, ich hätte vielleicht besser sein können. Obwohl ich gut war, hielt ich mich über meine Gedanken klein. Es lebe der Selbstwert! Über das Beobachten meiner Gedanken bemerkte ich schnell, wann diese von meinem Verstand in die »nicht gut genug« Richtung gelenkt wurden. Jahre habe gebraucht, um für mich dahinterzukommen, Jahre. Mach dich also locker, alles braucht einen Prozess, um darüber in die Bewegung zu kommen. Auch das Aufdecken von Gedankenmustern und Programmen.

Ja, das Thema Erwartungshaltungen hat mich schon manche Stunde innerlich zur Weißglut gebracht. Wie wundervoll hätten Kontakte laufen können, wenn die Hinterbliebenen gemerkt hätten, dass sie ihre Kontakte mittels ihrer Erwartungen selber vereiteln. Es ist eine reine Energie- bzw. feinstoffliche Arbeit, die sich nicht über Erwartungen steuern lässt. Ganz im Gegenteil, diese Arbeit wird durch jegliche Art der Erwartung blockiert. Je nachdem wie immens diese Erwartungen sind, desto schlechter läuft die jenseitige Kommunikation. Die Energien brechen weg, und ich bin nicht mehr in der Lage, den Kontakt für alle Seiten aufrechtzuerhalten.

Jeder Jenseitskontakt lebt von völliger Hingabe und Demut, das aufzuzeigen, was die Verstorbenen als Informationen herausgeben wollen. Es geht nicht darum, die Erwartungen der Hinterbliebenen zu stillen, es ist kein Wunschkonzert. Es geht einzig darum, der Kanal bzw. der Übersetzer für die jeweiligen Verstorbenen aus dem Jenseits zu sein.

Viele Hinterbliebenen blenden völlig aus, dass der Verstorbene, die eine oder andere Information weder geben noch erneut durchleben möchte. Viele Jahre haben mir meine eigenen Erwartungen genügend Probleme beschert. Bis zu dem Tag, an dem ich verstanden habe, dass jede Art der Erwartung mich direkt aus dem Kontakt katapultiert - und das in Millisekunden. Raus aus der Energie des Jenseits, rein in die Energie des Verstandes – so ist jedes Medium als Mittler raus. Und das nur aufgrund eigener Erwartungen.

Der Verstand hat dann Gefühle interpretiert, die dieser nicht fühlen kann. Diese wundervolle Arbeit findet auf unfassbar feinen Ebenen statt, und oft bemerken wir nicht, wie schnell uns das Ego zurück in den Verstand bringt. Die Hinterbliebenen wissen um den Unterschied nicht, deshalb erhalten sie vor dem Kontakt die Möglichkeit des Verstehens. Je schneller jeder von uns aus seinem Ego herauskommt, und sich mit Leib und Seele den jenseitigen, transzendalen, transpersonalen Energiebereichen öffnet, umso einfacher und schöner kann diese Kommunikationsform sein. Jeder Kontakt mittels eines Mediums ist ein Trilog, und zu diesem Trilog trägt jeder seinen Anteil bei. Die geistige Welt und die Verstorbenen genauso, wie ich und natürlich auch die Hinterbliebenen. Blockieren die Hinterbliebenen durch ihre Erwartungen ihren Energiepart, dann kann die Energie nicht fließen, und die jenseitigen Informationen werden immer spärlicher – das ist so schade! Mag sein, dass genau diese blöde Erfahrung für den jeweiligen Hinterbliebenen, das ist, was diese sich zur Bewusstseinsförderung selbst kreiert haben, dennoch finde ich es immer wieder so unendlich schade.

Zurück zu dir: Der Jenseitskontakt zwischen dir und deinen Verstorbenen ist ein Dialog. Dennoch verhält es sich mit deinen Erwartungen hier ähnlich. Bist du voller Erwartungen, blockierst du selbst deinen Zugang zum Jenseitigen. Manchmal brauchen wir das Gefühl, dass es nicht läuft, um zu verstehen, wenn alles supergut läuft. Wir brauchen die Polarität, für unser Wachstum oder für unser »bewusster werden«.

Du kannst davon ausgehen: Funktioniert deine Kontaktaufnahme zum Jenseits nicht, liegt es zu einer hohen Prozentzahl nicht am Jenseits, sondern traurigerweise immer an uns. Deine Lieben stehen da voller Geduld, bis wir so weit sind. Sie geben uns nicht auf. Nur wir tun das. Sie sind da und immer nur einen Gedanken von dir entfernt. Falls du dich jetzt noch fragst, wie du aus möglichen unbewussten Erwartungen aussteigen kannst, hier mein Tipp: Nimm all das, voller Dankbarkeit an, was du bereits hast. Sei dankbar für alles, was du bist und hast. Wenn du dich gedanklich bewusst mit dem Bedanken für dich und dein Leben beschäftigst, dann hat dein Verstand keine Zeit, mit seinen erlernten Erwartungen dazwischenzufunken.

6.8

Wie arbeitet die geistige Welt?

Immer vorausgesetzt, du hast die Erlaubnis zu dieser einzigartigen Zusammenarbeit gegeben, ist diese ähnlich zum Lernen in unserer Schulzeit. Stück für Stück lernst du, deine Wahrnehmung und die Informationen aus der geistigen Welt für dich besser zu verstehen. Zu Beginn dieser wundervollen Zusammenarbeit bedient sich die geistige Welt (oder vielmehr deine geliebten Verstorbenen) an dem, was du weißt, kannst, kennst und vor allem bereit bist, zuzulassen. Sie nutzen alle deine Erfahrungen, um dir z.B. mit hellsichtigen Bildern, Zeichen und Gefühlen deutlich zu machen, was sie dir mitteilen möchten. Ähnlich eines Studiums wird diese Zusammenarbeit auf deinen Wunsch und durch dein Tun hin intensiviert, sodass sie dir ebenfalls Hinweise und Erfahrungen zeigen, die du bisher nicht persönlich als Mensch gemacht hast. Sie sind dir behilflich, dein Bewusstsein stets zu erhöhen bzw. zu erweitern. Sie schenken dir neue Erkenntnisse und Sichtweisen. All das und noch viel mehr ist möglich, weil sie deine kompletten Wahrnehmungsmöglichkeiten kennen und nutzen. Sie triggern dich unbewusst über ihre wunderbaren Energien an, sodass du z.B. im nächsten Moment ihr Bild anschaust.

Je mehr wir bereit sind, unseren Fokus auf diese Zusammenarbeit zu legen und Erfahrungen zuzulassen, die wir nicht verstehen können, umso mehr Wachstum kann in diesem Teamwork entstehen. Sie sind auch nicht perfekt, weder deine Verstorbenen noch das geistige Team, welches alle Vorzeichen für diese Kommunikation ebnet. Wie bereits gesagt, jeder jenseitige Kontakt ist anders, immer sind die Energien, aber auch die Seelenwesen anders. Zusammen mit dir balancieren sie alle zusammenkommenden Energie-Schichten aus, um das Beste aus eurer Kommunikation herauszuholen. Bist du bereit, dich dieser einzigartigen Kooperation hinzugeben? Dann öffne dich für alle deine wundervollen, dir gegebenen Fähigkeiten, Gaben und Möglichkeiten, und lasse es geschehen. Es lohnt sich!

6.9 Was können Verstorbene zeigen?

Was denkst du, können sich Verstorbene zeigen oder bemerkbar machen? Ganz viele Menschen wissen nicht, ob das wirklich möglich ist. Die Antwort ist: Ja, das können sie. Denke aber bitte daran, dass es einen großen Unterschied zwischen deinen Verstorbenen, und für dich fremden Verstorbenen geben kann. Ich gehe jetzt einmal davon aus, dass du bereit bist, den Kontakt zu deinen Verstorbenen aufzubauen. In der High-Class bedeutet dies, dass du täglich mit deinen Verstorbenen so, als ob sie immer noch bei dir sind, leben kannst. Deine Verstorbenen kennst du meist aus dem »Effeff«. Du weißt noch, wie sie waren, rochen und sich anfühlten. Dazwischen kam einzig der Tod. Du kennst ihre Energie, wenn auch bisher nur unbewusst. Es ist zugegebenen oft nicht ganz einfach, dieses Kennen der Energie vom Unbewussten ins Bewusste zu transferieren. Helfen wird dir in diesem Prozess, neben dem Wissen, dass diese stets auf deinen Wunsch hin anwesend sind, wenn du erfährst, wie genau du diese Energie von deinem Verstand unterscheiden kannst. Größtenteils werden alle Informationen über deine Gedankenebene mental bzw. telepathisch übermittelt, das spart Energie. Stelle dir nun bitte vor, du hast eine Frage oder eine Bitte an deine Verstorbenen gerichtet. Diese werden dir sofort über die Mental-Ebene antworten.

Die Frage ist, wie unterscheidest du bei dieser Kommunikationsform deine Verstandesstimme, von der deiner Verstorbenen? Die

Antwort ist einfach: Indem du zu den gegebenen Informationen ein deutliches Körpergefühl spürst, welches dir ebenfalls von ihnen geschenkt wird. Darüber spürst du die Energie deiner geliebten verstorbenen Person auch körperlich, wodurch du wahrnehmen kannst, dass diese bei dir ist. Somit ist es nicht nur ein Wissen, sondern ein Wissen, welches einhergeht mit einem deutlich, körperlich, spürbaren Gefühl. Wenn du das für dich erst einmal erkannt hast, wird dieses körperliche Gefühl immer am selben Fleck spürbar sein. Das geilste dran ist, dass diese Zusammenführung deiner erhaltenen Botschaft inkl. des körperlichen Gefühls dir mehr Sicherheit in deiner Kommunikation geben wird.

Du erkennst, dass du nicht einem Hirngespinst deines Verstandes hinterherläufst. Dazu gibt es etliche Übungen, die einzig und alleine dazu dienen, deine Wahrnehmung zu stabilisieren. Noch einmal zurück zum Thema Verstorbene im Allgemeinen und das, was sie alles auf unterschiedlichen Ebenen zeigen können. Mental sind sie in der Lage, dir Bilder von Objekten, Gegenständen oder Szenerien zu zeigen. Vielleicht Gegenstände, die ihnen gehört, die sie verschenkt oder vererbt haben. Gegenstände, die mit der verstorbenen Person deutlich in Verbindung gebracht werden können. Selbst, wenn diese Gegenstände heute nicht in deinem Besitz sind. Sie arbeiten mit der Geschichte des Gegenstandes bzw. mit dem Wissen darum. Oft zeigen sie Situationen aus deren Leben, an die sich die Hinterbliebenen erinnern. Das bedeutet nicht, dass alles immer Friede, Freude, Eierkuchen gewesen sein muss. Alles kann hier gezeigt werden, alles, was du als Hinterbliebener weißt, und auch nicht weißt. Da auch deine Verstorbenen keine Energien verschwenden, ist es an dir, diese Informationen nicht zu verwerfen, sondern im Nachgang zu recherchieren. Recherchen sind wundervoll, weil diese den Hinterbliebenen mit dem Herausfinden der dahinterstehenden Geschichte noch mehr Sicherheit geben. Die Sicherheit, dass der Hinterbliebene Zeichen bekommt und Dinge erkennt, von denen dieser bisher nichts wusste. Die Sicherheit, dass ihre Lieblingsseele an deren Leben teilnimmt, und immer da ist.

Bitte doch mal deine geliebten Verstorbenen, dass diese dir über die mentale Ebene einen Impuls, ein hellsichtiges Bild, ein Wort oder eine Information senden, von der du nichts weißt, die sich aber für dich herausfinden lässt. Solche Übungen, werden dir ebenfalls helfen besser zu verstehen, dass dein gewünschter jenseitiger Kontakt real stattgefunden hat. Verstorbene können Krankheiten, ihren Charakter, ihre Hobbys, ihren Job, ihre Eigenarten, Gegenstände, familiäre Angelegenheiten, ihren Wohnort inkl. Einrichtung usw. zeigen. Sie können alles zeigen, was du dir vorstellen bzw. auch nicht vorstellen kannst. Hier gibt es weder Grenzen noch Vorgaben, hier geht alles. Immer unter dem Gesichtspunkt, dass du bereit bist, dich für den Empfang von allem zu öffnen. Sie sind in der Lage, dir mentale, hellsichtige und körperliche Hinweise zu geben. Lässt du nun gedanklich die Chance nicht offen, dass dir ebenfalls Zeichen in jeglicher Form geschickt werden können, dann verschließt du unbewusst diese unsichtbaren Türen, und darüber alle dir zur Verfügung stehenden Möglichkeiten.

6.10
Mengenlehre

Vor gefühlt 45 Jahren, als ich noch eine Schülerin war, wurde in Mathematik die Mengenlehre gelehrt. Damals dachte ich schon, den Mist braucht kein Mensch, aber bitte, ich musste es ja lernen. Mittels gemalter Diagramme wurde die sog. Schnittmenge von zwei ineinandergreifenden Ovalen bzw. Kreisen ermittelt. Die Hefte waren voller Löcher, weil jeder mit seinem Zirkel rumhantierte, um die Kreise der einzelnen Mengen herzustellen. Immer wieder fragte ich mich damals, wozu wir dieses Zeug eines Tages gebrauchen könnten. Da ich wohl nicht die Einzige war, die sich diese Frage gestellt hat, wurde in den 1980er-Jahren die Mengenlehre abgeschafft, und die Löcher verschwanden aus den Matheheften. Wie auch immer, mein Wissen zu den lustigen, ineinander-greifenden Kreisen von damals nutzt die geistige Welt heute, um mir aufzuzeigen, wie wichtig auch der Hinterbliebene in diesem Kommunikations-Gesamtbild ist.

Stell dir bitte vor, du bist einer von zwei Kreisen. Den anderen Kreis stellt die geistige Welt mit deinen Verstorbenen dar. In eurer Schnittmenge, dem sich überschneidenden Teil eurer Kreise, entsteht die Möglichkeit der Kommunikation, der Kommunikation zwischen dem Diesseits und dem Jenseits. Das ist die Schnittmenge. Das Jenseits senkt seine Frequenzen für uns ab, und wir heben gleichzeitig unsere normalen, tieferen Erdfrequenzen an.

Dies geschieht, wenn du voller Liebe auf diese jenseitige Kommunikation ausgerichtet bist. Ähnlich wie in der Mengenlehre treffen alle Frequenzen in der Mitte zusammen, und die Kommunikation kann beginnen. Je größer diese mittige Überschneidungsfläche ist, umso besser ist die Kommunikation zwischen den Welten. Dann erst bieten wir Menschen, unseren Verstorbenen den Raum, überhaupt mit uns kommunizieren zu können. Dies funktioniert nur, durch unsere Ausrichtung auf die geistige, jenseitige Welt.

Warum erzähle ich dir das? Ich bin keineswegs eine Mathematik-Fanatikerin, auch wenn ich immer eine Streberin war. Die jenseitige Welt nutzt aber Metaphern, um uns die komplexen Zusammenhänge besser verstehen zu lassen. Ohne, dass jeder seinen Anteil zu diesem Trilog bringt, funktioniert diese Form der Kommunikation nicht. Der Trilog besteht aus dir, deinem Team, die dir als wundervolle Experten zur Seite stehen, sowie aus deinen Verstorbenen. Die geistigen Teams sind es, die zusammen als Experten die Energien und die Grundlagen für eine solche Kommunikation erst möglich machen. Es ist nicht nur deine verstorbene Person, die sich dir als Seele zeigt. Ähnlich eines Theaterstücks, bei dem die Konzentration voll auf den im Scheinwerferlicht gerichteten Hauptdarsteller liegt. Auch hier sind unzählige helfende Hände im Hintergrund damit beschäftigt, dies möglich zu machen. Sie arrangieren alles, damit wir uns voll auf den Hauptdarsteller konzentrieren, und dessen Wort hören und fühlen können. Ich denke, du verstehst, was ich sagen will. Genauso läuft es mit Kommunikation der geistigen Welt. Unfassbar viele himmlische Helfer ermöglichen uns durch ihr Wissen, diese Zusammenarbeit und die Kommunikation durchführen zu können.

Es geht nur im Team, jeder trägt mit seinem Anteil zum Ganzen bei. Ohne das »managen« der Energien durch die Teams in der geistigen Welt geht gar nichts. Ich hoffe, du verstehst jetzt, wie wichtig dein Part, und wie unterstützend deine liebevolle Ausrichtung bei diesem Prozess ist. Wie alles innerhalb eines Entwicklungsprozesses, braucht der Aufbau einer großen Schnittmenge, im übertragenen Sinn, Zeit. Zeit, bis dein Team alles mit dir und um dich herum energetisch für diese herrliche Kommunikation arrangiert hat.

Auch wenn eure Kommunikation sofort funktionieren sollte, so wisse, durch stetiges Dranbleiben und tägliches Üben kann diese irgendwann voller Leichtigkeit zu deiner Normalität werden. Genau deshalb ist es wichtig, dass auch du deinen Anteil dazu beiträgst und z.B. so oft als möglich in die Stille gehst. Darüber ermöglichst du dem Unbewussten, ins Bewusste zu kommen. Erst über diese Stille können sie mit dir arbeiten. Sie sind in der Lage, dir besser helfen und ebenfalls deutlicher mit dir kommunizieren zu können. Über die Zeit wird es dir und deinem Team leichter fallen, deine Energien oder Frequenzen besser und schneller für diese Kommunikationsform anzuheben. Sie werden dir deine medialen Fähigkeiten besser verstehen, wahrnehmen und trainieren helfen. Aus meiner Sicht geht all das aber nur, wenn du bereit bist, deinen Anteil zu dieser Kommunikation beizutragen. Über das »in-die-Stille-gehen« kommst du ins Tun, und bietest ihnen die Möglichkeit dir zu helfen, eins zu werden. Tue etwas dafür, und sei der beste Kreis, der du sein kannst.

6.11

Todesursache, Krankheiten und Co.

Was meinst du, kannst auch du Krankheiten anderer Personen fühlen, und über das Fühlen auf deinem eigenen Körper spüren? Ich behaupte »ja«, wenn auch erst mit etwas Übung und Zeit. All das ist mega spannend, denn die hohe Kunst liegt darin, diese gefühlten, körperlichen Informationen von deinen körperlichen Zeichen unterscheiden zu können.

Oft lassen mich die Verstorbenen in Jenseitskontakten, einen Herzanfall, einen Unfall, eine Schwere, die vielleicht auf einen Suizid oder eine Depression zu Lebzeiten hinweist, spüren. Sie sind in der Lage, dir körperlich aufzuzeigen, was sie erlebt, oder krankheitsbedingt durchgemacht haben. Es dauert, bis du für dich den Unterschied der körperlichen Zeichen für Freude, Glück oder aber von Krankheiten wie Krebs, Herzinfarkt, depressiv sein usw. bis hin zu Todesursachen wie, Unfall, Selbstmord, Mord und vieles mehr verstanden hast, und deutlich zuordnen kannst. Allerdings funktioniert diese Wahrnehmung nur dann, wenn die Verstorbenen diese zeigen, und du das gegebene Gefühl der Verstorbenen von deinem Körpergefühl unterscheiden kannst.

Wir alle habe die Fähigkeit der Wahrnehmung. Informationen, die uns aus Verstandessicht schier unmöglich scheinen, sind feinstofflich wahrnehmbar. Alles geht, alles ist möglich. Deshalb erneut meine Bitte an dich: Öffne dich für deine Möglichkeiten, Fähigkeiten und Gaben. Hier ein Beispiel mit einem Hinterbliebenen Ehepaar aus meinen Jenseitskontakten: Gleich zu Beginn und kaum, dass ich die Begrüßung vollendete, bekam ich ein irrsinniges Gefühl des Druckes in meinen Ohren. So, als ob ich als Kind nach dem Tauchen im Schwimmbad Wasser in die Ohren bekommen hatte. Ich spürte genauso einen Druck, nur ohne Wasser. Automatisch bewegen wir dann unseren Kiefer und öffnen den Mund, um diesen Druck irgendwie auszugleichen.

So ähnlich war das Gefühl zu Beginn dieser Sitzung. Der Druck als Hinweis war auf beiden Ohren so stark, dass ich dies sofort gegenüber dem Ehepaar aussprach. Ich sagte: »Hier steht ein verstorbener Mann, der zu eurer Familie gehört. Dieser hatte nicht nur zum Ende seines Lebens, sondern auch zu Lebzeiten ein großes Gehörproblem. So deutlich wie er mir diesen Druck anzeigt, hat dieses Thema des schlechten Hörens lange Zeit, sein Leben begleitet«. Das Ehepaar bestätige sofort, dass der Vater des Ehemanns war, der zu Lebzeiten schwerhörig war und ihn das Thema »schlecht hören« sein ganzes Leben begleitet hatte.

Verstorbene zeigen mir mit einem Gefühl des Druckes in einem oder beiden Beinen, dass sie z.B. unter Wassereinlagerungen oder Geh-Problemen litten. Gehbehinderungen oder irgendwelche Handicaps, werden ebenfalls in dieser körperlichen Form aufgezeigt. Ein körperliches Gefühl alleine reicht zur Deutung der Geschehnisse allerdings nicht aus. Ich brauche ich zum Gefühl mehr direkte Informationen, was der Verstorbene mir mit diesem Gefühl aufzeigen möchte. Auch hier ist alles möglich.

Es gibt nichts, was es nicht gibt. Deshalb ist es nicht wirklich einfach, hier alles im Detail zu erklären. Ich fühle deutlich körperlich als auch mental, was die Verstorbenen aufzeigen wollen. Aber auch nur dann, wenn sie es aufzeigen möchten. Diese Wahrnehmungsschulung hat viele Jahre gebraucht und dauert bis heute an, um die körperlichen Unterschiede mit den dazugehörigen Einzelheiten für mich herauszufinden.

Zu Beginn ging es einzig darum zu erkennen, ob ein körperliches Gefühl, welches mir gegeben wird, zu den Verstorbenen, oder vielleicht doch »zu mir« gehört. Ist es mein Kopfschmerz oder Druck, oder nicht? Bin ich das? Oder ist das ein Zeichen aus der geistigen Welt?

Gib dir also Zeit. Sie, die Jenseitigen trainieren dich, wenn du die Bereitschaft dazu gibst, dich damit mehr beschäftigen zu wollen. Sie zeigen dir über viele Übungen auf, wie du auch für dich diese körperlichen Zeichen deiner Verstorbenen deutlicher wahrnehmen kannst. Verzage bitte nicht, wenn alles nicht immer sofort klappt. Wisse, es dauert. Zu schnell sind wir zurück in unserem Verstand, der dann mittels Egos die Interpretation des gefühlten Zeichens vornehmen will.

Dein Team, deine Verstorbenen: Alle haben bzw. nehmen sich die Zeit. Sie genießen jede Sekunde, in der sie mit dir sein und dein Bewusstsein und deine Wahrnehmung trainieren dürfen. Freue dich und bleibe einfach dran, der Rest kommt von ganz alleine.

6.12
Shoppingliste

Oft wird der Kontakt zu unseren Verstorbenen gerade in Übungsgruppen so dargestellt, als ob diese ähnlich einem Einkaufszettel alles durchgehen, was der Hinterbliebene sich wünscht. Eine mediale Shoppingliste. Kann man wirklich alle Informationen von Verstorbenen erhalten? »Ja und nein« wäre meine Antwort. Warum wir Antworten erhalten, oder eben nicht erhalten, hat aus meiner Sicht zwei ganz gravierende Gründe: Die jeweilige Energie und das jeweilige Bewusstsein. Klar können Verstorbene im Jenseitskontakt alles zeigen, wenn sie dies möchten. Immer liegt es am jeweiligen Bewusstsein der Verstorbenen und der Hinterbliebenen, die damit die jeweilige Energie als Grundlage für diese Kommunikation kreieren. Oft ist dieses Zeigen weit weg von dem, was ihre Hinterbliebenen sich unter ihrem Jenseitskontakt vorstellen. Immer geht es darum, dass sich die Hinterbliebenen Beweise dafür wünschen, dass wirklich die Verstorbenen an deren Seite sind. Sie möchten sicher sein, dass die erhaltenen Informationen nicht ihrer Fantasie oder Einbildung entspringen.

Verstorbene können alles aufzeigen, vom Leberfleck, über Namen, Charakter, Tod, Krankheiten, Wohnort, Familienzugehörigkeit, Geschenke, die sie gemacht haben, bis hin zu allen Besonderheiten, die genau diese Person im Leben ausgemacht hat. Gerade zu Beginn meiner persönlichen Jenseitskontakte war es für mich wichtig, eine Art von Struktur zu haben, an der ich mich durch einen Kontakt schlängeln konnte. Zu groß war noch meine Unsicherheit. Damals wurde mich gelehrt, alles bei den Verstorbenen, die dicht bei mir standen, zu erfragen. Ich bat dann um die Todesursache, die Familienzugehörigkeit, den Namen usw. Ich stelle die Fragen und forderte die Antworten von jedem Verstorbenen. Manchmal funktionierte das gut, oft aber nicht. Wieso bekam ich nicht, was ich bei den Verstorbenen fragte? Diese Frage stellte ich zunehmend, weil die Verstorbenen z.B. bei der Todesursache die Aussage schlicht verweigerten. Heute, viele Jahre später, kann ich dir das »Warum« erklären.

Wir sind die Rädelsführer, nicht der jeweilige Verstorbene. Wir sagen ihnen, was wir hören wollen. Darauf antworteten die Verstorbenen, oder eben nicht. In dieser Form der einseitigen Kommunikation folgen wir beim Erfragen dessen, was wir uns so vorstellen, unserem Ego und Verstand. Wir stellen uns damit über den Willen der Verstorbenen und nehmen ihnen die Chance, das zu sagen und zu zeigen, was diese aufzeigen wollen. Was, wenn der Verstorbene gar nicht über seinen Tod, sein Sterben, sondern über etwas ganz anderes sprechen möchte?

Für mich geht es nicht darum, die Wünsche und Fragen der Hinterbliebenen zu befriedigen, sondern jedem einzelnen Verstorbenen selbst die Chance zu geben, mitzuteilen, was diese mitteilen wollen. Sie wissen zu jeder Zeit um unsere Nöte und Sehnsüchte. Sie wissen, sehen und hören alles und sind sofort da, wenn sie da sein dürfen. Diese höchst einseitige Kommunikationsform ist so, als ob du einen Freund einlädst, der nur dann antworten darf, wenn du es zulässt.

Jeder Jenseitskontakt ist so einzigartig und wundervoll, dass jeder Verstorbene verdient hat aufzuzeigen, was dieser aufzeigen will. Hier geht es nicht um unser Ego oder dem, was wir meinen, erfüllt zu bekommen.

Hier geht es nicht um uns, sondern um sie, die Verstorbenen.

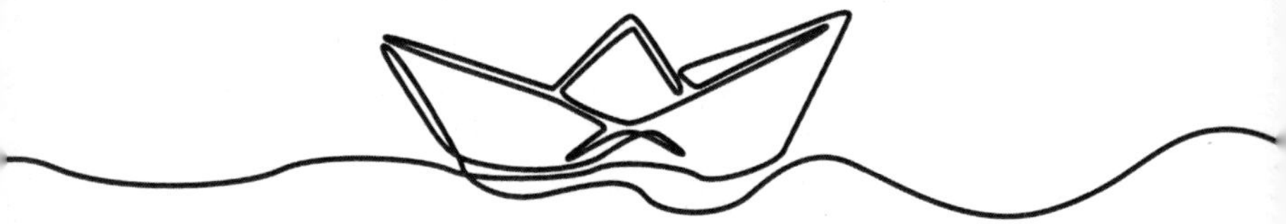

7

JENSEITSKONTAKT

7.1

Ablauf Jenseitskontakt

Nun ist es endlich so weit, jetzt lernst du, wie du bewusst mit deiner Lieblingsseele in Kontakt treten kannst. Selbst, wenn dieser wundervolle verstorbene Mensch bereits mehrere tausende Male eine Seelenberührung mit dir hatte, und du es nur unbewusst realisiert hast – ab jetzt kann dies endlich bewusst stattfinden. Atme jetzt bitte einmal tief durch und beginne dich voller Liebe auf das zu freuen, was gleich stattfindet: Dein persönliches Rendezvous mit dem Jenseits. Ich werde dir diese bewusste Erfahrung so beschreiben, dass du diese gut behalten und nach dem Lesen die Übung selbst durchführen kannst. Alternativ stehen dir auch meine Hörbücher mit vielen Übungen zur Verfügung. Jetzt aber los, deine Lieblingsseele wartet schon voller Freude, endlich wissentlich mit dir zusammentreffen zu dürfen.

7.2

Vorbereitung, Einstimmung

Es gibt keine wirklichen Vorbereitungen. Du musst weder 10 Minuten vorher meditieren, noch sonst irgendetwas tun. Wenn du etwas geübt in der Kommunikation mit deinen Verstorbenen bist, dann kannst du diese ohne Tamtam überall und sofort wahrnehmen. Diese Kommunikationsform funktioniert überall, selbst am Ende der Welt. Um dir zu Beginn den Einstieg etwas zu erleichtern, werde ich dir hier ein paar Empfehlungen geben, wie du dich leichter auf das Wesentliche fokussieren kannst. Bitte versuche dir daraus eine Art festes, immer wiederkehrendes Ritual zu bauen. Dieses Ritual wird dir helfen, schneller in die höheren, notwendigen Schwingungsfrequenzen zu gelangen. Auch deinem Verstand wird es helfen, besser mitzumachen, weil er über dieses Ritual verstehen darf, wie der grobe Ablauf in und während deiner Kommunikation mit dem Jenseits ist. Je deutlicher du dieses Ritual zu deiner Gewohnheit werden lässt, umso schneller lässt sich dein Verstand auf diese mentale Arbeit ein.

Denke bitte dran: Auch du hast ein spirituelles Team, allen voran deinen Geistführer, egal ob du diesen nun kennst, oder nicht. Sie sind da und regeln deinen Energiehaushalt für dich. Dein Team wird dir beim Anheben deiner Frequenzen behilflich sein, und zusammen mit dir an der Verbesserung deiner Wahrnehmung auf allen Ebenen arbeiten. Wie früher, als die Telefonapparate im Sinne der Kommunikationstechnik mittels technischer Schnittstellen zusammengesteckt wurden. Ohne die Menschen, die dies händisch vornahmen, war das Telefonieren damals nicht möglich. Während du dich auf der einen Seite befindest, ist deine Lieblingsseele mit ihrem geistigen Team bildlich gesehen auf der anderen Seite. Ohne diesen Gesamtaufwand von beiden Seiten gäbe es keine Verständigungsebene. Auch sie setzen alles daran, dass dieses Zusammentreffen voller Liebe in den richtigen Energieebenen stattfinden kann. Schmink dir gleich mal ab, dass du all das hier allein durchführen kannst, denn du bist nicht allein, zu keiner Zeit.

Jetzt aber los: Als Erstes suche dir bitte einen ruhigen Stuhl oder einen Sessel, an dem du gut und ohne Ablenkung sitzen kannst. Mir hat sehr geholfen, von Anbeginn an immer auf dem gleichen Stuhl zu sitzen. Einen Stuhl, auf dem ich bis heute sitze und meditiere. Meines Opas Stuhl, der mir sofort auch bei meiner Suche des richtigen Ortes und Platzes direkt Zeichen gab. Ich hörte, dass ich seinen Stuhl im Keller finden und darauf in meinem Schlafzimmer üben könnte. Hammer! Dieser feste Platz hilft dir und allen Wesenheiten aus der geistigen Welt, die Energien zusammenzuführen und zu bündeln. Sitzt du oft zum medialen Arbeiten auf diesem Platz, dann wird daraus so etwas wie dein persönliches Kraftwerk. Du wirst es irgendwann selber merken, weil du schneller in den höheren Schwingungsenergien und in der Verbindung bist. Heute brauche ich mich nur hinzusetzen, und flupp ist alles aufgebaut, und die geistige Welt ist sofort anwesend. Die Energien haben sich auf meinem Platz manifestiert und erleichtern mir darüber das in »die Energie« kommen.

Die geistige Welt bekommt doch mit, was du da treibst. Sei sicher, sie werden sich schon freuen, wenn du nur in Richtung deines Stuhles unterwegs sein wirst.

Das bedeutet im Übrigen nicht, dass ein Kontakt nur dort stattfinden kann. Bist du gut im Energiemanagement und trainiert im Kontakt, kann ein Kontakt überall stattfinden (und wird es auch)? Ein fester Platz wird dir helfen, deine Routine zur Gewohnheit werden zu lassen. Gerade zu Beginn ist jeder von uns unfassbar schnell im

Verstand, und damit raus aus den jenseitigen Energien. Deine geliebte verstorbene Person steht dann zwar immer noch da, aber dein Verstand hat über sein Tun die Leitung gekappt und du fühlst dich allein und abgetrennt. Ich war deshalb glücklich über jede unterstützende Info, die mir Halt im Kontakt gegeben hat.

Stelle vor jedem Kontakt bitte auch dein Handy ab, sodass du wirklich mit deiner Aufmerksamkeit ganz bei dir bzw. bei dieser einzigartigen Zusammenarbeit sein kannst. Gut wäre ebenfalls, wenn jetzt weder Waschmaschine, Trockner noch sonst irgendwelche geräuschintensiven Gerätschaften laufen würden. Alles, was dich gedanklich ablenken kann, sollte jetzt zu Beginn ausgeschaltet sein. Gerne kannst du ebenfalls Bilder deiner Verstorbenen oder eine Kerze zu deinem Platz dazustellen. Du sitzt? Fabelhaft, bis hier hin war es doch einfach, oder? Als Nächstes kommt die Ausrichtung, und dann der Kontakt zu deiner Lieblingsseele.

7.3
Absicht

Wenn nur alles so einfach wäre, wie das Herstellen eines Jenseitskontaktes. Das kannst du fast nicht glauben, aber genauso ist es. Einzig über das Aussenden deiner Absicht, genau jetzt und hier den Kontakt zu deiner geliebten Seele haben zu dürfen, setzt du alles in Gang. Durch dein aktives Tun und deine in Liebe dahinterstehende Absicht erteilen deine Verstorbenen die Erlaubnis, nun ganz dich bei dir zu sein zu dürfen. Bevor du aber jetzt gleich schon nach deiner Lieblingsseele rufst, warte bitte noch eine Sekunde. Bitte zuerst einmal dein jenseitiges Team zu dir zukommen, auch dann, wenn du bis gerade eben noch keinen Schimmer davon hattest, dass du eines besitzt.

Alles geschieht in Liebe, die automatisch deine Seele und diese Kommunikationsart schützt und begleitet. In dem Moment, in dem du dein Team einlädst, bei dir zu sein, wird dieses sofort anwesend sein und dir helfend zu Seite stehen.

Achte bitte darauf, dass du nicht versuchst, mit deinem Verstand zu begreifen, was hier passiert, sondern, lasse es einfach geschehen. Falls dein Verstand verrückt spielt und versucht, alles genauestens zu erörtern und zu kommentieren, atme tief ein und aus. Dein Verstand ist das größte Hindernis, nicht das Jenseits.

So, hast du schon dein Team eingeladen, dir nahe zu sein? Super. Konntest du schon eine Veränderung spüren? Gerade zu Beginn, wenn jeder noch mit dem Verstand verstehen will, was er spürt und wahrnimmt, passiert das oft. Mache dich bitte locker und folge erst einmal nur der Schrittfolge, damit darüber eine routinemäßige Gewohnheit für dich entstehen kann. Wenn du etwas wahrnimmst, super.

Wenn nicht, auch super, alles darf so sein. Schließlich wollen sie (Verstorbene und dein geistiges Team) dich nicht gleich überrumpeln und mit allem überfordern. Es reicht, wenn du zu Beginn einfach nur weißt, dass alles, was jetzt geschieht, keiner Fiktion oder einem Wunschdenken, sondern einer wunderbaren Realität entspricht. Bitte nun dein spirituelles Team und deinen Geistführer darum, dass sie alle Energien im Raum und deine eigene Energie anheben mögen.

Das Setzen der Absicht reicht aus, und alles wird wie von Zauberhand für dich umgesetzt. Von der anderen Seite, im Jenseits auch. Auch hier wird alles vorbereitet, damit die Energieebenen in der Schnittmenge zusammengeführt werden können. Herrlich, oder? Hast du es dir so leicht vorgestellt? Bestimmt nicht.

7.4
Der Kontakt

Um dich herum hat die geistige Welt nun alles Energetische geregelt. Jetzt darfst du voller Liebe um den Kontakt zu deiner Lieblingsverstorbenen Person bitten. Mit dem Aussenden dieser Bitte ist diese sofort da. Du brauchst nicht einmal bis 10 zu zählen. Bitte ausgesendet, und Seele ist sofort anwesend. Bestimmt kennst du die Serie Raumschiff-Enterprise. Die Besatzungsmitglieder der Enterprise konnten sich in Echtzeit von einem Ort zum anderen beamen.

So, nur noch viel schneller, funktioniert das hier auch. Deine geliebte Person ist sofort da, ganz egal, ob du diese wahrnehmen, spüren, riechen, sehen, hören oder fühlen kannst: Sie ist da. Selbst, wenn aufgrund der Freude (möglicherweise gepaart mit Panik) erst einmal gar nichts geht. Sie ist da, das darf ich dir an dieser Stelle garantieren. Vergiss bitte zwischendurch nicht zu atmen. Erlaube dir, alles wahrzunehmen, und versetze dich zunächst in eine Art Beobachter-Haltung.

Hilfreich ist es im Übrigen auch, wenn du deine Verstorbenen bittest, von hinten an dich heranzutreten, um deinem Verstand ein Schnippchen zu schlagen. Außerdem lässt sich deine Lieblingsseele, leichter wahrnehmen, wenn du weißt, dass diese von hinten kommt. Oft wird behauptet, dass dies der Fall wäre, weil es einen zusätzlichen »Herz- und Kehle-Chakra-Ausgang« zum Rücken rausgäbe. Probiere dich bitte einfach. Zu Beginn ist es völlig egal, wo du deine geliebten Verstorbenen wahrnimmst. Selbst jetzt, während des Lesens dieses Textes, hast du über deine Vorstellungskraft einen Kontakt hergestellt. Gemerkt?

Etwas komplizierter ist, das gleichzeitige Aussenden der Bitte sowie deine gesamten Wahrnehmungen im Auge zu behalten. Das hat zu Beginn etwas von einer Challenge. Deswegen, bevor du dich jetzt völlig verrückt machst, was gerade alles abgeht und um dich herum passiert oder auch eben auch nicht, wisse einfach, dass deine Person nach dieser Bitte sofort da ist.

Dieses Wissen ist zu Beginn das Wichtigste. Jedes Mal, wenn du nur für eine Millisekunde denkst, was passiert hier gerade, bist du sofort im Verstand. Das ist die Challenge. All das gehört jetzt zu deinem Training, in das du gerade fröhlich mental eingewilligt hast, dazu. Es ist zum sowohl eine Challenge, und gleichzeitig ein Prozess.

Ab jetzt wirst du immer Neues herausfinden, und darüber den Unterschied zwischen deinem Verstand und deiner Lieblingsseele deutlicher wahrnehmen können. Erlaube dir bitte, immer alles wahrzunehmen. Erlaube dir ebenfalls, dein Herz weit zu öffnen. Stelle, wenn du Lust hast, auch eine Frage an deine geliebte verstorbene Person. Fühle dann ihre Antwort. Erlaube dir alles zu fühlen, was kommt. Achte bitte gleichzeitig auf dein Gefühl und deinen Körper.

Wichtig! Gib dir Zeit und bleibe einfach dran. Es kann, muss aber nicht sofort funktionieren. Vielleicht läuft es zu Beginn wie bei mir. Mein Verstand redete immer mit: »EY! UND DAS SOLL GEHEN? ICH SPÜRE NIX! WO IST DENN JETZT UNSERE LIEBLINGSSEELE? DU GLAUBST DEN SCHEISS WIRKLICH? EHRLICH? NIX GEHT HIER, SIEH DAS DOCH EIN!« Bleibe dran und ich sage dir, es wird irgendwann funktionieren. Gehe immer wieder in dein Gefühl.

Lasse diese Übung zu deiner Routine werden, und mache diese Übung immer und immer wieder. Fühle, ob du so etwas wie eine Art Druck, ein Kribbeln, eine Stelle, die warm oder kalt wird, oder Ähnliches wahrnehmen kannst. Wenn du dich ärgerst, nichts spürst, oder dein Verstand verrückt spielt, dann ATME. Atme möglichst ein paarmal tief ein und aus, damit dein Verstand beschäftigt ist, und du eine erneute Grundlage dieser Zusammenkunft legen kannst.

Bleibe dran. Jedes noch so kleine Mal, an dem du deine Bereitschaft für diese Zusammenarbeit gibst, wird dich weiter und darüber deiner Lieblingsseele näherbringen. Nur weil es leicht geht, muss es nicht leicht sein.

7.5

Ende und Dankbarkeit

Selbst wenn dein erster Kontakt aus deiner Sicht »voll in die Hose« gegangen ist, wisse, dass das nicht korrekt ist, denn dein gewünschter Jenseitskontakt fand statt. Zumindest bis zu dem Zeitpunkt, an dem dein Verstand voller Skepsis darin rumhantiert hat. Du darfst dir dieses Szenario bitte bildlich vorstellen: Deine Lieblingsseele mit all ihren geistigen Helferlein sowie dein spirituelles Helferteam (inkl. Geistführer) haben sich um dich formiert und warten nun, bis sich irgendwo, in deiner fröhlich aufgebauten Verstandes-Nebelwand eine Lücke bietet. Voller Liebe und Geduld warten sie alle, dass sich ein Fünkchen der Möglichkeit für sie ergibt. Gerne treten Sie auch Hunderte von Malen an, bis das erste Loch in deiner Nebelwolke sichtbar wird und sie zu dir durchdringen können. Sei dankbar, sei dankbar dafür, dass du das Glück und die Chance bekommst, wenn vielleicht auch nur kurz, mit deiner Lieblingsseele zusammen gewesen zu sein. Es ist ein Anfang, selbst dann, wenn das Treffen anders verlaufen ist, als du es dir vorgestellt hast. Bedanke dich so oft es geht, auch bei deinem spirituellen Team für ihre Mühen und ihre unendliche, liebevolle Hilfe. Dankbarkeit wandelt die Energie der Angst und Skepsis in Liebe. Deine Dankbarkeit ist ein riesiger Faktor, den du nicht unterschätzen solltest. Über deine Dankbarkeit zeigst du auf, dass die Kommunikation funktioniert hat, und all das hier ein göttliches Geschenk für dich darstellt. Deine Dankbarkeit wird dir helfen, deine selbst gebaute Nebelwand immer transparenter und durchlässiger zu machen. Deshalb vergiss bitte nicht, dich für alles und jede noch so kleine Kleinigkeiten zu bedanken. Es lohnt sich.

7.6
Tipp Kerze

Wie bereits erwähnt kann auch eine Kerze, bzw. das Flackern einer Kerze dir beim Erkennen deiner Verstorbenen hilfreich sein.

Damit du dir allerdings ganz sicher sein kannst, dass das Flackern der Kerze von den Energien deiner Lieblingsseele (und nicht von einem Windzug) ausgelöst wird, sollte die Kerze am besten in einem hohen Glaszylinder, Windlicht oder ähnlichem stehen. Nur so kannst du für dich sicher gehen, dass das Flackern wirklich aus der geistigen Welt kommt, und keinen irdischen Ursprung hat.

Es kann gut sein, dass das mit dem Geflacker nicht sofort klappt. Deshalb, bitte habe auch hier Geduld. Gib über das Bereitstellen deiner Geduld deiner Lieblingsseele die Chance, sich energetisch mit dem Bewegen der Kerze beschäftigen zu dürfen. Ermögliche ihr, das Bewegen üben zu dürfen. Denke bitte immer dran, auch die Verstorbenen dürfen erst wieder für sich entdecken, was sie mit ihren Energien alles bewegen oder auslösen können. Ist der Moment gekommen, an dem deine verstorbene Person mit der Lichtenergie der Kerze umgehen kann, passiert das nächste Wunder. Über das Flackern deiner Kerze kannst du nun mit deinen physischen Augen erkennen, dass deine Lieblingsseele am Start ist.

So erhältst du einen zusätzlichen deutlichen Hinweis, der dir helfen kann, über die Begrenzungen deines Verstandes hinauszugehen und die geistige Welt besser wahrnehmen zu lernen. Ist das nicht wunderbar? Hat deine geliebte verstorbene Person das Flackern im Griff, passiert Folgendes: Du denkst an deine geliebte verstorbene Person, und jetzt beginnt das Licht der Kerze zu flackern. Du kannst das Flackern sehen, und jeder im Raum könnte dieses Flackern sehen. Dieses Flackern zeigt dir, dass deine Lieblingsseele da ist. Dieses Flackern wird dir zusätzlich auf eine einzigartige Art und Weise helfen, mehr Sicherheit und Vertrauen in dich und deine neue Kommunikation mit der geistigen Welt zu erlangen. Genial, oder? Ich habe direkt neben meinem Bett ein schlankes, ziemlich hohes Glas, mit einer Kerze, genau für diesen Zweck stehen. Das Glas ist so hoch, dass kein Windzug das Geflackere herbeiführen könnte. Sicher ist sicher. Hierüber können, kann sich sowohl Emma, mein Hund, als auch alle anderen meiner Verstorbenen sichtbar machen.

7.7

Wie merke ich, dass ich verbunden bin

Hier noch eine kleine Hilfestellung, so kann es dir leichter fallen, deine körperlichen, gefühlten Zeichen besser zu verstehen. Mit dem Aussenden der Absicht hat dein persönlicher Jenseitskontakt bereits begonnen. Das Fühlen der Energien kann sich anfühlen wie:

- Das Fühlen von Liebe, die sich nicht beschreiben lässt. Emotionen steigen hoch und rühren dich zu Tränen.

- Ein Kribbeln Ganzkörperlich überall oder nur partiell, wie unter Strom gesetzt.

- Ein Kribbeln im Bauch, so wie das Gefühl, frisch verliebt zu sein.

- Gänse-/Hühnerhaut oder Gänse- bzw. Hühnerpelle, die dich wellenförmig von einer auf die andere Sekunde durchfließt. Diese ist meist auch physisch sichtbar, weil sich die kleinen Härchen z.B. am Arm aufstellen.

- Eine gefühlte Wärme oder Kälte an einer bestimmten Körperstelle.

- Ein gefühlter leichter Druck, durch das Andocken der jenseitigen Energie auf deinem Körper.

- Ein gefühltes Streicheln, dass du über deine Wange oder durch dein Haar wahrnehmen kannst.

- Einem gefühlten Kuss.

- Das Gefühl, deine Hand gehalten zu bekommen.

- Ein Gefühl, die Stimme der geliebten Person zu hören.

- Das Wahrnehmen eines bestimmten Geruchs deiner Verstorbenen.

Es kann so viel sein. Öffne dich für alles, damit du alles über diese Kommunikation für dich erfahren kannst. Falls du zu Beginn nichts fühlen solltest, so wisse, dass deine geliebte verstorbene Person überglücklich alleine durch das Aussenden deiner Absicht ist, sie bei dir haben zu wollen. Sei nicht traurig, sondern nimm das Nicht-Fühlen für den Moment einfach an. Warum auch immer, es darf jetzt so sein, es ist ein Anfang.

Oft kann bereits zu Beginn alles schon den geliebten Verstorbenen zugeordnet werden. Meist zeigen die Verstorbenen das, was diese auch im Umgang mit dir zu Lebzeiten gerne getan haben sind, z.B. über das Haar streichen. Sie tun alles in ihrer gewohnten Art und Weise, um dir zu zeigen, wie sehr sie deine Nähe schätzen. Ähnlich zu früher, nur jetzt in einer anderen Daseinsform. Die Daseinsform eines feinstofflichen Seelenanteils. Manchmal, wenn ich in einem Jenseitskontakt für die Hinterbliebenen etwas Wichtiges wahrnehme, bekomme ich dabei sofort eine Gänsehaut überall auf meinem Körper. Meistens dann, wenn ich solche Aussagen originalgetreu wiedergebe, die mir eigentlich als völlig lapidar erscheinen. Genau dieser Satz war dann aber so wichtig für alle Beteiligten. Ein wunderschönes Zeichen, da ich in diesem Moment mit dem Verstorbenen in einer sehr engen Verbindung stehe, so wie es eigentlich immer sein sollte.

7.8

Kurzzusammenfassung

Damit das alles nun ganz einfach zu deiner täglichen Routine werden kann, kommt hier die Kurzübersicht der Tipps für dich:

- Versuche den Kontaktaufbau, sooft es dir möglich ist. Immer möglichst ungestört am gleichen Platz.

- Atme zu Beginn erst ein paar Mal ganz tief ein und aus, damit du, dein Körper und dein Verstand zur Ruhe kommen können. Raus aus dem Alltagsstress.

- Erlaube dir alles wahrzunehmen, was kommt.

- Öffne dich für alle deine Möglichkeiten und alle deine Gaben und Fähigkeiten.

- Lade dann dein spirituelles Team und deinen Geistführer zu dir ein.

Lade danach deine Lieblingsseele, am besten von hinten zu dir kommend, ein.

- Achte auf jede Veränderung, die dir für diesen Augenblick möglich ist. Nimm alles wahr, egal, was es ist (und bitte wertfrei).

- Wenn du dich bereit dazu fühlst, bitte um ein Symbol als Zeichen, welches du gut von deinem Verstand unterscheiden und deutlich deinen Verstorbenen zuordnen kannst.

- Nimm das als Zeichen, was jetzt zuerst in deinen Fokus kommt (z.B. als Bild, Ton, Gefühl oder Wissen).

- Versuche nicht zu denken oder zu überlegen, damit bist du sofort im Verstand und hast die Tür zur geistigen Welt zugeschlagen.

- Wenn nichts geht, wisse dennoch, dass ein Treffen mit deiner Lieblingsseele stattgefunden hat. Auch wenn du es dir anders vorgestellt hast.

- Lächle und zeige deine Freude darüber, dass es dir überhaupt möglich war. Bedanke dich für alles, was du wahrnehmen konntest. Sei dankbar für jede noch so kleine Kleinigkeit.

- Sei dankbar, respektvoll und sende deine Liebe ebenfalls an die geistige Welt für ihre Mühen aus.

- Bedanke dich bei deiner Lieblingsseele, deinem Team und allen in der geistigen Welt, die dir helfen, diese Kommunikationsform für dich mehr und mehr zu realisieren.

Am wichtigsten: Von nichts kommt nichts! Bleibe dran, gib nicht auf. Übung macht den Meister, selbst, wenn du es nur jeden Tag 5 Minuten versuchst. Es ist ein Anfang, und die geistige Welt hüpft vor Freude über diese Chance der Zusammenarbeit.

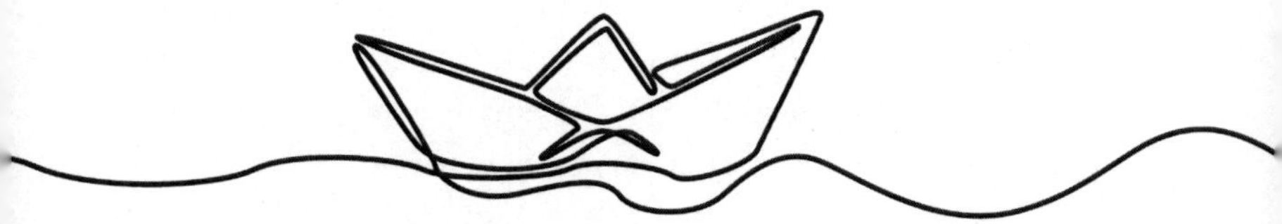

8
ENTWICKLUNG

8.1 Entwicklungsschritte

Alles unterliegt einem Prozess, deine mediale Entwicklung ebenfalls. Selbst unsere Verstorbenen, die nun als feinstoffliche Seele existieren, unterliegen einem immer fortwährenden Entwicklungsprozess. Sie lernen nach dem Übergang, mit ihrer Energieform und all dem, was sie darüber bewirken können, umzugehen. Diese Gesamtentwicklung dient der Erweiterung unseres Bewusstseins, als Mensch und als Seelenanteil. Aber jetzt zurück zu unserem menschlichen Dasein: Was wir als Menschen mit absoluter Bravour beherrschen ist, dass wir uns selbst im Weg stehen. Spannenderweise bemerken wir dies selbst oft nicht und machen alles andere für unsere Lage und Situation verantwortlich. Auch sind wir der festen Überzeugung, alles immer jetzt und sofort haben und können zu müssen - in Perfektion versteht sich.

Und dann kommt es, das große Erwachen. Wir fühlen uns gescheitert und ohnmächtig der Situation gegenüber, dass nichts so klappt, wie wir es uns vorgestellt haben. All das kenne ich selber nur zu gut! Wir alle unterliegen diesem Entwicklungsprozess, jeder in seiner Geschwindigkeit. Auch gibt es beim Erlangen neuer Bewusstseinsstufen keine Abkürzungen. Alles ist, wie es ist, jeder noch so kleine und unbemerkte Entwicklungsschritt, dient unserem persönlichen Bewusstsein. Schritt für Schritt werden wir uns unseres bewussten Seins gewahr und erfahren darüber, dass wir mehr als nur dieser Körper sind. Wir sind Körper-, Seele- und Geist-Bewusstsein, und damit ein kleiner Teil des universellen Gesamtbewusstseins, dem »Sein bewusst«. Das ist unser aller göttliche Quelle. Das »Sein bewusst« beinhaltet als 7. Realität, alle Realitäts- und Bewusstseinsformen unseres Universums. Das Ziel eines jeden Seelenanteils ist es, durch alle Realitäten hindurch, dieses vollkommene Bewusstsein zu erreichen. Das ist unsere wahre Essenz. Ähnlich unserer menschlichen Entwicklung vom Kindergarten bis hin zum Masterstudium, liegen unserem Bewusstseinswachstum Erfahrungen zugrunde, die wir erst dann durchlaufen, wenn wir dafür bereit sind.

Das »bereit dafür sein« lässt sich nicht über unseren Verstand steuern. Es sind Erfahrungen, die einzig über unser bewusstes Tun erlangt werden können. Hierbei stehen uns alle Seelenwesenheiten wie z.B. Engel, Geistführer, Verstorbene gerne zur Seite. Mit dem Erlangen weiteren Bewusstseins erfahren wir, wer wir wirklich sind und was alles bereits immer in uns steckte. Wie oft habe auch ich zu Beginn meiner medialen Karriere aus dem Verstand heraus geglaubt, dass ich schon alles weiß und kann. Schneller als ich drei zählen konnte, kam ich immer wieder an einen Punkt, an dem ich verwundert feststellte, dass gar nichts ging. Ich verstand nicht, was los war, und spürte von jetzt auf gleich alles Unsichtbare nicht mehr. Heute weiß ich, dass auch diese Phasen der medialen Erfahrungen Bestandteil der jeweiligen Entwicklungsstufe sind. Sie gehören dazu. Unser Ego kann das Vorankommen unserer medialen, feinstofflichen Fähigkeiten nicht bestimmen. Mit »ich will, es muss aber« usw. erreichen wir außer einem völligen Stillstand nichts. Unsere außersinnlichen Fähigkeiten lassen sich nicht über unser menschliches Ego steuern, beschleunigen oder beeinflussen. Diesen Punkt gilt es zunächst zu verstehen. Wie oft ließ mein Ego mich unbewusst, während vieler Trainingsjahre denken:

- Ich kann das nicht.
- Nie werde ich so gut sein.

- Die anderen sind besser als ich. Ich soll das auch können.
- Es klappt nicht, weil ich es nicht kann oder Ähnliches.

Wir alle streben danach, der/die Beste sein zu wollen. Das ist menschlich und oft sogar anerzogen. Wir wollen so gut sein wie XY. Oft bilden wir uns ebenfalls ein, wir müssten etwas Bestimmtes tun, um wirklich gut zu sein. Manchmal neiden wir bewusst oder unbewusst anderen den Erfolg, den wir so sehr selbst gerne hätten. Darüber schauen wir unbewusst argwöhnisch auf andere, die auf ihrem Entwicklungsweg vielleicht weiter vorangeschritten sind, als wir selber. Wir wollen so sein, wie die anderen und vergessen dabei, dass jeder von uns einzigartig ist.

Den wichtigsten Tipp, die ich dir geben kann ist: Sei ganz du selbst und wisse, dass alles immer zur richtigen Zeit am richtigen Ort für dich geschieht. Das Universelle hält stets für dich das Beste bereit. Einzig wir erkennen das Beste für uns im selben Moment nicht. Innerhalb eines Entwicklungsschrittes geht es nicht um die anderen, es geht immer nur um dich. Bringe deinen Fokus auf jede Kleinigkeit, die du schon ganz wunderbar kannst, und sei dankbar für alles, was dazukommt und bereits schon da ist. Diese Sichtweise wird dir behilflich sein, aus dem Vergleich mit anderen herauszukommen. Ein Vergleich, der ohnehin hinkt. Erlaube dir bitte auch so schlecht zu sein, wie es nur geht. Erlaube dir, Fehler machen zu dürfen. Erlaube dir, dass es nicht gut laufen oder auch stagnieren darf. Immer, wenn du etwas besonders gut ausführen willst, dann bist du automatisch im Verstand und darüber in deinem Ego. Dein Ego, »ich will« kreiert darüber in Windeseile Erwartungshaltungen, die deine Realität nicht erfüllen wird. Damit setzt du dich selber tierisch unter Druck und fällst, wenn alles nicht so wunderbar wie gedacht funktioniert hat, in ein tiefes Loch.

Die Kommunikation mit der geistigen Welt ist wie alles Universelle sehr einfach, was aber nicht bedeutet, dass es dir sofort auch leichtfällt. Selbstzweifel, Schuldgefühle, das »nicht-gut-genug-sein« begleiten oft unseren Weg. Diese unbewussten Programme und Muster halten uns davon ab, wirklich aufzustehen, unser Krönchen zu richten, den »Reset«-Knopf zu drücken und einfach weiterzumachen. Solange, bis es irgendwann klappt. Deshalb erlaube dir bitte auch nicht gut zu sein, erlaube dir falschzuliegen und die mediale Kommunikation nicht in allen Zügen sofort verstehen zu dürfen. Schließlich willst du doch an deiner Zusammenarbeit wachsen, oder? Über unseren begrenzten Verstand kommen wir nun einmal rasant an unsere Grenzen. Alles Universelle und darüber hinaus auch die Kommunikation mit der geistigen Welt sind mit unserem Verstand und Ego nicht begreifbar.

Das Zulassen jedes noch so kleinen bewussten Schrittes führt hier zum Erfolg. Jeder von uns hat andere, ganz wundervolle Gaben, die entsprechend des Seelen- oder Lebensplanes eingesetzt werden dürfen. Das Wissen darüber zu erlangen, ist das eine.

Das beste Wissen hilft uns aber nicht in die Erfahrung zu kommen, wenn wir nicht bereit sind, zu tun, um dieses Wissen anzuwenden. Nur über unser Tun können wir verstehen, wie unsere persönlichen außersinnlichen Wahrnehmungen funktionieren. Über dieses bewusste Tun wird die Zusammenarbeit zur geistigen Welt gestärkt, verbessert und ausgebaut.

Dein bewusstes Tun sowie deine Erlaubnis, dass du dich all deinen Möglichkeiten, Gaben und Fähigkeiten öffnest, wird dazu beitragen, dass deine Verstorbenen, dein geistiges Team, deine Engel sowie die göttliche Essenz, dich in vollem Ausmaß unterstützen dürfen. Schritt für Schritt, Stufe für Stufe wirst du nach und nach immer mehr erfahren, was du bereits mit deinen medialen Sinnen alles Wundervolles kannst. Überlege bitte mal kurz: Bedeutet nicht, der

Beste zu sein, nichts mehr lernen zu müssen, sondern alles bereits in Bravour zu können? Ich erlaube mir, Fehler zu machen, weil ich darüber aus meinen eigenen Erwartungen herauskomme. Genau das hilft mir, immer weiter diesen wundervollen Erfahrungsweg zusammen mit meinen himmlischen Freunden zu gehen. Ich habe verstanden, dass jeder einzelne Kontakt eine Art privates Training ist. Immer wieder kann ich mich darüber neuen medialen Fähigkeiten öffnen, die unendlich sind. Unendlich, wie die Liebe der geistigen Welt, die alles tut, um uns hier in unserer Entwicklung bestmöglich zu unterstützen. Jede einzelne Entwicklungsstufe, die wir durchlaufen, hat also einen Sinn, selbst dann, wenn wir diesen dahinterstehenden Sinn nicht verstehen. Diese unterschiedlichen Entwicklungsstufen sind so etwas wie eingerichtete Schutzstufen, damit wir uns nicht völlig überfordern. Es ist wichtig für unser menschliches Dasein, dass sich nicht alle Wahrnehmungen gleichzeitig öffnen, und uns sofort alles an universellem Wissen zur Verfügung steht. Die Überforderung wäre dabei das geringste Thema. Sie, die Jenseitigen, schützen uns vor uns selber und unseren immensen Erwartungen an alles Unsichtbare. Es ist ihnen wichtig, dass alles, was du durch deine Wahrnehmungen an paranormalen und übersinnlichen Erfahrungen sammelst, dir keine Angst macht, sondern mehr Sicherheit für dich selbst bringen darf.

8.2

Where is the Evidence?

Ich bin überglücklich in meinem medialen Werdegang Paul Jacobs begegnet zu sein. Paul wird oft als strenger Lehrer bezeichnet, weil er eben keine emotionalen Streicheleinheiten für jede gelungene Übung verteilt. Innerhalb der Übungen ist ihm nur wichtig zu erfahren, ob du bereit bist umzusetzen, was er als Übung angestrebt hatte. Es geht ihm nicht um den Schüler an sich, oder dessen Befindlichkeiten, es geht ihm einzig darum, ob seine Schüler wirklich zu den Besten gehören wollen, weil sie bereit sind, alles aus sich herauszuholen, was irgendwie geht. Weg vom Streichelzoo, hin zum harten Training mit Zuckerbrot und Peitsche, das ist sein gelebtes Motto (natürlich nur im übertragenen Sinne). Jedes »well done« ist einem persönlichen Ritterschlag gleichzusetzen, zumal das die einzige Aussage ist, zu der er sich hinreißen lässt.

Paul, der unter den Fittichen von Gordon Higginson, dem wohl weltweit bekanntesten Medium unserer heutigen Zeit, ausgebildet wurde, hat mir darüber in vielen Bereichen die Augen geöffnet. An dieser Stelle möchte ich mich auch bei Gordon Higginson bedanken, der ebenfalls vielen (aus dem Jenseits) hilft, in ihrer medialen Bestimmung immer weiter voranzuschreiten. Gordon gehört neben Paul zu meinen großen menschlichen Vorbildern. Beide zeigten mir, was alles für mich möglich ist, wenn ich bereit bin, mich vollständig für meine medialen Gaben und Fähigkeiten zu öffnen. Paul war es, der mir beigebracht hat, dass in jeder noch so kleinen Information, die mir von Verstorbenen gegeben wird, immer ein prüfbarer Beweis zugrunde liegt. Jede transportierte Aussage beinhaltet einen ultimativen Beweis für die Hinterbliebenen. Während seiner Plattform-Auftritte als Medium wurde mir bewusst, dass ich genau dieses ebenfalls aus tiefstem Herzen tun möchte: Live-Jenseitskontakten geben vor einem Publikum. Unfassbar viele meiner Entwicklungsschritte habe ich diesem wundervollen Mann, der mit Leib und Seele Medium ist, zu verdanken. Well done and many thanks, Paul...

Im Universellen geschieht nichts ohne Sinn oder Grund. Wie oft habe ich diese Information von meinem geistigen Team erhalten. Hinter allen Gegebenheiten steht immer ein tief liegender Sinn, den wir (zugegebener Maßen) als Menschen oft nicht sehen oder verstehen. Dies gilt auch für Jenseitskontakte. Hinter allen gegebenen Informationen ist immer auch ein Beweis dafür zu finden, dass diese wirklich zu dem Verstorbenen gehören, der gerade kommuniziert. Hierbei ist es egal, ob dieser Verstorbene seinen Charakter, seine Persönlichkeit, sein Hobby, seine Arbeit, seine Vorlieben, seine Lebensbereiche oder Informationen zu seinem Tod durchgibt. Meist als hellsichtiges Bild, gefühltes oder gehörtes ist dieser Nachweis zu finden. Nachweise, die ich für mich erst einmal lernen und verstehen durfte. »Where is the evidence?«, wie oft habe ich diesen Satz Paul zu seinen Schülern sagen hören, währenddessen er augenrollend und sich an den Kopf fassend auf seinem Stuhl saß. Wie Recht er in jedem Moment damit hatte. Als Schüler haben wir einfach nur durchgegeben, was der Verstorbene sagte, ohne selbst zu verstehen, welche Beweise sich hinter dieser Botschaft verbergen. Danke Paul, für diese wundervolle, einzigartige Zeit. So oft haben wir deinen Nerven überstrapaziert. Ich bin sehr glücklich, so vieles durch dich auf meinem medialen Weg erfahren zu haben.

Also denke bitte immer dran. Egal, was dir vonseiten deiner Verstorbenen gezeigt wird, immer beinhaltet diese Nachricht ebenfalls einen wundervollen Nachweis für dich. Wir Mensch wollen Beweise haben, weil wir diese für unseren Verstand brauchen. Wir wollen sicher sein, dass wirklich unsere Verstorbenen bei uns sind.

Beweise, die wir nicht verstandesmäßig verstehen können, aber dennoch einfordern. Alle diese Nachweise sind immer gegeben, egal ob ich nur persönlich, in meinen eigenen vier Wänden den Kontakt mit meinen Verstorbenen pflegen, oder anderen Menschen Jenseitskontakte geben möchte. Immer wieder erlebe ich, dass Hinterbliebene deutlich ihre Verstorbenen hören, riechen, fühlen können, aber anschließend dennoch ihren jenseitigen Kontakt infrage stellen. Auch diese Menschen wünschen sich Beweise, dass sie tief in ihrem Inneren sicher sein können, dass all das kein Hirngespinst ist.

Sie erhalten so viele Zeichen - und brauchen dennoch immer wieder neue Beweise - typisch Mensch eben. Selbst das weiß die geistige Welt und wird alles tun, damit wir genau diese Beweise, die wir benötigen, auch bekommen. Probiere dich aus: Gerne kannst auch du deine Verstorbenen um Unterstützung und deutliche Zeichen für dich bitten. Sei sicher, sie werden dafür sorgen, dass du immer wieder in Situationen gelangst, die dir ermöglichen, zwischen deinem Verstand und deiner Wahrnehmung deutlich unterscheiden zu lernen. Alles das ist aber nicht mit einem Zeichen getan. Gib dir die Zeit und die Erfahrungen, die es braucht, es lohnt sich.

8.3 Tipps & Tricks

Was meinst du? Gibt es Tricks, wie du deine persönliche Medialität schneller vorantreiben und fördern kannst? Die Antwort ist: Nein. Alles kommt zu seiner Zeit, passend in deiner Geschwindigkeit. Auch ein Fakt, den wir Menschen nicht akzeptieren wollen. Wir glauben, über unseren Verstand zu wissen, wie es sein müsste oder könnte. Dieses »müsste oder könnte« hat nur so gar nichts mit unserer inneren Wahrheit zu tun. Das Universum macht keine Fehler. Es hält dich nicht auf oder ab. Es gibt keine Abkürzung oder ein Patentrezept, welches unserem Wunschdenken entspricht. Ich weiß, dass du dir von diesem Kapitel bestimmt mehr erwartet hast. Kopf hoch, sieh deiner Realität direkt ins Gesicht und akzeptiere: »Es gibt keine Abkürzung«. Gäbe es eine, dann hätte ich sie sicher gefunden. Selbst 100 Bücher lesen und neue Erkenntnis erfahren, wird es nicht schneller machen. Es braucht deine Bereitschaft und deine persönlichen Erfahrungen. Bewusstsein geschieht für uns alle immer zur richtigen Zeit, am richtigen Ort und in der richtigen Geschwindigkeit.

Egal, was auch immer ich gelesen habe, es ist ein Prozess aus Verstehen, Wissen und vor allem Umsetzung, um persönliche Erfahrungen darüber zu kreieren. Keinem Buch ist es möglich, deine Medialität zu fördern, wenn du keine Bereitschaft spürst, das Wissen mit deiner Erfahrung zu füllen.

Ohne dich, ohne dein Tun kann kein Prozess voranschreiten. Nur über dein Tun erhältst du eine Erfahrung, die dich verstehen lässt, wie genau deine gesamte mediale Wahrnehmung funktioniert. Über das Lesen bleibt alles nur blanke Theorie. Nimm als Metapher dein Auto: Das Wissen, wie man ein Auto fährt, macht dich noch lange nicht zum besten Fahrer. Dein Auto steht hierbei für deine Medialität. Es ist super alles zu erfahren, zu lesen und ggf. dann zu verstehen. All das gehört am Anfang dazu. Probiere dich in alle Richtungen aus, damit du auch verborgenen Talente, die tief in dir schlummern, erkennen kannst. Komme in das praktische Anwenden, um deine Medialität immer weiter zu fördern.

Enge dich nicht ein. Durch das Fokussieren auf kleine Bereiche und das »nicht offenlassen« deiner Gaben und Fähigkeiten, verschließt du dir selber mögliche Türen. Du bist der Schlüssel zu allem. »Think Big«, und reiße alle Türen weit auf. Öffnest du dich für alle deine Möglichkeiten, Gaben und Fähigkeiten, ohne zu verstehen, was diese wirklich sind oder mal sein könnten, dann bringst du darüber hinaus deine Medialität zum Fließen. Im Moment der Öffnung geht es nicht darum zu wissen, welche Gaben und Talente in dir schlummern, es geht einzig alleine darum, dem Universum Raum zu geben und dir darüber den Zugang zu deinen multidimensionalen Möglichkeiten zu gewähren. Dein geistiges Team wird dir helfen, dich vollständig medial ausleben zu können.

Das ist der wertvollste Tipp, den ich dir geben kann. Öffne dich für alles, schaue nicht nach anderen. Schaue auf dich, probiere dich aus. Stehe zu dem, was du bist, und wisse, deine Medialität ist ein nie enden wollender Prozess.

8.4

Techniken

»Es gibt nichts Gutes, außer man tut es«. Dieses wundervolle Zitat von Erich Kästner bringt alles auf den Punkt. Im Grunde geht es nicht um Techniken, die deine Kommunikation mit der geistigen Welt in allen Belangen verbessern.

Die Frage ist, wie oft bist du bereit, deinen Fokus und deine Aufmerksamkeit auf die Zusammenarbeit mit der geistigen Welt auszurichten? Wie oft bist du bereit, dich für diese Zusammenarbeit zur Verfügung zu stellen, und deinen Anteil dazu beizutragen? Wie wäre es zur Abwechslung mal mit deinem Tun, anstatt nur bittend, betend, und warten zu hoffen, dass etwas für dich getan wird? Was ist dein Anteil für alles das, was du dir sehnlichst von deinen Verstorbenen wünschst? Es ist an der Zeit, deinen Part in dieser Zusammenarbeit neben deiner Erlaubnis, dass deine Lieblingsseele bei dir sein und mit dir kommunizieren darf, einzubringen. Du bist dran. Was also tust du für diese Zusammenarbeit, oder besser, damit diese wachsen kann? Es ist Zeit, aus deiner Erwartung gegenüber dem Jenseits herauszukommen, und deinen Part in dieser Kommunikation aktiv in die Hand zu nehmen. Das eine geht nicht ohne das andere. Es sind Beispiele der universellen Gesetzmäßigkeit, der Polarität sowie von Ursache und Wirkung. Gesetzmäßigkeiten, die ich bereits in meinem Buch »Das 1x1 der Unsterblichkeit« genauer beschrieben habe. Eine wirkliche Technik oder möglichst noch für jeden ein funktionierendes Patentrezept mit: »Hey, so geht das«, gibt es leider nicht. Wir alle sind wundervolle, einzigartige

Seelenwesen in menschlicher Verpackung. Einzelstücke, auch wenn das nicht leicht zu verstehen ist.

Wie gut die unsichtbare Kommunikation mit Verstorbenen oder Geistwesen funktioniert, hängt also auch von uns ab. Sind wir bereit, täglich mit unseren lieben Verstorbenen zu trainieren, und uns täglich auch Zeit in der Stille dafür zu nehmen, wird sich auf Dauer diese Zusammenarbeit verbessern. Sind wir bereit, den ewiglich dauernden Entwicklungsschritten ins Auge zu sehen und unseren Part dafür zu übernehmen, dann wird sich auf Dauer die Medialität weiter formen und verbessern. Jenseitskontakte herzustellen, ist keine Zauberei. Dauerhaft dranbleiben, oft in der Stille sein, die tägliche Bereitschaft an sich zu arbeiten sowie den persönlichen Anteil an dieser unsichtbaren Zusammenarbeit beizutragen, das sind die wahren Kunststücke. Das sind die Herausforderungen, denen wir uns stellen dürfen, wenn wir diese Form der Kommunikation wirklich meistern wollen.

8.5
Stille

Ein Zitat von Konfuzius sagt, dass in der Ruhe die Kraft liegt. Sehr weise, denn das trifft den Nagel auf den Kopf. Nehmen wir uns die Zeit, auch für nur mal fünf Minuten ohne Fernseher oder Radio in unserer Stille zu sein, einfach nur in der Stille zu sitzen? Viele Menschen halten diese Stille gar nicht wirklich aus, weil sie verlernt haben, wie es ist, wenn man seine eigenen Gedanken hören, oder die Stimme seines Körpers und der Seele wahrnehmen kann. In der Stille zu sein, ist das Wundermittel für mich. Was nicht heißt, dass dieses in der Stille sitzen für mich gleich super gelaufen ist. Nix da, meine übermächtigen Gedanken haben mir die Stille nicht gerade einfach gemacht. Ich hörte meinen Verstand sagen: »Wieso sitzt du hier rum?«, bis hin zu: »Hast du nichts Besseres zu tun?« Manchmal war ich echt verzweifelt, weil diese blöden Gedanken einfach keine Ruhe geben wollten. Sie ließen mit nicht in Ruhe in der Stille sein. Es gab Tage, an denen ich nach zwei Minuten völlig genervt von meinen Gedanken aufgesprungen bin. Zur Freude meines Verstandes, versteht sich. Aber, ich bin drangeblieben, bis heute.

Mit wenigen Ausnahmen bin ich jeden Tag in der Stille. Oft wird gesagt, »du musst täglich 30-60 Minuten in der Stille sitzen«. Das entspricht nicht meiner inneren Wahrheit. Nicht aus einem »du musst« heraus, sondern weil ich es darf. Alleine bei dem Wort »du musst« zieht sich alles in mir zusammen und zeigt mir deutlich auf, dass ich mich dafür entscheiden darf. Je nach Tagesform

»sitze« ich (meine Bezeichnung von, in der Stille sitzen) solange ich will. Manchmal 15-20 Minuten, manchmal 1-2 Stunden. Mittlerweile sogar mehr als nur einmal am Tag. Immer, wenn ich Ruhe habe, oder irgendwo zur Ruhe kommen will, dann genieße ich es, mit meinen geistigen Helferlein in der Stille verbunden zu sein. Wenn ich im Ruhemodus bin, liege und nicht schlafen kann, dann meditiere ich. Ich lade meine geistigen Freunde ein, mir nahezukommen und freue mich voller Demut und Dankbarkeit, dass mir als Susan diese wundervolle Chance und Möglichkeit zuteilwird.

Ich nutze die Stille heute mehr denn je. Für mich stellt es ein Geschenk dar, voller Liebe, Demut und Dankbarkeit eins mit meinen himmlischen Brüdern und Schwestern zu sein. Heute weiß ich, dass diese tägliche Verbindung der Hauptmotor meiner medialen Entwicklung ist.

8.6
Entwicklungsebenen

Aus dem, was ich heute weiß, unterliegt die unsichtbare Kommunikation beiderseitig verschiedenen Entwicklungsebenen. Wie in einer guten Ehe gehören beide Seiten zum Gelingen dazu. Vielleicht beginnt dein mediales Erwachen erst einmal nur mit dem Wunsch, dass deine Verstorbenen bei dir sein mögen. Im Gegenzug dazu wird dann deine Lieblingsseele alles tun, um dich mit ihren Möglichkeiten bestmöglich zu unterstützen. Vielleicht sind es zu Beginn auch nur Kleinigkeiten, an denen du außer einer Verwunderung nur bedingt fest machen kannst, dass es sich wirklich um deine verstorbene Person handelt, die dir dieses Zeichen gibt. Je mehr du dich den Möglichkeiten öffnest, dass deine geliebten Verstorbenen mit dir kommunizieren, umso deutlicher wirst du Zeichen erhalten. Symbole und Zeichen sind etwas ganz Tolles aus der geistigen Welt. Sie arbeiten ebenfalls damit, um eure Kommunikation weiter voranzutreiben, zu fördern bzw. zu unterstützen. Wieder eine Entwicklungs-Ebene, die alle parallel und ineinander verlaufend sind. Du stehst am Beginn deiner Wahrnehmung. Jetzt geht es darum, deine Wahrnehmung in puncto Energien, Zeichen, Gefühle, Bilder, gehörtes usw. immer weiter zu verfeinern und zu trainieren. Mit fortwährendem Training ist sowohl deine persönliche Zusammenarbeit mit der geistigen Welt, als auch das Üben mit Freunden oder mit Gleichgesinnten innerhalb eines Übungskreises gemeint. Hier kannst du deine Fähigkeiten und Gaben erkennen und immer weiter voranbringen. Die geistige Welt unterstützt dich im Lesen der Aura, der Bedeutung und Lehre von Farben, der mentalen Kommunikation, dem Erkennen von hellsichtigen Bildern, der Stimmwahrnehmung deiner Verstorbenen, der Möglichkeit, mit ihnen zu schreiben, Schatten, Lichter oder sogar Hologrammen zu sehen und vieles mehr.

Unfassbar viele unglaubliche Erfahrungen warten auf dich. Freue dich auf alles, was dir gezeigt wird. Die Jenseitigen lehren dich alles in deiner Geschwindigkeit und deinem Bewusstseinsstand. Sie sind allzeit bereit, dir helfend zur Seite zu stehen. Auch deine Verstorbenen lernen mit jedem Kontakt dazu. Irgendwann wirst du erleben, dass sich deine Wahrnehmung mit der Zeit verändert. Daran kannst du für dich erkennen, dass das beiderseitige Training eine nächste Stufe erreicht hat. Die Energie verändert sich, Zeichen werden deutlicher oder anders. Stelle dir vor, du würdest eine neue Sprache lernen und diese irgendwann fließend sprechen. Diese Fremdsprache verbindet Himmel und Erde miteinander. Es ist unsere Seelensprache, die über unser Gefühl transportiert und ausgedrückt wird. Weit weg vom Verstand. Alles, was du zu Beginn an Informationen, Zeichen oder deiner Wahrnehmung eher als oberflächlich einstufst, liegt genau daran, dass du Zeit benötigst, um zu verstehen, wie deine Medialität funktioniert. Egal, wie, freue dich über noch so kleine Fortschritte und bliebe dran. Frei nach dem Sprichwort »Übung macht den Meister, aber niemand ist perfekt«, darf ich dir sagen: Es geht immer nur um und mit deinem Tun. Oder noch einmal anders, mit dem Zitat von Christoph Martin Wieland gesagt: »Wir lernen durch Irren und Fehler, und werden Meister durch Übung, ohne zu merken, wie es zugegangen ist« (Quelle: www. beruehmte-zitate.de). Auch schön, findest du nicht?

Also: Geh‘ üben! Trainiere deine Sinne, bitte um Zeichen und gib alles. Deine Verstorbenen stehen freudig grinsend bereit!

8.7

Nix geht

Du hast bereits einige Erfahrungen machen dürfen, und versuchst zusätzlich, jeden Tag z.B. mit geführten Übungen in der stetigen Kommunikation mit deinen Verstorbenen zu sein?

Dennoch läuft es nicht so, wie du es dir vorgestellt hast? Wie gut ich dieses Gefühl kenne! Deshalb überrasche ich dich jetzt schon mit der Aussage, dass du alle Übungen ganz wunderbar machst, aber selber deine Fortschritte noch nicht bemerkt hast. So geht es auch vielen meiner Klienten, die sich dann voller Verzweiflung an mich wenden. Zuerst voller Skepsis (und nicht wirklich an ein Leben nach dem Tod glaubend), landete eine heutige Klientin irgendwann tatsächlich mit ihrer Freundin im Schlepp in einem meiner Online-Live-Events. Was soll ich dir sagen, prompt kam ihr verstorbener Mann durch, um »Hallo« zu sagen. Sie konnte es kaum fassen. Ihr verstorbener Mann zeigte sich sofort, als ob er nur darauf gewartet hatte, sich ihr endlich zeigen zu können, und endlich zu sagen, dass er da und immer noch bei ihr ist. Und das, obwohl er zu Lebzeiten so etwas wie einen Jenseitskontakt für völligen Schwachsinn gehalten hätte. Genau dieser Mann stand jetzt ganz dicht neben ihr und ließ jeden im Publikum miterleben, was in dem Moment seine Aussagen als Beweise mit seiner geliebten Frau machten. Ihr riss es förmlich den Boden unter den Füßen weg. Sie war ergriffen und fassungslos zugleich, dass sie tatsächlich ihren Mann im Jenseits erkennen konnte. Ihren geliebten Mann, der vor mehr als 20 Jahren gestorben war, und der nun zutiefst ihre Seele berührte. Er gab alles, um ihr aufzuzeigen, dass er bis heute immer an ihrer Seite ist und war.

Genau das, was der sehnlichste und unerfüllteste Wunsch in ihr war. Vor lauter Geheule und Geschluchze war sie kaum fähig zu antworten. Starr, verheult und perplex saß sie am Rechner und wusste nicht, wie ihr geschah. »Passiert das alles wirklich? Wie kann das alles möglich sein?« waren nur die Fragen, die ihr in diesen Momenten des Kontaktes durch den Kopf schossen. Dennoch war ihr durch seine gegebenen Informationen deutlich klar, dass das alles kein Hirngespinst war. Verblüfft, verwirrt und sprachlos zugleich, saß sie am Rechner und konnte sich dieses besondere Erlebnis nicht erklären. Sie kannte weder mich noch kannte ich sie bzw. ihre Geschichte, nie war ich ihr vorher begegnet. Dennoch geschah an diesem Abend ein Wunder: Ihre Seelen berührten sich. Ihr erstes, wissentliches Rendezvous mit dem Jenseits fand statt.

In diesem Live-Event passiert für sie etwas sehr Entscheidendes: Sie öffnete zuerst unbewusst, dann aber bewusst die Türen zur geistigen Welt. Zwar im übertragenen Sinne nur einen Spalt, aber immerhin. Total ergriffen von allem, was sie gehört und gefühlt hatte, entschloss sich meine Klienten ab sofort mehr über das Jenseits wissen zu wollen. Richtig erklären, was sie vorantrieb oder sie so sicher machte, dass diese Kommunikation stattfand, konnte sie zu diesem Zeitpunkt immer noch nicht. Einzig tief in ihrer Seele wusste sie nun, dass ihr geliebter Mann immer an ihrer Seite ist.

Kurze Zeit später buchte sie weitere persönliche Sitzungen, in denen Ihr Mann noch viel mehr Informationen für sie preisgab. In dieser Sitzung erhielt sie ebenfalls die Chance, den Frieden mit ihrer Mutter herzustellen, der zu Lebzeiten schwere Wunden in ihre Seele gerissen hatte. Über all diese Erfahrungen begann ihre Seele zu heilen. Nicht jeder Kontakt zum Jenseits war aufgrund der tief sitzenden Verletzungen wirklich einfach für sie. Diese überaus liebenswerte Frau schnappte sich alle meine Bücher und übte fleißig mit allen meinen Meditationsübungen, selbst den Kontakt zum Jenseits herstellen zu können. Jetzt war sie angefixt und wollte selbst gerne täglich die Anwesenheit ihres Mannes wahrnehmen können.

Einiges später hörte ich sie weinend in meiner Mailbox. Zutiefst enttäuscht, dass sie trotz stetigen, wochenlangen Übens, immer noch keinen erfolgreichen Kontakt vorweisen konnte. Völlig geknickt konnte sie nur eines mit Gewissheit sagen: »Ja, er ist da, aber spüren kann ich ihn nicht«. Auch mit so viel Übung konnte sie ihn nicht fühlen. Schluchzend hörte ich sie sagen: »Ich kann das nicht. Vielleicht soll ich keinen Kontakt zu meinem Mann haben«. So oder so ähnlich verläuft die beginnende jenseitige Kommunikation für viele. Vergesst bitte sofort diese destruktiven, gegen euch gerichteten Gedanken. Sie sind alte Muster, die euch seit Jahren klein halten.

Jetzt ist der Zeitpunkt gekommen, sich endlich diesen Gedanken zu stellen.

Destruktive Gedanken bilden die Wand zwischen euch und der geistigen Welt, und blockieren damit euch und eure Kommunikation. Die gute Nachricht ist, dass sich diese Nebelwand auflösen lässt. Allerdings nur, wenn wir dazu bereit sind, uns all unseren tief sitzenden Themen zu stellen, die seit vielen Jahren tief in uns drinnen verankert sind. Alle diese vermeintlich als »schlecht« bewerteten Erfahrungen gehören zu diesem Prozess dazu. Alles ist Bestandteil unseres persönlichen und seelischen Schulungsprogramms auf dem Wege zu mehr Bewusstsein. Keiner hat gesagt, dass »bewusst« zu werden und zu sein, einfach sein ist. Jeder von uns hat Themen und Muster, aus denen wir aussteigen und unsere Selbstzweifel ablegen dürfen. Der Jenseitskontakt an sich ist angesichts dieses Dauerprocederes ein Klacks. Auch ich war in der Anfangsphase, total geflasht, neugierig und total betrübt zugleich. All das gehört zur Bewusstwerdung dazu.

Wir erfahren unsere Gaben und Fähigkeiten nicht in fünf Minuten, wenn wir vorher diese viele Jahre außer Acht gelassen haben. Und jetzt auf einmal soll alles sofort funktionieren? Auch ich durfte mich seelisch und moralisch darauf einstellen, dass Medialität einem Prozess unterliegt, der dauert. Frei nach den Redensarten: »Gut Ding will Weile haben«, oder »Rom wurde auch nicht an einem Tag erbaut«. Vermeidliche Rückschläge waren und sind selbst heute noch bei mir an der Tagesordnung, und ganz normal. Ich lächle nur, weil es im Grunde gar keine Rückschläge sind. Wir sind es, die gedanklich alles als Rückschlag definieren und ablegen. Das daraus resultierende, gefühlte »ich- bin-nicht-gut-genug« ist hausgemacht, und entspringt fröhlich unseren Verstandesmustern, und tief fallen wir damit in das Tal der Verunsicherung. Die Bewusstwerdung fördert das Erkennen solcher Muster und Gedanken, damit wir endlich aus diesen Negativspiralen aussteigen können. Jahrelang haben wir von unserem Umfeld gehört, was wir zu tun und zu lassen haben, um geliebt und angenommen zu werden. Solange, bis wir diese externen Eingaben zu unseren internen Gedanken geformt hatten. Alle dich klein haltenden Gedanken sind nicht von deiner Seele oder von einem Verstorbenen aus dem Jenseits geschickt worden – diese Gedanken entstehen in deinem Verstand.

Unser Verstand, der das Unsichtbare nicht verstehen kann und versucht, die Nichtexistenz zu belegen. Das ist quasi seine Aufgabe. Diese Vorgehensweise funktioniert aber nicht für die Zusammenarbeit mit der geistigen Welt. Auch wenn unser Verstand immer wieder versucht, diese Kommunikation aus seiner Sichtweise heraus zu führen, es ist ihm unmöglich. Ganz im Gegenteil, wir blockieren uns darüber selbst, bis wir merken, dass wir uns in einem unserer unzähligen Verstandesprogramme befinden. Geh‘ raus aus deinen Erwartungen. Beobachte, was du wirklich denkst, wenn du mit deinen Verstorbenen kommunizierst. Erlaube dir, falsch bzw. so schlecht zu sein, wie du nur kannst. Achte auf alle Kleinigkeiten, die du für dich als bereits als kleines Wunder entdecken durftest. Erlaube dir, jeden noch so kleinen Fortschritt wahrzunehmen.

Beschäftige dich damit, was du bereits alles kannst, und versuche, deine Gedanken des »ich kann das nicht und bin nicht gut genug« durch dein dankbares Erkennen wieder ins Gleichgewicht zu bringen. Andernfalls landest du prompt wieder im Verstandeskeller und fühlst dich gefrustet, deprimiert und »mega« scheiße. Wer braucht das schon?

8.8

Blockaden

Platt gesagt sind Blockaden immer hausgemacht und entspringen unbemerkten gedanklichen Programmen unseres Verstandes. Wir stehen uns fröhlich selber im Weg, ohne uns dessen wirklich bewusst zu sein. Grundsätzlich kannst du jegliche Blockade entspannt sehen. Eigentlich zeigen uns diese nur auf, wo wir selbst noch mehr an uns glauben dürfen. Diesen Blockaden Raum zu geben heißt, sich täglich aufs Neue mit seinen Gedanken und Wahrnehmung zu beschäftigen. Egal, wie lange sich dieser Prozess auch hinziehen mag, die gute Neuigkeit ist, die geistige Welt bzw. deine Verstorbenen sind da, keiner lässt dich jemals alleine. Kein Verstorbener geht einfach weg, hört auf Zeichen zu geben oder bei dir sein zu wollen. Selbst dann nicht, wenn du tief in einer Blockadewolke festsitzt. Sie sind da, sie warten geduldig, bis wir bereit sind, uns mit unseren Themen auseinanderzusetzen.

Keiner kann unsere persönlichen Themen für uns lösen, selbst dann nicht, wenn wir uns flehend an das Jenseits wenden. Da müssen wir alle selbst ran. Der erste Schritt raus aus jeder Blockade ist das Annehmen, dass diese Blockade jetzt sein darf. Dich aufzuregen, zu weinen oder zu denken »ich kann das nicht« halten deinen Fokus in dieser Blockade. Alles ist wie es ist, selbst dann, wenn wir etwas nicht haben oder sehen wollen, so ist es dennoch so, wie es ist. Öffne dich für alle deine Möglichkeiten, damit deine persönlichen Beschränkungen gewandelt und sich dein Fokus weg vom »ich kann das nicht« auf »toll, was alles schon geklappt hat« neu ausrichten kann.

Alles ist immer richtig und hat immer einen tieferen Sinn. Das Universum macht keine Fehler. Meist hatte ich, tief in eigenen Blockaden festsitzend, gar nicht erst in Betracht gezogen, dass vielleicht auch die geistige Welt Vorzeichen für mich ändert, damit ich eine neue, höhere Ebene der Kommunikation und Wahrnehmung erreichen kann. Jeder Einzelne von uns ist einmalig, besitzt eigene einzigartige Fähigkeiten und darf unterschiedlichen Aufgaben in seinem Leben für sich lösen. Die geistige Welt beobachtet, begutachtet und unterstützt uns in allen Belangen. Sieh' deine von dir selbst unbewusst kreierten Probleme als wundervolle Möglichkeit des Erkennens sowie deiner Bewusstwerdung. Es gibt nichts, was du selbst nicht für dich wandeln, bewältigen und darüber ins Gleichgewicht bringen kannst.

Jedes Gedankenprogramm löst eine Art Selbstreflexion aus, wenn du bereit bist, genauer hinzuschauen. Darüber stärkst du ebenfalls deine Zusammenarbeit mit deinen Verstorbenen, löst deine Nebelwände auf und förderst neue Merkmale deiner Wahrnehmung. Auch unsere Jenseitigen helfen in solchen Situationen dabei, die Energieverhältnisse anzupassen, um dann besser zu dir durchdringen zu können. Auch die geistige Welt lernt, mit uns, in jeglicher Form zusammenzuarbeiten. Lass das Universum mal machen. Freue dich, wie gesagt, über alles, was du für dich alles schon erfahren und wahrnehmen durftest.

8.9

Wenn die Angst kommt

Es gibt nichts wovor, du Angst haben müsstest, denn du bist voller Liebe mit der geistigen Welt verbunden. Innerhalb dieses Bandes der Liebe gibt es nichts, was dir Angst machen müsste. Fühlst du Angst, dann sei sicher, es ist die Angst vor dem Unbekannten und vor dem Unfassbaren. Beschleicht dich ein Gefühl der Angst, atme mehrfach tief in deinen Bauchraum hinein. Genau solche Ängste hatte ich früher auch, gepaart mit Hollywood-Kopfkino. Ein Grund, warum ich dieses Buch hier schreibe.

Jede Zeile dieses Buches kann dir helfen, besser zu verstehen, wie genau deine Verbindung ins Jenseits aussieht, und darüber deine Ängste lösen. Richtest du dich voller Liebe zu deinen Verstorbenen aus, dann passiert eines: Sie trösten und halten dich in deiner Angst. Niemals würden sie dir schlimme Bilder oder Gedanken schicken.

Sie werden nicht mit dir schimpfen oder dir absichtlich Angst einjagen. Zu groß ist für sie die Gefahr, dass du dich all dem Unsichtbaren gegenüber verschließen und es kein Durchkommen mehr für sie geben könnte. Deine Atmung kann dir helfen, diese Angstgefühle zu durchleben und zu lösen. Atme tief in deinen Bauch, wenn sich wieder ein Gefühl der Angst in dir aufbaut.

Lasse dann bewusst dein Gefühl der Angst zu. Versuche es nicht weg haben zu wollen. Traue dich, deine Angst zu fühlen, es lohnt sich. Fühle, was es genau ist, wovor du wirklich Angst hast. Ich bin sicher, dass es mit alten Erfahrungen sowie vielleicht sogar mit Verlustängsten oder dem alleingelassenen-Sein zu tun hat.

Deine Chance, altes und verdrängtes aufzuarbeiten und zu lösen, ist endlich gekommen.

Das ist der Grund, warum deine Ängste sich zeigen: Sie dürfen gelöst und in Liebe gewandelt werden. Alle deine Verstorbenen, deine geistigen Helfer sowie das gesamte Universum werden dich mit all ihrer Liebe bei dieser Aufarbeitung unterstützen. Stelle dich deinen Ängsten und verändere deinen Fokus. Richte deine Aufmerksamkeit auf das Schöne. Wenn du an die schönen Erlebnisse mit deinen geliebten Verstorbenen denkst, lenkst du die Energie weg von der Trauer, dem Schmerz und der Angst hin zur Liebe.

Über dieses sich deinen Themen stellen, hilfst du auch deinen Verstorbenen, neue Sichtweise zu erhalten und im Jenseits ebenfalls eine neue Ebene zu erfahren.

8.10

Wo kann ich üben?

Wenn du mich fragst: Überall, denn es geht aus meiner Sicht nicht ohne das permanente Anwenden deiner Fähigkeiten. Deine sensationellen, dir gegebenen Sinne sind zwar als Grundlage vorhanden, aber bestimmt noch

»ausbaufähig«. Das Erkennen dessen, was alles in dir steckt, fällt nicht vom Himmel, dafür darfst du aktiv etwas tun. Erkenne, was du alles draufhast. Zum Üben mit all deinen Hellsinnen braucht es noch nicht einmal einen Verstorbenen. Deine Wahrnehmung funktioniert immer und überall. Vom Briefkasten, über das Bankkonto, vom Telefon bis hin zum Lösen von TV-Rate-Sendungen. Immer ist es dir möglich, statt deines Verstandes, dein Gefühl und deine Intuition einzusetzen. Darüber werden deine Hellsinne automatisch zur Mitarbeit getriggert. Falsch liegen gehört dazu, mache dich also bitte locker.

Gerne kannst du deine Fähigkeiten auch mit Gleichgesinnten z.B. in medialen Zirkeln oder Workshops üben. In meinen Workshops erfahren die Teilnehmerinnen und Teilnehmer, wie sie das Jenseits vom Diesseits unterscheiden und ihre Wahrnehmungen im Alltag schulen können.

Es übt sich leichter in Gruppen. Außerdem ist es für viele Menschen ebenfalls wichtig zu hören, wie die Wahrnehmung bei anderen Teilnehmern funktioniert. Auch darüber lernen wir, die eigenen Wahrnehmungen besser und deutlicher zu erkennen. Nur so lernst du dein Herz bzw. die Sprache deiner Seele zu verstehen.

Du erfährst mit dem Üben, wie du für dich im körperlichen, geistigen und seelischen Gleichgewicht sein kannst. Du erfährst, wie sich Energien lesen lassen, weit weg von deinem Verstand. Du bist dein eigener Coach.

Allerdings wird dich keiner zum Üben zwingen, selbst dann nicht, wenn deine geliebte verstorbene Person sich nichts sehnlicher wünschen würde. Immer ist es deine Entscheidung, ob und wie viel Zeit du mit deiner Wahrnehmung und darüber hinaus mit der geistigen Welt verbringen willst. Es gibt sie, deine magische Zauberformel der Wahrnehmung. Und du trägst diese bereits fleißig mit dir rum, bemerkt oder unbemerkt.

8.11

Stress /Druck

Je nach Tagesform kann deine Wahrnehmung unterschiedlich sein. Mal ist alles überdeutlich, mal vermischen sich Gedanken und Wahrnehmung, was am Ende zur völligen eigenen Verwirrung führt. Auch davon kann ich ein Lied singen! Dennoch ist genau dieses Training wichtig. Die mentale Kommunikation läuft über unseren Verstand. Deshalb ist es wichtig herauszufinden, wann du in deinem Verstand, und wann in deiner Wahrnehmung bist. Im Kontakt mit Verstorbenen lässt sich das daran erkennen, dass alle Informationen, die du erhältst, bis ins Detail stimmen. Bis dahin kann es allerdings ein steiniger Weg sein. Mit Stress und Druck verhält es sich genauso, wie mit unseren Blockaden, sie bringen dich nicht weiter. Du erinnerst dich noch: Alles ist, wie es ist und, und darf auch so sein. Versuche es nicht zu verstehen, sondern bleibe beim Anwenden deiner Hellsinne.

Nach und nach, ganz ohne Druck, werden deine Zeichen und Hinweise deutlicher. Hinweise, die dir von deinen Verstorbenen geschickt werden, damit du immer sicherer in deinem Tun wirst. Sie tun alles, damit du für dich die Anwesenheit deiner geliebten verstorbenen Person dauerhaft mit allen Sinnen wahrnehmen kannst. Ein kleiner Tipp noch: Verstorbene geben keine Informationen durch, die nicht nach haltbar, nachschlagbar oder nachweisbar sind. Der Sinn dieses Kontaktes ist, dass du als Hinterbliebener verstehst, was gemeint ist. Deshalb sind Druck, Ärger, Zweifel und Stress deiner Wahrnehmung hinderlich. Bleibe jeden Tag aufs Neue einfach dran. Setze dich möglichst nicht unter Druck und bleibe entspannt. Alles kommt so, wie es sein soll, zu jederzeit.

8.12
Scheißtage

Oh ja, es gibt sie: Die scheiß Tage! Tage, an denen ich mich selbst nicht leiden kann und mir selbst im Weg stehe. Unfassbar! Keiner ist dagegen gefeit. Auch mein Leben besteht nicht nur aus Liebe, Lächeln und Leichtigkeit, weder früher noch heute.

Gerade dann nicht, wenn du innerlich bereit bist, deinen Seelenweg authentisch zu gehen. Mit der Bewusstwerdung geht die mediale, aber auch die persönliche Entwicklung einher. Über das erhaltene Wissen ist es nicht mehr möglich wegzuschauen, sondern es gibt nur noch den Weg des »sich stellen«, des sich selber anzunehmen in der Unvollkommenheit und Vollkommenheit, die wir alle nun mal sind. Bewusstsein wächst nicht über Nacht, und nicht ohne sich seinem Tun in allen Konsequenzen stellen zu dürfen.

Ja, es gibt sie, die scheiß Tage, an denen nichts geht. Mache es wie ich: auch sie dürfen sein. Ich akzeptiere diese Tage und gönne mir eine entsprechende Auszeit. Ruhe dich aus, lass deine Seele baumeln und »sei« einfach. Das hat mir bisher immer geholfen.

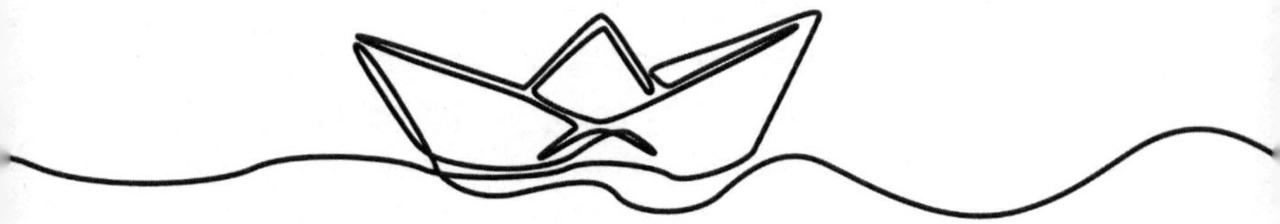

9
BESTIMMUNG

Medial zu sein und seine Medialität auszuleben bedeutet nicht, gleichzeitig auch sofort als Medium arbeiten zu können. Oft dient das Erfahren und Herausfinden der eigenen Medialität eher der persönlichen Lebens-Bereicherung. Ein Üben zum Spaß und erfahren, was der Einzelne im Unsichtbaren so draufhat. Die meisten Menschen möchten selbst den Kontakt zu ihren Lieben herstellen, und auch dauerhaft aufrechterhalten können. Ihnen steht nicht der Sinn danach, als Medium auch anderen Menschen Botschaften aus dem Jenseits durchgeben zu wollen. Ist das »Mediale«, so wie bei mir, fest in deinem Lebensplan verankert, dann wirst du ohnehin nicht drumherum kommen.

Diese Bestimmung wurde lange vor diesem Leben, und nicht von Verstandesseite her getroffen. Manchmal ist das »sich berufen zu fühlen« nicht gleichzeitig auch wirklich berufen zu sein. Ich wusste rasch, dass ich mein Leben dem Jenseitigen verschreiben sollte, voller Hingabe, Demut und Liebe zu meiner Bestimmung Dies- und Jenseits für Menschen zusammenführen zu dürfen. Deine Realität wird dir deutlich aufzeigen, wo genau du stehst. Du wirst deine Ambitionen fühlen, ganz ohne etwas zu erzwingen. Du weißt ja jetzt, dass das Universum für dich immer nur das Beste bereithält.

9.1

Mediale Verantwortung

Nicht nur im Leben (z.B. als Eltern) tragen wir Verantwortung für andere, auch im Medialen ist dies der Fall. Aus meiner Sichtweise heraus ist diese Verantwortung, die ich als Medium gegenüber meinen Mitmenschen trage, sehr hoch, da ich gerade über alles Emotionale die Seelen der Menschen berühren kann. Jeder hat so etwas wie eine Eigenverantwortung. Diese gilt nicht nur für uns selbst, unser Denken, Tun und Handeln, sondern auch für alle Bereiche, in denen wir privat oder geschäftlich mit anderen Menschen zusammentreffen.

Immer, wenn wir mit anderen Menschen arbeiten, sollte genau darauf geachtet werden, was und wie etwas gegenüber diesen ausgesprochen wird. Für den medialen Bereich wäre noch wichtig, dass die Person weiß, woher ihre Informationen stammen. Oft höre ich hier Geschichten von Hinterbliebenen, die mir meine Haare zu Berge stehen lassen. Nicht nur Taten, sondern auch Worte können Menschen zutiefst verletzen. Ausgesprochene Worte, können nicht mehr zurückgenommen, oder in irgendeiner Form neutralisieren werden. Medial zu arbeiten bedeutet, sich in einem hochsensiblen Bereich zu bewegen. Ich trage als Medium eine hohe Verantwortung, wenn ich Botschaften der geistigen Welt in das Leben der Hinterbliebenen trage. Das Ego hier ausleben zu wollen, ist hier völlig fehl am Platze. Jeder gedachte Gedanke, jedes gesagte Wort, jede Tat zieht immer eine Konsequenz nach sich. Bedenke das bitte, im Umgang mit dir selbst, genauso wie im Umgang mit anderen Menschen.

Ich erlebe ziemlich oft, dass mich Hinterbliebene anschreiben, weil diese vollkommen verunsichert sind. Aussagen wie: »deine Verstorbenen wollen keinen Kontakt mit dir; du bist schuld weil « sind nur zwei Aussagen, die zu nicht unerheblichen Schuldgefühlen und persönlichen Schuldzuweisungen führen. So etwas stimmt mich unendlich traurig, da ich sofort den Verstorbenen beim Lesen wahrnehmen kann, der mir dann aufzeigt, dass diese Aussagen nicht aus der geistigen Welt stammen, sondern einer (sagen wir mal) »inkorrekten Interpretation des Verstandes« des Empfängers zuzuordnen ist. Meist werden dann empfangene Informationen negativ interpretiert. Sei dir sicher: die Verstorbenen kommen nicht, um dich zu beschimpfen, sie kommen nicht, um uns kleinzuhalten, sie kommen nicht, um uns ein schlechtes Gewissen zu machen, und sie kommen nicht, um uns Vorwürfe zu machen. Alles das sind fehlinterpretierte Aussagen eines Empfängers, der noch nicht erfahren hat, dass die telepathisch empfangenen Hinweise von seinen Gedanken ins Negative interpretiert werden, dieses aber nichts mit den Verstorbenen zu tun haben. Deshalb achte stets darauf, ob deine empfangenen Aussagen wirklich von deinen Verstorbenen kommen, und dass du diese stets mit deinem Gefühl und nicht mit dem Verstand betrachtest.

9.2

Was, wenn der Kontakt einfach weg ist?

Gerade der Beginn der Zusammenarbeit mit der geistigen Welt geht oft mit vielen Zweifeln und Unsicherheiten einher. Die Hinterbliebenen stellen hohe Erwartungen an ihre persönliche Zusammenarbeit mit den Verstorbenen und denken, alles müsste sofort sensationell funktionieren. Genau das tut es in den wenigsten Fällen.

Deshalb zählen Zweifel, Unsicherheiten und Unmut am Anfang oft zur Tagesordnung. Wie oft war mir zu Beginn eines Kontaktes persönlich nicht klar, ob ich jetzt im Kontakt zu meinen Verstorbenen bin, oder eben nicht. Das ist völlig normal, da diese Zusammenarbeit wie bereits erwähnt einem beidseitigen Entwicklungsprozess unterliegt. Setze dich bitte deshalb nicht unter Druck und gib dir alle Zeit, die diese Zusammenarbeit benötigt. Es dauert, bis du deine Lieben aus der geistigen Welt mental von deiner Verstandesstimme unterscheiden kannst. Nur im Kontakt selbst kannst du herausfinden, ob du mit deinen Verstorbenen, oder fröhlich mit deinem Verstand verbunden bist. Wie du weißt, sage ich immer, wenn du dir wünschst, dass deine Verstorbenen da sind, dann werden diese auch da sein.

Dennoch kann es sein, dass dich das Gefühl beschleicht, dass kein Verstorbener bei dir ist, selbst dann nicht, wenn du darum gebeten hast. Was genau passiert in diesen Momenten? Ganz einfach, dein

Verstand ist am Werk und sagt dir, dass du ganz alleine bist. Deine Verstorbenen sind nicht weg, sondern sind sofort da. Das ist eine der Erfahrungen, von denen ich hier berichte. Dieses gefühlte Gefühl »ich bin alleine, keiner ist gekommen« gilt es, als dein höchst persönliches Skeptiker Programm zu verstehen. Es entspringt deinem Verstand. Bleibst du in diesem Gefühl, und beginnst jetzt nicht daran zu arbeiten, sowie dir die Möglichkeit offenzulassen, dass deine Verstorbenen bereits bei dir stehen, so wirfst du die Tür zum Jenseits (ohne es zu wissen) bereits zu.

Zu Beginn bedarf es mehr als nur eines einzigen gelungenen Jenseitskontaktes, sich sicher im Umgang mit diesen viel höheren feinstofflichen Schwingungen zu fühlen. Diese sind aber die Grundlage für diese wunderbare Zusammenarbeit. Bleibe dran, auch wenn du manchmal vor Verzweiflung schreien könntest. Atme einfach noch mal tief durch und öffne dich für den Gedanken, dass deine geliebte verstorbene Person schon da ist. Tue so, als ob diese da ist, das wird deinem Verstandesego helfen, irgendwann aufzuhören, dagegen zu gehen. Bitte deine Lieblingsseele erneut, näher zu dir zu kommen, um diese deutlicher wahrnehmen zu können. Nutze das tiefere Atmen, um immer wieder in dein persönliches Gleichgewicht und vor allem in das »Fühlen« zu gelangen. Frage dich bitte »was fühle ich?« und höre auf die Stimme deines Körpers. Damit die Energieunterschiede sich für dich dauerhaft einfacher wahrnehmen lassen, gibt es nur eins: Du musst dich damit aktiv auseinandersetzen, immer und immer wieder. Nutze auch das Zusammensein in der Stille dafür, die Energien aus der geistigen Welt wahrnehmen zu dürfen, und dabei gleichzeitig deine Gedanken zu beobachten. Das wird dir in der gesamten Kommunikation helfen und sowohl dich als auch deine Wahrnehmungen stärken. Also: Es hilft nix, nur zu wollen - tun ist angesagt!

9.3

Wieso ist nicht immer alles »gleich« deutlich

Tja, das kann (wie alles) unterschiedlichen Gründe haben. Zum einen sind wir als Menschen ein Faktor. Im Übrigen auch fast immer der größte Problemfaktor in dieser tollen Kommunikation, wenn ich das mal ganz liebevoll so sagen darf. Sind wir am Zweifeln, unsicher oder nicht wirklich gut verbunden, kann es gut sein, dass wir die Frequenzen der Verstorbenen unterschiedlich deutlich bis gar nicht wahrnehmen. Ein weiterer Grund dafür ist oft die Unkenntnis und fehlendes Wissen im Umgang mit dieser Energiearbeit. Spannenderweise passiert das alles, obwohl die Verstorbenen dank der Bitte zu uns kommen, sofort brav dastehen, und uns bei all unseren Übungen immer gerne unterstützen. Wir stören sie nicht oder halten Sie auf.

Es ist für deinen verstorbenen geliebten Menschen ebenfalls ein großes Geschenk, mit dir zusammenzuarbeiten. Auch die Tagesform ist ein Thema. Unausgeschlafen, schlecht gelaunt, traurig oder entmutigt ist unsere Eigenschwingung bereits im Keller. Um jetzt deutlich deine Verstorbenen wahrnehmen zu können, wäre es vonnöten, deine eigene Energie so anzuheben, dass eine Kommunikation möglich ist. Es ist immer ein langes, intensives Training nötig, um all die Zusammenhänge verstehen zu können. Ungeübt wird keiner von uns morgen einen Marathon laufen. Alles unterliegt einem laufenden Prozess, einem Entwicklungsprozess, der sich nicht beschleunigen lässt. Nur trainieren hilft. Rede mit deinen Verstorbenen in jeder Lebenslage und lade diese ein, ständig bei dir zu sein. Achte auf alles, was du wahrnimmst, und wenn du es schon kannst, ob sich auch die Energien um dich herum verändern. Das ist die Chance, im Dauerkontakt zu sein.

Bestimmt hast du ebenfalls Menschen um dich herum, die Verstorbene in der geistigen Welt haben. Auch diesen Verstorbenen kannst du bitten, mit dir zu üben, auch ohne, dass die jeweiligen Hinterbliebenen davon in Kenntnis gesetzt sind. Vielleicht hilft dir z.B. der verstorbene Nachbar oder enge Verstorbene von Freunden oder Bekannten, den Energieunterschied zwischen deinen Verstorbenen und ihm in deinem Alltag einfacher besser wahrnehmen zu können. Sie sind auf der emotionalen Ebene nicht so dicht mit dir verbunden, damit wird ein Jenseitskontakt einfacher. Lade diese ein, um dich ebenfalls in deiner Kommunikation mit der geistigen Welt zu unterstützen. Vielleicht ist jemand aus deinem Freundeskreis so offen, dass du deine Erkenntnisse mit ihm teilen kannst, und dadurch eine weitere Bestätigung für dein Können bekommst. Gerne kannst du zum Üben auch eine jenseitige Person meiner verstorbenen Familie zu dir bitten. Sei sicher, diese rennen sofort los, um dich zu unterstützen. Sie lieben es, wenn sie hier mit eingebunden werden und Hilfestellungen geben können. Im nächsten Schritt kannst du dich einem Üben und Austausch mit Gleichgesinnten anschließen.

Probiere dich aus!

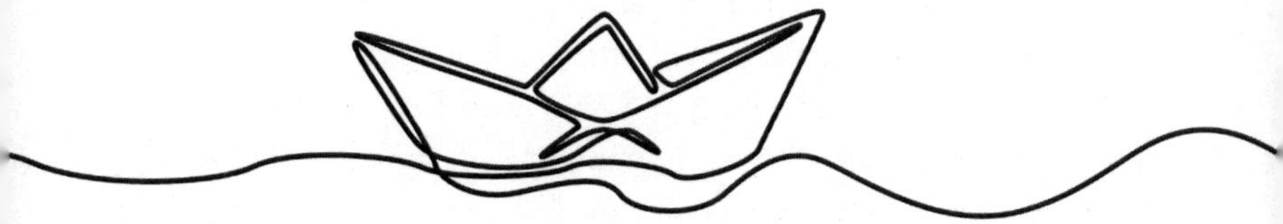

10 ÜBUNGEN

Alle Übungen sind dazu da, dir mehr Sicherheit und eine Art von Vertrautheit mit der bisher für dich möglicherweise neuen Herausforderung zu geben. Stelle dich bitte darauf ein, dass der einzige Sinn einer jeden Übung ist, in das »Tun« zu kommen, oder »Action«, wie es so schön beim Film heißt. Über viele Seiten dieses Buches hast du genügend Wissen über alle Bereiche erlangt. Nun bist du so weit, dieses Wissen über dein Tun auf die nächste Entwicklungsstufe zu heben. Ohne das Tun, das Ausführen oder Trainieren bleibt alles, was du bisher erfahren hast, blanke Theorie. Einzig und allein nur über das Tun gelangst du in die Erfahrung.

Mit jedem Tun wirst du sicherer werden und die geistige Welt deutlicher wahrnehmen. Allerdings wirst du darüber auch dauerhaft mit deinen persönlichen Grenzen und Mustern konfrontiert sein. Stelle dich bitte jetzt schon darauf ein, dass es Tage gibt, an denen alles super, und manchmal megaschlecht läuft. Natürlich ist es ein tolles Gefühl, wenn alles wie am Schnürchen läuft, aber dann wärst du schon im medialen Olymp und müsstest dich nicht mit Übungen herumschlagen. Sieh mich an: Im übertragenen Sinne trainiere ich jeden Tag, egal ob mit oder ohne Jenseitskontakten. Unsere Wahrnehmung lässt sich bis zum Tage unseres physischen Todes ausfeilen - und noch darüber hinaus, denn wir alle leben ewig.

Lächle und freue dich, wenn es mal nicht läuft. Nur so kannst du überhaupt besser werden und deinen Fortschritt selbst bemerken. Auch wenn wir immer der/die Beste sein wollen, so endet das nur im Druck und in einer persönlichen Vollkatastrophe. Wir sind kaum in der Lage, unsere hohen, an uns selbst gestellten Erwartungen vollständig zu erfüllen. Deshalb erlaube dir bewusst, auch falsch sein zu dürfen oder Fehler zu machen. Sage dir das bewusst vor jeder Übung, denn dann ist vielleicht deine an dich gestellte Erwartungen niedrigschwelliger, und jede Kleinigkeit hilft dir, ein Gefühl des Erfolges zu erlangen.

Probiere es aus, dann wirst du verstehen, was ich damit meine.

10.1

Enjoy the Silence

Um in der Stille zu sein, brauchst du nichts außer deiner Bereitschaft, dich in diese begeben zu wollen. Nach einiger Zeit wird es viel einfacher sein, nur in der Stille zu sein. Sich von einer Musik oder einer Stimme während einer Meditation leiten zu lassen, ist zwar viel einfacher, aber lange nicht so effektiv. Mir hat am besten das »Hardcore« Sitzen in der Stille geholfen, deshalb sitze ich bis heute. Nur in der Stille hörst du deine Gedanken, oder besser, das, was es in dir denkt. Nur so bist du in der Lage, dich deinem Denken beobachtend zu stellen. In der Stille geht es nur um dich, deine Seele und um dein Innerstes. Außer deinen Gedanken gibt es hier keine Ablenkung. Es sei denn, du richtest deine Aufmerksamkeit bewusst nach außen, z.B. auf das Ticken einer Uhr, den hörbaren Verkehr oder Ähnliches.

Jedes in der Stille sein kann dir unglaubliches Wachstum schenken. Das in der Stille sitzen, in England »sitting in the power« genannt, birgt verschiedene Anwendungsmöglichkeiten:

- Das Sitzen in der Stille, mit dir selbst. Hier lassen sich deine Gedanken beobachten und du erfährst, was du wirklich über dich und dein Leben denkst. Auch erhältst du hier die Chance, dich selbst über deine Seelenenergie wieder ins Gleichgewicht zu bringen und deine Selbstheilung zu aktivieren. Dieses in der Stille sein, hilft deinem persönlichen Bewusstsein auf die Sprünge.

- Das Sitzen in der Stille mit deinem spirituellen Team. Ich liebe es. Diese Stille trägt immens zum Wachstum deiner Kommunikation bei, da du darüber deinem Team ebenfalls die Chance gibst, sich mit dir und deinen körperlichen Gegebenheiten vertraut zu machen. Alles ist Energie, so auch wir. Über diese Form des Sitzens stärkst du die Zusammenarbeit mit deinem persönlichen spirituellen Team, du hast die Möglichkeit diese zu spüren und mit ihnen zu kommunizieren.

- Das Sitzen mit deinen Verstorbenen. Über dieses Sitzen mit deinen Verstorbenen in der Stille wird es dir auf Dauer möglich sein, ihre Energien und Botschaften deutlicher wahrnehmen zu können.

In der Stille kannst du mit und für alles sitzen und trainieren. Für mich der wichtigste und elementarste Ausgangspunkt. Nur wenn du bereit bist, dich auch mit dir zu beschäftigen, kann die Kommunikation im nächsten Schritt besser und deutlich werden - weil wir uns mit unseren Gedanken zu oft im Weg stehen. Dieses im Weg stehen kannst du nur verstehen, wenn du mit dir in der Stille verweilst. Es ist gleichzusetzen mit einer Innenschau. Ein Reflektieren und gleichzeitig ein Auseinandersetzen dessen, was ich bin und was ich über mich und andere denke. Nur so konnte ich die Stimme meines Herzens hören. Nur so war ich in der Lage, die Stimme meines Verstandes irgendwann von der meines Herzens zu unterscheiden, und gleichzeitig mich dem vollen Wachstumsprozess meiner Seele hinzugeben.

Es ist bestimmt nicht die leichteste Übung, aber einer der effektivsten. Bist du bereit? Wunderbar, dann los. Ich habe hier alles so aufgeschrieben, dass du diese Übung nach einmal lesen ganz leicht selbst ausführen kannst.

10.2

Übung Stille

Stelle bitte jegliche Störquellen ab. Suche dir einen ruhigen und stillen Platz. Bitte versuche zu sitzen und nicht zu liegen, damit du auf Dauer ganz bewusst die Verbindung zur Erde und zum Himmel spüren kannst. Versuche auch nach Möglichkeit, immer am selben Platz zu sitzen. Das wird dir zukünftig helfen, auf diesem Platz schneller und leichter die höheren Schwingungen aufbauen und manifestieren zu können.

- Jetzt ist nur die Zeit für dich - eine Zeit, die dir, deiner Seele und deiner Balance dient.

- Schließe die Augen, wenn du so weit bist, und atme ein paarmal ganz tief ein und aus – spüre, wie das tiefe Atmen dich in die Ruhe bringt.

- Bitte halte deinen Atem nicht an, und lasse alles ohne Zwang und Druck ganz automatisch fließen.

- Gehe dann einfach in den natürlichen Rhythmus deiner Atmung über.

- Öffne dich für alles, was jetzt geschehen darf, und erlaube dir jetzt alles, um dich herum wahrzunehmen.

- Frage dich immer, was du spürst. Selbst dann, wenn die Antwort: »Nichts« ist. Das kann zu Beginn gut sein, weil wir alle so sehr in unserem Verstand verankert sind und dieser überhaupt keine Lust hat, auf die Seite gestellt zu werden. Atme!

- Nimm bitte eine Beobachterposition ein und achte bewusst darauf, was du denkst.

Gestatte deinen Gedanken da zu sein, und fühle, ob sich diese eng oder schön und weit anfühlen. Alle sich komischen anfühlende Gedanken werden von deinem Verstand kreiert. Das ist es, was wir Muster und Programme nennen. Alle sich schön, gut und weit anfühlenden Gedanken, entspringen deiner Natürlichkeit und deiner Seele. Das ist die Bestätigung, dass du bei dir, und ganz in deiner persönlichen Wahrheit bist. Alles darf sein. Nutze als Nächstes bitte dein super Seelentool, deine Vorstellungskraft:

- Stelle dir nun eine kleine, lichtvolle goldene Wolke vor deinem Herzen vor und schaue sie dir genau an.

- Sieh wie lichtvoll, goldglänzend und wunderschön diese ist.

- Achte wieder auf deine Atmung, atme ein und sieh, wie sich deine Wolke vergrößert.

- Atme aus und sieh, wie deine Wolke immer heller und heller wird. Atme ein. Deine Wolke wird größer und größer.

- Atme aus. Deine Wolke wird immer heller und heller.

- So langsam hüllt diese wundervolle große Wolke dich und deinen Körper vollständig ein.

- Atme weiter und mache dieses Wunderwerk noch größer und heller, bis du völlig eingehüllt in diese schöne, helle Wolke bist.

- Diese riesige, weit über deinen Körper hinausragende goldglänzende Wolke ist deine Seele.

- Deine Seele, der du nun ermöglicht hast, sich für dich sichtbar zu machen. Bleibe jetzt genau in dieser Seelenwolke sitzen.

- Atme ruhig weiter und frage dich zuerst, was du fühlst.

- Welches Gefühl hast du, wenn du direkt mit deiner Seele verbunden, mit ihr eine Einheit geworden bist? Wie fühlt sich das an?

- Genieße diese wertvolle Energie, die deine Seele dir zur Verfügung stellt. Wenn Gedanken kommen (was fast normal ist), dann kümmere dich nicht um diese. Nimm eine Beobachterposition ein, gestatte ihnen da zu sein und beginne wieder dich deiner Atmung sowie deiner Seele zu widmen.

- Alles kann jetzt in der Wahrnehmung passieren. Von Bildern, die dir deine Seele schickt, Gefühle, die in dir hochkommen, bis hin zu Stimmen oder Töne, die du hörst, alles ist möglich. Alles darf sein.

- Immer bist du durch die Zusammenarbeit mit deiner Seele wie in einem geschützten Raum voller Liebe, nichts geschieht hier zu deinem Leid.

- Kommen komische Stimmen, sei sicher, dass diese immer aus deinem Verstand kommen. Dem Verstand, der nun Programme abspielt, die es uns nicht erlauben, Seelenarbeit zu betreiben. Das kennt er nicht und will es auch nicht. Aber, da musst du jetzt durch.

- Bleibe einige Minuten in deiner Seelenenergie, danach bedanke dich bei deiner Seele, atme noch ein paarmal tief ein und aus und stelle dich dann wieder deinem Alltag.

Es gibt keine Vorgabe, wie lange du mit dir in deiner Seelenenergie sitzend das Zusammensein übst. Ich kann dir nur empfehlen, es so oft wie möglich zu tun. Selbst, wenn du spürbar keine Veränderungen wahrnimmst, sie ist da. Momente, die du dir schenkst, um dich um dein Innerstes zu kümmern, werden immer universell belohnt. Alles das wird dir auf Dauer helfen, deine gesamte Wahrnehmung zu verbessern, deine innere Wahrheit zu erkennen und gleichzeitig darüber noch in deine Balance und Ausgeglichenheit zu gelangen.

Es ist so leicht, weil alles immer nur auf dein »GO« wartet. Die Frage ist, wie sehr du die Zusammenarbeit mit dir, deiner Seele und der geistigen Welt wirklich willst, und inwieweit du bereit bist, deine Lebenszeit dafür hinzugeben. Bist du bereit dazu, dann sei sicher, es wird sich auf unvorstellbare Art und Weise für dich auszahlen.

10.3

Übung Hellsinne

Widmen wir uns nun deinen Hellsinnen. Die Übung ist genauso einfach, wie alles Universelle. Nur, wenn du deine Hellsinne bewusst trainierst, wird es leichter sein zu verstehen, was diese überhaupt für dich bedeutet. Der Hauptantrieb deiner Hellsinne ist (neben deinem Gefühl) deine Vorstellungskraft. Diese Vorstellungskraft hilft dir, zu erkennen, welche Möglichkeiten dir bereits zur Verfügung stehen. Setze dich bitte wieder an einen ruhigen Ort. Vielleicht hast du ja jetzt schon ein paarmal mit deiner Seele sitzen geübt. Dann läuten wir jetzt mal die nächste Übung ein.

- Schließe die Augen und beginne dich wieder über deine Atmung in eine ruhige Stimmung zu versetzen.

- Stelle dir bitte nun ein Haus vor. Erinnere dich an ein Haus oder eine Wohnung, welche du vielleicht aus deinen Kindertagen kennst, aber ganz lange nicht mehr dort warst. Vielleicht ist es das Haus deiner Großeltern oder die Erinnerung daran, wie dieses Haus früher einmal ausgesehen hat. Stelle dich gedanklich vor dieses Haus: Wie sah das Haus damals aus? Ist es ein Mehr- oder ein Einfamilienhaus? Sieh es dir genau an und tue so, als ob du mir alles erzählen würdest, was du wahrnehmen kannst.

- Laut oder leise, völlig egal, alles, was du siehst, entspringt deiner Erinnerung und deinen Vorstellungskräften – und das ist gut so!

- Erinnere dich, ob vor dem Haus Autos gefahren sind, oder ob hier früher zum Haus gehörige Tiere gelebt haben. Welches Tier oder welche Tiere waren es? Waren diese freundlich? Welche Erinnerungen hast du an dieses Tier bzw. an diese Tiere?

- Stelle dir alles so bildlich und authentisch vor, wie es nur geht, alle Bilder, Emotionen und Szenarien sind über deine gekoppelten Gefühle mit deiner Vergangenheit abrufbar. Alles, jedes noch so kleine Detail ist da.

- Versuche bitte alles zuzulassen, ohne zu überlegen. Das ist wichtig. Lass es fließen und schaue dich um, wie ein Kind es tun würde. Sieh, fühle und höre. Nimm alles wahr, wie in einem Kinofilm, nur dass es jetzt dein eigenes Drehbuch ist.

Und? Ich hoffe, du hast ganz vieles in deinem Haus erleben können. Nun aber weiter zur nächsten Übung:

- Gehe nun in das Haus oder die Wohnung von damals hinein. Du bist im Eingangsbereich. Wie riecht es hier? Versuche dich ganz genau an alles zu erinnern und nimm alles von damals mit allen Sinnen wahr. Roch es angenehm oder modrig, frisch oder komisch?

- Bleibe immer für einen Moment in einem der Räume und gehe tiefer und tiefer in deine Erinnerungen hinein. Beschreibe fortlaufend, was du siehst, welches Gefühl dich dabei begleitet, ob du etwas riechen kannst, oder was du sonst alles noch wahrnehmen kannst. Immer so, als ob du mir das Haus von damals als Freundin mit allen Details beschreiben würdest.

- Weiter geht es in die Küche: Schaue dich um - was siehst du? Wie sieht die Küche aus? Ist diese groß oder eher klein? Kann man hier in der Küche auch sitzen und essen oder ist hier ausschließlich gekocht worden? Stehen Töpfe auf dem Herd und wenn ja, was ist drin?

- Tu so, also ob du zum Herd gehst und nun voller Freude in die Töpfe gucken kannst. Nimm dir gedanklich einen Löffel aus der Schublade und probiere, was gekocht wird. Kannst du wahrnehmen, was gekocht wird, und kannst du es auch riechen?

- Ist es dein Lieblingsgericht, was hier gerade gekocht wird? Oder ist es etwas, was du als Kind überhaupt nicht essen mochtest? Was kannst du noch alles sehen und wahrnehmen? Schaue dich genau im Raum um. Bist du alleine im Haus, oder kannst du noch andere Personen sehen oder hören, die vielleicht immer noch dort wohnen?

- Gehe danach ins Wohnzimmer und schaue dich hier um. Schaue dir an, was alles herumsteht, oder welche Bilder an der Wand hängen.

- Gehe dabei ganz in dein Gefühl, das wird dir helfen, dich an all die Einzelheiten zu erinnern, und alles mit jedem Mal deutlicher wahrzunehmen, selbst dann, wenn du schon lange nicht mehr da warst oder das Haus heute völlig anders aussieht, als es damals als du Kind warst ausgesehen hast.

- Bleibe immer für einige Minuten und schaue dich in aller Ruhe um. Stelle dich vielleicht auch mal an das Fenster und schaue raus. Fühle, wie weit du in die Umgebung schauen kannst, oder in welchem Stockwerk du bist.

- Danach bedanke dich bei deiner Seele und deinen Hellsinnen für diese Übungsmöglichkeit, atme noch ein paarmal tief ein und aus und stelle dich dann wieder deinem Alltag.

Setzte dich bitte nicht unter Druck. Wenn etwas nicht gleich klappt, dann versuche es einfach morgen wieder. Mit Druck und Wollen auf Verstandesebene kommst du hier nicht weit. Alles kommt natürlich, das ist wichtig. Falls du an das Haus deiner Kindheit schlechte Erinnerungen hast, dann suche dir zum Üben ein Haus oder eine Wohnung, wo du dich als Kind wohl und sicher gefühlt hast. Diese Übung ist nicht dazu da, deine Kindheit aufzuräumen und dich durch jeglichen Schmerz gehen zu lassen. Diese Übung ist zum Training deiner Wahrnehmung gedacht. Der Wahrnehmung mittels aller deiner körperlichen Hellsinne. Dem Fühlen, Hören, Sehen, Riechen oder Schmecken.

Und zum Schluss, bedanke dich bitte immer bei deiner Seele sowie beim Universum für deren Hilfe, dich deutlich bei dem Herausfinden deiner Gaben unterstützt zu haben. Du hast keine Vorstellung, was ein »Danke« im Universum alles ausrichten kann. Diese ganz einfachen Übungen habe ich dazu benutzt, mit all deine körperlichen Hellsinnen gleichzeitig zu üben. So wie diese auch im normalen Leben funktionieren. Die Abläufe des Fühlens, Hörens und Sehens laufen im Alltag gleichzeitig ab.

Ich hoffe sehr, diese kleine Übung hat dir gezeigt, dass alleine über deine Erinnerung und das Nutzen deiner Vorstellungskraft deine Hellsinne ganz wunderbar arbeiten. Jetzt gilt es einzig und alleine zu unterscheiden, ob du die Bilder, das Gehörte oder Gefühlte aus der geistigen Welt und von deiner Lieblingsseele, von deiner Seele oder von deinem Verstand erhältst. »Tricky«, aber machbar.

10.4

Übung Energie deiner Verstorbenen

Nachdem wir uns jetzt erst einmal um dich und um deine Seele gekümmert haben, beginnen wir nun endlich mit deinen geliebten Verstorbenen zu üben. Ganz kurz noch einmal zur Erinnerung: Sei nicht traurig und frustriert, wenn du nicht gleich sofort deine geliebte, verstorbene Person wahrnehmen kannst. Unser Verstand behindert dann diese Kommunikation. Sei zuversichtlich, dass auch du diese Möglichkeit hast. Einzig, dass du es immer wieder und weiter versuchst, ist jetzt wichtig. Irgendwann wirst du erkennen bzw. dein Verstand einsehen, dass mit Druck und einem Muss kein jenseitiger Kontakt zustande kommen kann. Wir sind es, die sich dabei selbst im Weg stehen. Deshalb öffne dich für den Gedanken dafür, dass auch du jederzeit Kontakt zu deinen Verstorbenen hast. Lasse alles ganz natürlich fließen, ohne Druck, und tue einfach so, als ob dieser Kontakt zum Jenseits etwas ganz Normales für dich ist. Gib nicht auf und bleibe dran. Es kann dauern, bis das Ego unseres Verstandes für diese Wahrnehmung Platz macht. Aber das Ergebnis, wenn es so weit ist, wird dich tief in deinem Herzen berühren und dich sowie deine Lieben auf das nächste Bewusstseins-Level heben. Lass uns deinen jenseitigen Kontakt voller Liebe zusammen probieren:

- Suche dir bitte wieder deinen Platz, auf dem du dich ganz entspannt und voller Liebe auf die Zusammenarbeit mit der geistigen Welt und deinen Verstorbenen ausrichten kannst.

Schließe bitte deine Augen und gib dich in die Ruhe - und wenn du einen Moment in dieser Ruhe gesessen hast, beginne ein paar Mal tief ein- und auszuatmen.

- Atme weiterhin ruhig, lasse deinen Atem in deinen normalen Rhythmus fließen und spüre, dass du langsam auch innerlich zur Ruhe kommst.

- Beginne wieder, mit deiner kleinen, knuffigen, hell leuchtenden goldenen Wolke, vor deinem Herzen zu arbeiten. Schaue sie dir an und freue dich, dass du diese so deutlich wahrnehmen kannst. Mache diese mit jedem Atemzug in deiner Vorstellungskraft größer und heller. Solange, bis du völlig eingehüllt in deiner wunderbaren Seelenwolke, in diesem geborgenen Gefühl der Seele sitzt. Lasse dir Zeit, alles geschieht in deiner Geschwindigkeit.

- Wenn du nun in deiner leuchtend hellen, güldenen Wolke vollständig eingehüllt sitzt, dann mache diese jetzt noch ein ganzes Stück größer, sodass diese weit über deinen physischen Körper hinaus, bis an die Wände deines Raumes wahrnehmbar ist. Super, das machst du ganz wundervoll. Gehe jetzt bitte kurz ganz in dein Gefühl und erlaube dir fühlend, alles wahrzunehmen, was kommt. Kommen Gedanken, erlaube ihnen da zu sein, auch wenn sie zu Beginn meist hinderlich sind und dich daran erinnern, deine Wäsche noch aufhängen oder die Spülmaschine noch anstellen zu müssen. Ganz egal, nimm alles an, was ist. Alles darf sein! Darüber kann jeder Gedanke einfach an dir, ohne Bewertung, vorbeiziehen.

- Achte bitte immer wieder auf deine Atmung. Diese hilft dir deine Ausrichtung, weg von deinen Gedanken, hin auf deine Wahrnehmung zu lenken.

- Lasse bitte deine Gefühle fließen und sprechen. Nimm deinen Körper und ebenfalls dessen Wahrnehmung wahr. Spüre und fühle einfach. Überlege bitte nicht, was du spürst, oder was es bedeutet. Sei einfach, und lasse alles fließen, nur darum geht es im Moment.

- Du sitzt nun erneut in deiner wundervollen Seelenenergie. Spüre bitte kurz in diese Energiedichte hinein. Wo auf deinem Körper kannst du deine Seele bzw. deine Seelenenergie spüren? Wie fühlt sich die Energie deiner Seele auf deiner Haut an? Überprüfe dies bitte jedes Mal, damit du deutlich deine Energie von denen der geistigen Welt unterscheiden lernst. Das macht es so viel einfacher.

- Im nächsten Schritt richte bitte deinen Fokus auf die geistige Welt aus. Bitte nun aus deiner vollen Liebe heraus, dass die Person, die du so sehr vermisst, aus dem Jenseits zu dir kommen soll. Ganz dicht, so dass du diese so gut wie möglich für dich wahrnehmen kannst.

- Achte darauf, wo du diese auf deinem Körper wahrnehmen kannst. Bei mir kommen alle Verstorbenen von hinten zu mir, um dann näher an, mich heranzutreten. Wie ist es bei dir? Wo auf deinem Körper kannst du deine Lieblingsseele wahrnehmen?

- Vielleicht spürst du dazu ein Art »Kribbeln«, einen minimalen Druck, einen Windhauch, gefühlte Wärme oder Kälte, so etwas wie ein Streicheln oder sonst irgendwas an einer bestimmten Stelle deines Körpers.

- Selbst, wenn du jetzt gar nichts spüren kannst, weil dein Verstand versucht zu verstehen, was du gerade tust, dann wisse, deine geliebte Person ist dennoch da. Dieses Wissen darum, dass sie wirklich da ist, wird dir helfen, immer weiter und weiterzumachen.

- Verzage nicht und mache weiter, selbst wenn du es nur weißt und noch nichts spürst. Ich verspreche dir, wenn der Zeitpunkt gekommen ist, und du das erste Mal körperlich deine Lieblingsseele spürst, wirst du völlig aus dem Häuschen sein. Deine Tränen werden fließen. Du wirst vom Spüren dieser Liebe überwältigt sein und nicht mehr wissen, wo du dich noch hintun sollst. Diese überwältigende Anbindung, die du dann fühlst, lässt sich nicht mit Worten beschreiben. Nur darum geht es. Immer und jederzeit in Liebe mit deinen Verstorbenen verbunden zu sein und das deutlich für dich zu erfahren.

- Zum Ende dieser Übung bitte deine Lieblingsperson noch einmal ganz dich an dich heranzutreten und danach deutlich für dich zurückzugehen. Bitte sie ein paarmal hin- und herzulaufen, damit du für dich die Energieunterschiede leichter wahrnehmen kannst.

- Zum Schluss bedanke dich bitte bei deiner Lieblingsseele, dass diese auf deinen Wunsch gekommen ist, und dir mit ihrer Energie und ihrer Liebe ermöglicht hat, sie deutlich für dich wahrzunehmen und deinem Verstand besser unterscheiden zu lernen.

- Stelle dir vor, du nimmst sie gefühlt in den Arm und gibst ihr zum Schluss einen Kuss. Erlebe ganz bewusst, wie deine Lieblingsseele wieder zurücktritt. Dahin, wo sie für dich immer erreichbar und einzig nur einen Gedanken von dir entfernt ist.

- Bleibe bitte noch einen kurzen Moment in dieser Energie und komme dann wieder in deinen Alltag zurück.

- So, jetzt kannst du dich um deine Wäsche oder sonst was kümmern. Jetzt hast du dafür Zeit.

Wenn du diese Übung irgendwann in Perfektion anwenden kannst, dann wirst du deine Lieblingsseele über dieses körperliche Gefühl, mit dieser tiefen Liebe und Verbundenheit, immer und überall wahrnehmen können.

Und, was meinst du? Alleine für die Aussicht auf diese Umarmung und die dauerhafte Wahrnehmung deiner Verstorbenen lohnt es sich vielleicht, dass du dich jeden Tag mit den Energien aus der geistigen Welt auseinandersetzt.

10.5
Übung Psychometrie

Auf zur nächsten wundervollen Übung mit deinen geliebten Verstorbenen. Suche dir jetzt bitte einen Gegenstand, der deiner geliebten Person gehört hat, und den du bei dieser Übung in der Hand halten kannst.

Teppiche, Möbel, Blumen oder große Hinterlassenschaften sind dafür eher ungeeignet. Ringe, Uhren, kleine Gegenstände oder selbst Bilder deiner geliebten Seele sind hingegen hierfür hervorragend geeignet.

Meines Opas Uhr oder ein Schmuckstück meiner Tante, die beide viele Jahre getragen haben, und die ich nach ihrem Tod für mich als Andenken bekommen habe, helfen mir bei dieser Übung besonders gut. Wir benötigen dafür einen Gegenstand, der z.B. als Erinnerungsstück einen direkten Bezug zu deiner geliebten Person hat.

Noch besser sind Gegenstände, die sie selbst getragen hat. Hast du einen schönen kleinen Gegenstand für dich gefunden? Wunderbar, dann kann es ja jetzt mit dem Üben losgehen. Wie immer ist der Beginn all meiner Übungen gleich.

- Setze dich bitte auf deinen Platz und sorge für Ruhe und Stille. Beginne bitte, mit deiner Atmung deinen Fokus nach innen zu legen, und baue deine wundervolle Seelenwolke auf. Den Gegenstand hältst du dabei fest in der Hand.

- Du brauchst jetzt nichts Besonderes tun, außer dich erst einmal nur mit dir und deiner Seelenwolke zu beschäftigen. Diese wird dir helfen, ganz bei dir zu sein. Kannst du dich schon in deiner wundervollen, hell leuchtenden Seelenwolke, die deinen Körper umhüllt und weit über diesen hinausgeht, wahrnehmen?

- Lege voller Liebe und Dankbarkeit nun deinen Fokus, in deiner wundervollen Seelenwolke sitzend, direkt auf den Gegenstand, den du von deiner Lieblingsseele in der Hand hältst.

- Erlaube dir, alles wahrzunehmen. Gehe jetzt ganz in dein Gefühl und lasse alle Gefühle zu.

- Kannst du ein Pulsieren des Gegenstandes in deiner Hand fühlen? Das ist ebenfalls ein Zeichen der Energie deiner Lieblingsseele. Halte bitte deinen Fokus gleichzeitig auf diesen Gegenstand und auf deine verstorbene Person, und deine Lieblingsseele wird sofort bei dir sein.

- Achte neben dem Gefühl in deiner Hand, was dich direkt mit deiner verstorbenen Person verbindet, bitte ebenfalls auf dein Körpergefühl, mit dem du sonst die Anwesenheit deiner Lieblingsseele wahrnehmen kannst. Wie fühlt sich das an? Was fühlst du wie und wo?

- Über das Anfassen des Gegenstandes, der deiner geliebten Person gehört hat, hast du so etwas wie einen »VIP«-Zugang zu ihr. Die Energie dieser Lieblingsseele ist direkt mit diesem Gegenstand verankert und wird sich hierauf auch nicht auflösen.

- Diese Übung wird es dir erleichtern, deutlicher die Energiezusammenhänge zu verstehen. Vielleicht bekommst du jetzt sogar Hinweise von deiner Lieblingsseele, die du deutlicher für dich wahrnehmen und verstehen kannst.

- Wenn du jetzt eine Frage an deine Lieblingsperson hast, stelle sie. Mache es aber nicht so kompliziert und überlege dir die Frage vorher, bevor aus der Frage ein halber Roman wird.

- Vergiss bitte Fragen wie: »Wieso bist du gestorben«? Die Antwort darauf ist, dass die Seele deiner geliebten Person, genau das vorher mit dir ausgemacht hat. Stelle bitte eine Frage, die dir deine Lieblingsseele mit einem Symbol oder einer Symbolik deutlich beantworten kann. Es geht schließlich darum, eure Zusammenarbeit zu verbessern. Stelle dir nach dem Stellen deiner Frage bitte eine weiße Wand vor und sieh, welches Symbol oder Wort für dich dort auftaucht.

- Bitte ganz entspannt ohne Panik, dann kommen die Antworten leichter und einfacher, weil du den Fluss mit deinen Gedanken nicht behinderst. Sei sicher, du wirst immer eine Antwort bekommen. Ob die Antwort allerdings dem entspricht, was sich dein Verstand darunter vorstellt, das ist die Frage, die du dir dann stellen darfst.

- Bedanke dich für alles, was du wahrnimmst und noch mehr für das, was du noch wahrnehmen kannst. Warum? Weil alles immer da ist – egal ob du es schon wahrnehmen kannst oder nicht.

- Deine Lieblingsseele wird immer dastehen und versuchen, dir die Antworten zu übermitteln, selbst dann, wenn du in eine dicke Gedankennebelwand eingehüllt bist und nix verstehst. Du erhältst immer eine Antwort. Deshalb: Nicht verzagen, sondern immer weiter üben.

- Zum altbewährten Schluss bedanke dich bitte bei deiner Lieblingsseele, dass diese auf deinen Wunsch gekommen ist und dir mit ihrer Energie und ihrer Liebe ermöglicht hat, sie deutlicher für dich wahrnehmen und deinem Verstand unterscheiden zu dürfen.

- Stelle dir wieder vor, du nimmst sie gefühlt in den Arm und gibst ihr zum Schluss einen Kuss. Erlebe dann ganz bewusst, wie deine Lieblingsseele wieder ins Jenseits tritt, dahin, wo sie für dich immer erreichbar ist und nur einen Gedanken von dir entfernt ist.

- Bleibe bitte dann noch einen kurzen Moment in deiner Energie und komme dann wieder in deinen Alltag zurück.

So. Jetzt kannst du deinen Gegenstand wieder ablegen und dich freuen, dass du auch hierüber den Kontakt zu deiner Lieblingsseele aufbauen kannst. Super gemacht! Und wisse, es geht vielleicht noch nicht darum, wie wundervoll deine Ergebnisse aussehen, oder was oder wie viel du schon wahrgenommen hast. Es geht einzig und alleine darum, dass du für dich Zeit mit dem Jenseitigen verbringst und darüber eure Zusammenarbeit stärkst. Wenn diese Zusammenarbeit so sein soll, dass du deine Verstorbenen wie lebend überall wahrnehmen kannst, dann ist das ein langer Prozess, der vor dir liegt. Aber, es geht! Also weitermachen, gut gemacht.

10.6

Übung Geheimnisse

Bist du bereit, dich einer neuen Herausforderung zu stellen, und mal etwas ganz anders zu versuchen, um mit deiner Lieblingsseele im Kontakt zu stehen und deren Antworten möglicherweise noch einfacher für dich verstehen zu können? Dann los!

Bevor wir etwas Neues probieren, bitte zuerst einmal deine Lieblingsseele, dir jetzt schon, vor diesem Training um Ihre Hilfe. Diese soll dir etwas sie Betreffendes, z.B. in Form eines Gedankens, eines hellsichtigen Bildes, eines Wortes oder einer Information geben, das du bisher nicht wusstest, aber verständlich für dich herausfinden kannst. Vertraue bitte darauf, dass du sofort eine Antwort auf deine Frage erhältst.

Solche Übungen werden helfen dir für dich besser zu verstehen, dass dein gewünschter Seelenkontakt stattgefunden hat.

- Auf zu deinem »super« Platz. Handy etc., alles abgestellt. Vor Freude auf alles, was sich jetzt zeigt, in die Hände geklatscht und rufend: »Ich bin bereit für euch, liebe geistige Welt, und vor allem für dich, meine Lieblingsseele. Voller Freude und Liebe richte ich mich auf euch, und alles, was wir zusammen erreichen können, aus«.

- Vergiss nicht: Diese Zusammenarbeit soll Freude machen und dir darüber die Leichtigkeit schenken, die du dachtest, verloren zu haben.

- Beginne wieder mit Augenschließen und deinem tiefen Atmen, wie gehabt. Kannst du mittlerweile schon wahrnehmen, dass die Zusammenarbeit gut funktioniert, je mehr du auf deinem neuen Kraftplatz sitzt? Wenn nicht, kommt noch.

- Beginne wieder mit dem Visualisieren deiner Seelenenergie, und öffne dich für diese, immer größer, güldener und heller werdende Wolke.

- Wenn du völlig darin eingehüllt bist, dich ein wenig mit deiner Energie beschäftigt und diese immer an der gleichen Stelle deines Körpers deutlich gefühlt hast, dann bitte nun darum, dass deine Lieblingsseele ganz dicht zu dir kommen möge.

- Schwups, wird diese sofort an deiner Seite sein. Fühle, wo du diese wahrnehmen kannst. Bitte sie jetzt, näher und näherzukommen. Und? Hat sich die Energie auf deinem Körper verändert? Fühlen, nicht denken.

- Gehe jetzt über zum nächsten Schritt: stelle dir vor, du kannst einen großen, schönen, leeren Holztisch vor dir sehen. Du siehst nur diesen Tisch, nicht das Zimmer oder alles um den Tisch herum. Nur den Tisch.

- Und? Siehst du ihn? Schön sieht er aus, findest du nicht?

- Bitte nun deine geliebte verstorbene Person, einen Gegenstand als Hinweis für dich auf den Tisch zu legen.

- Deine Verstorbenen werden dir etwas auf den Tisch legen, was du bisher noch nicht kanntest. Es kann ein Gegenstand sein, den es irgendwo noch gibt, den du aber nicht kennst. Alles, was sie zeigen, kannst du im Nachgang einfach herausfinden.

- Bitte um ein schönes Geheimnis, was sie mit dir zu Lebzeiten nicht geteilt haben. Jeder hat Geheimnisse, bzw. nicht jede Kleinigkeit aus dem Leben wurde geteilt, vielleicht, weil sie als nicht wichtig erachtet wurden. Bitte bewerte keine Aussage, sondern freue dich über alles Gezeigte. Es kann z.B. ein Geheimnis sein, dass noch irgendwo ein Buch mit einem handgeschriebenen Zettel und kleinen Notizen herumfliegt, von denen du bisher nichts gewusst hast.

- Versuche dir bitte auch nichts auf dem Tisch herbei zudenken, sondern lasse alles ganz natürlich erscheinen. Schaue dir genau an, was es ist, und lasse dir von deiner Lieblingsseele weitere Hinweise dazu geben.

- Achte auf das, was dir mental übermittelt wird. Der erste Gedanke, der in dir auftaucht, gehört zu deren Antwort. Lasse dir insoweit helfen, als du verstehst, wo du suchen oder herausfinden darfst, was das Gezeigte bedeutetet, um im Nachgang alles für dich recherchieren zu können.

- Zugegeben, die Aufgabe ist nicht die leichteste, weil es jetzt wirklich darum geht, voll in das zu vertrauen zu gehen. Nur darüber kannst du für dich herausfinden, dass alles, was sie dir geben und zeigen, wirklich real ist. Die große Herausforderung wird sein, nicht seinen eigenen Verstand hier mitmischen zu lassen.

- Falls es nicht gleich klappt, verwirf nicht alles, sondern schreibe auf, was du bekommen hast. Bestimmt lässt sich das Gesehene und Erhaltene irgendwann später aufklären.

- Lasse dir bitte auch immer nur eine Sache oder Gegenstand zeigen. Sonst machst du diese Übung komplizierter, als sie ist. Vertraue darauf, dass du immer die richtige Antwort auf deine Frage von deiner geliebten Person bekommst.

- Zum Schluss bedanke dich bitte bei deiner Lieblingsseele, dass diese auf deinen Wunsch gekommen ist, und dir mit ihrer Energie und ihrer Liebe ermöglicht hat, ihr Dasein deutlicher für dich wahrnehmen und deinem Verstand unterscheiden zu dürfen. Vergiss nicht, dir vorzustellen, wie du sie gefühlt in deine Arme nimmst und ihr zum Schluss einen dicken Kuss gibst. Ah, wie schön! Erlebe wieder ganz bewusst, wie deine Lieblingsseele abermals ins Jenseits tritt. Dahin, wo sie für dich immer erreichbar und nur einen Gedanken von dir entfernt ist. Bleibe bitte dann noch einen kurzen Moment in deiner Energie und komme dann wieder in deinen Alltag zurück.

Immer, wenn es nicht klappt, ist dein Verstand dabei, die Antworten auf das zu finden und das Gegebene zu enträtseln. Das hier lässt sich aber nicht mit dem Verstand verstehen, das alles lässt sich nur fühlen. Vielleicht solltest du dir grundsätzlich alle Übungs-Ergebnisse in einem kleinen Buch oder Heft notieren, damit du dich später an alles erinnern kannst, was dir gezeigt wurde.

Selbst dann, wenn du deine Fortschritte und Anfänge schon längst vergessen hast. Lasse alles zu deinem täglichen Ritual werden. Du wirst sehen, dass sich ruckzuck mehr und mehr in deiner Wahrnehmung verändern wird. Na, wie war diese abgefahrene Herausforderung? Hast du sie gemeistert? Schreibe auf, was du an Informationen hattest und wisse, alles, was du von deinen Verstorbenen bekommst, ist immer nachweisbar.

Es sind liebevolle Zeichen von ihnen, damit du zunehmend Sicherheit erlangst. Genau dann, wenn du nicht daran glaubst oder keinen Schimmer hast, was das dir gezeigt wurde. Believe! Gut gemacht!

10.7

Übung Verstorbene von Freunden

Zum Schluss dieser Übungs- bzw. Trainingsreihe sagt mir mein wundervolles geistiges Team gerade, dass du jetzt bereit dazu bist, dich einer weiteren neuen Aufgabe zu stellen. Ich bin sehr stolz auf dich, du hast dich den nicht immer einfachen Aufgaben bereits mit Bravour gestellt. Dem Üben und Trainieren mit deinen eigenen Verstorbenen. Eigentlich ist alles Universelle, unfassbar einfach, und weit weg von kompliziert. Wir sind und waren mit unseren Verstorbenen immer in Liebe verbunden. Jetzt dürfen wir ihre immer schon dagewesene feinstoffliche Energie als Dauerverbindung verstehen und fühlen lernen. Du bist auf einem guten Weg, deiner Seele immer näherzukommen.

Bevor ich dich jetzt bei deiner letzten Übung begleite, möchte ich dich bitten, dich gedanklich mit den Verstorbenen deiner noch lebenden Freunde, Familien oder Bekannten auseinanderzusetzen. Du brauchst nicht dort hinlaufen und fragen, ob du mit deren Verstorbenen üben darfst. Richte einfach deine Gedanken voller Liebe auf die Verstorbenen deiner Freunde oder Familie aus. Wichtig ist, dass du mit ihnen zu Lebzeiten schon gerne verbunden warst. Bitte diese nun in dieser Übung zu dir zu kommen. Aber halt, bitte nur einen Verstorbenen, nicht gleich alle! Die Verstorbenen der Anderen können dir dabei behilflich sein, noch deutlicher die Energieunterschiede zu dir und zu deiner Lieblingsseele wahrzunehmen sowie deren Botschaften einfacher zu erkennen, also dein »Rendezvous mit dem Jenseits«, mit Verstorbenen aus Familien und Freundeskreis. Natürlich ist es dir so auch möglich, den Personen in deinem Umfeld eine Botschaft ihrer Lieben zu überbringen.

Wichtig ist nur, dass die es auch wollen. Gib bitte keine ungefragten Jenseitskontakte, selbst dann nicht, wenn die Verstorbenen dich um das Ausrichten ihrer Botschaft bitten. Warte, bis die Person in deinem Umfeld so weit ist, dies für sich zu entscheiden.

Setzte dich bitte auch nicht unter Druck und erwarte keine Wunder, weder von dir, noch von der geistigen Welt. Denke bitte immer dran, wir üben und trainieren deine Wahrnehmung - so schnell ist noch keiner im Trainingsolymp angekommen.

Jeder beginnt im übertragenen Sinne im Kindergarten-Bereich und bewegt sich dann schrittweise zum Masterabschluss. Jeder in seiner Geschwindigkeit, um alle Talente und Gaben spielerisch für sich herauszufinden.

- Bereite dich bitte auf den Kontakt mit der geistigen Welt vor - wenn du so weit bist und deine Energie aufgebaut hast, dann bitte nun voller Liebe und Dankbarkeit jemand Verstorbenes deiner Bekannten, Freunde oder weitläufigen Familie aus der geistigen Welt, zum Üben zu dir zu kommen.

- Bitte diesen Verstorbenen ganz dicht zu dir zu kommen. Achte jetzt genau auf das, was du wie und wo fühlst und wahrnimmst. Wie unterscheidet sich diese Energie, dieser dir nicht so geläufigen Verstorbenen deutlich von der Energie deiner geliebten jenseitigen Person, mit der du sonst bisher gearbeitet hast? Fühle und achte auf jede Kleinigkeit.

- Bitte diese verstorbene Person noch näher zu dir zu treten. Was fühlst du? Kannst du deren Energie jetzt noch deutlicher und intensiver fühlen?

- Bitte nun darum, dass dir dieser Verstorbene ein Symbol, Zeichen oder Wort schenkt, welches du als Beweis dafür, dass diese Seele dir war, verstehen kannst. Vielleicht ist es dir sogar möglich, dieses Zeichen über deine Freunde und Bekannte zu ermitteln. Es wäre ebenfalls eine Chance für sie zu verstehen, dass dieser Kontakt wahrhaftig stattfand, und nicht deinem Wunschtraum entsprungen ist. Vertraue auf alles, was du an Informationen bekommst.

- Wenn du etwas als Beweis für die Anwesenheit der Seele erhalten hast, dann bedanke dich von ganzem Herzen für die Möglichkeit, auch mit ihnen üben zu dürfen. Bedanke dich für alles, was du wahrgenommen und erlebt hast.

- Spüre nun, wie auch diese Seele bewusst zurück in die geistige Welt geht.

- Bleibe bitte im Anschluss voller Dankbarkeit noch einen Moment in dieser Energie und genieße, den revolutionären Durchbruch, den du gerade für dich zugelassen hast. Vergiss nicht, dir im Nachgang jede Kleinigkeit aufzuschreiben. Du wirst sehen, dass es dir sehr helfen kann.

Ich bin sehr stolz auf dich und auf alles, was du bis jetzt schon bereit warst, zuzulassen. MEGA Mache bitte weiter so und bleibe dran. Der Rest kommt - auch wenn es dauern kann. Besser du akzeptierst das jetzt schon, das wird dir helfen deine Erwartungshaltungen an dich herunterzuschrauben.

Ach, eins noch: Gesetzt den Fall, deine Freunde und Bekannte wollen an deinen neuen Fähigkeiten teilhaben, traue dich! Selbst, wenn diese ggf. voller Skepsis auf deine Informationen von deren Verstorbenen reagieren, scheue dich nicht, deine Erfahrungen mit ihnen zu teilen. Selbst auf die Gefahr hin, dass sie dich kopfschüttelnd missachten. Das gehört dazu, und darf auch so sein. Bedenke, jeder Mensch hat ein anderes Bewusstsein. Mit deiner Zusammenarbeit mit der geistigen Welt gibst du ihnen die Chance, einen neuen Bewusstseinsschritt zu erlangen. Aber nur, wenn sie dies auch wollen und zulassen - das ist deren Part.

Oft wollen oder können Menschen das Unsichtbare nicht verstehen. Auch wirst du vielleicht erleben, dass das, was du meinst so glasklar wahrgenommen zu haben, schlichtweg deinem Verstand, aber nicht der geistigen Welt entsprungen ist. Im Nachgang klären sich Zeichen, Hinweise oder Informationen teilweise erst viel später auf. Dann, wenn die Hinterbliebenen ebenfalls bereit sind, um die Ecke zu denken und mehr zuzulassen, wie das, was sie bisher selbst wussten.

Vertraue, dass du immer eine Antwort erhalten wirst. Selbst dann, wenn die Antwort nur dazu dient, deinen Verstand schlicht vom Jenseits unterscheiden zu lernen.

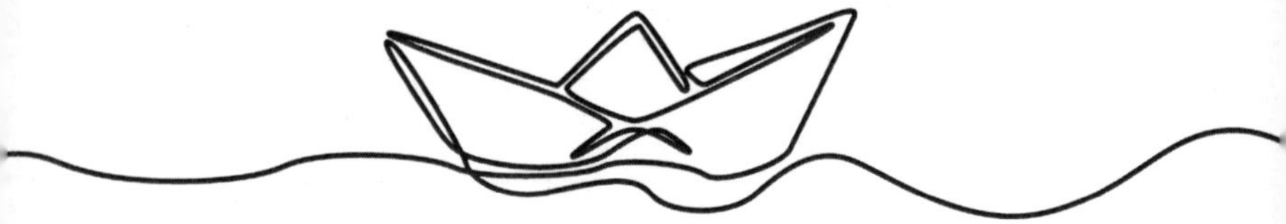

11 SCHLUSSWORT

Wir beide sind am Ende dieses Buches angekommen. Was waren deine Erfahrungen bis jetzt? Wie kommst du mit dem Verstehen des Unsichtbaren voran? Funktionierten die Übungen, oder hast du das Buch schon mehrfach in die Ecke gepfeffert, weil alles nicht so läuft, wie du es dir vorgestellt hast? Vielleicht bist du aber auch überrascht, was du alles schon konntest und du darüber erfahren hast? Wie auch immer, ich danke dir für dein Vertrauen und den Mut, mit deinen Jenseitigen zu üben. Mag sein, dass der Gedanke, dass dein geliebter Mensch jetzt physisch nicht mehr an deiner Seite ist, dich immer noch zutiefst schmerzt. Das ist ok, gib dir bitte alle Zeit, die du in deiner Trauer benötigst. Lasse deine Trauer und den Schmerz immer wieder bewusst zu. Wisse, dass auf der anderen Seite, im Jenseits, deine Lieblingsseele dicht bei dir ist, dich hält und in diesem für dich schweren Prozess stets unterstützt. Lerne zu akzeptieren, dass alles Feinstoffliche jetzt eure Realität ist. Eine Realität, in der ihr ebenfalls gemeinsam leben und alles erleben könnt. Ihr beide, deine Lieblingsseele und du, ihr habt etwas ganz Besonderes. Etwas Einzigartiges, dem du dir gerne täglich bewusst sein darfst: Eure LIEBE. Diese unendliche Liebe bleibt auf ewig bestehen und kann dir helfen, diese seelische Dauerverbindung zu verstehen.

Erlaube dir bitte jede Chance des Zusammenführens, sofern du bereit bist, den nächsten Schritt für dich zu gehen. Es ist deine bzw. eure gemeinsame Chance auf ein neues, einzigartiges, liebenswertes und gemeinsames Leben. Ein Leben, welches du dir vielleicht im Moment noch nicht vorstellen kannst, aber die Chance dafür ist gegeben. Öffne dich, erlaube dir eine neue Lebensform, die dir bisher unfassbar erschien. Täglich kannst du dich neu für das Verbinden des Dies- und Jenseits entscheiden. Ihr verbindet euch darüber miteinander und entscheidet über eure gemeinsam in die Zukunft. Du hast richtig gelesen: Eure gemeinsame Zukunft. Gemeinsam als Seelenpaar, denn nur durch eure Verbindung der unendlichen Liebe ist all das hier möglich. Was, wenn genau das deine Seelenaufgabe ist, deren Vollendung ihr gemeinsam erleben und erfahren dürft? Die besondere Seelenaufgabe, den Weg auf Ewigkeit gemeinsam zu gehen.

Zusammen als feinstoffliche Wesenheiten, die wir alle sind, den letzten Part deines Erdenlebens zu beschreiten, und diesen Part bewusst zusammenzugehen. Einen gemeinsamen dies- und jenseitigen Weg, verbunden in tiefer Liebe, den es jetzt neu für euch zu entdecken gilt. Euren Weg, den ihr ab jetzt zusammen geht, bis der Tag gekommen ist, an dem sich eure Seelen im Jenseits feinstofflich wieder fest in die Arme schließen werden. Der Tag, an dem du aus diesem physischen Körper gehen wirst.

Erlaube dir, den nächsten Schritt für dich spürbar und erfahrbar zu machen. Öffne dich dafür, dass deine Lieblingsseele immer feinstofflich an deiner Seite ist, und eure Kommunikation darüber ständig aufrechterhalten und verbessert wird. Als Team erarbeitet ihr euch gemeinsam neue Möglichkeiten der Zeichen, der mentalen Sprache und des Fühlens. Erlebe das größte Geschenk, was deine Lieblingsseele für dich bereithält. Lebe gemeinsam mit ihr. Tue jeden Tag so, als seid ihr ständig zusammen. Rede mit ihr, auch wenn dich und dein Verhalten andere Personen nicht verstehen. Beginne dein Leben so auszurichten, als ob du deine geliebten Verstorbenen überall wahrnimmst. Tue einfach so, nur darüber erhält dein Verstand irgendwann die Chance, dieser Form der mentalen Kommunikation und Zeichengebung als normal anzusehen. Dann hört das Verstandesgedankliche »Reingequatsche« in deine Wahrnehmung irgendwann auf. Öffne dich für all Eventualitäten. Öffne dich für die Vollkommenheit deiner Seele sowie deiner Möglichkeiten, und zwar ohne zu wissen und zu beurteilen, wie genau das alles für dich aussehen mag. Es gibt so viele Alternativen, deine geliebte verstorbene Person wahrzunehmen wie das, was ich dir hier aufzeigen kann. Gib dem Universum die Chance, das Beste für dich bereitzuhalten. Lass es einfach nur zu. Diese universelle Öffnung hilft euch ebenfalls, voller Liebe auch physisch an der Seite des anderen zu sein. Denke bitte immer daran, alles ist ein Prozess.

Ich freue mich sehr für dich, dass du solch eine tiefe Liebe zu Lebzeiten gelebt und erfahren hast. Was für ein besonderes Geschenk. Ihr habt euch für diesen gemeinsamen Weg der Liebe verschrieben. Weit vor diesem Leben habt ihr bereits diese Abmachung zusammengetroffen.

Jetzt geht es um die Vollendung eurer Liebe bis hin zur Unendlichkeit, eine bedingungslose Liebe, die wir als Menschen in der Form nicht wirklich kennen. Ihr beide dürft diese nun im Universellen erfahren. Diese Chance haben nicht viele Menschen hier auf dieser Erde und in diesem Leben. Damit seid ihr, bist du etwas ganz Besonderes. Also, sei mutig, voller Liebe und Freude. Jedes Mal, wenn du nicht an dich glaubst und an einer Übung verzweifelst, wird deine Lieblingsseele voller Liebe an deiner Seite sein und dir beim Durchhalten helfen. Sie glaubt ganz fest an dich.

Gerade auch dann, wenn du ganz weit weg vom Glauben an dich und deine Fähigkeiten sein wirst. Von jenseitiger Seite her werden sie alles geben, um dich täglich voller Liebe in deinen Erfahrungen zu unterstützen und dir bei deinem Bewusstseinsweg zur Seite zu stehen. Ab sofort wirst du wissen, dass wenn du ins Straucheln gerätst oder dein Vertrauen verlierst, deine Lieblingsseele das ist und sagen wird: »Ich liebe dich, und ich glaube an dich. Komm, wir probieren es noch einmal und üben alles zusammen. Wir üben so lange zusammen, bis es irgendwann funktioniert. Ich glaube fest an dich, du schaffst das. Wir schaffen das. Du weißt, wie sehr ich dich liebe. Unsere Liebe ist für die Ewigkeit«. Deine Lieblingsseele zeigt dir auf diesem Wege, wie unendlich stolz diese auf dich ist. Ihr rockt das gemeinsam. Stelle dir bitte als Symbolik für diesen Moment ein Herz vor, bei welchem beide Hälften zusammengelegt und darüber vereint werden können. Das ist ab jetzt euer Job. Vereint euer Herz. Deine Lieblingsseele wartet voller Freude und Liebe jetzt darauf, euren gemeinsamen, neuen Weg in Liebe weiterzugehen.

An dieser Stelle kann ich nur sagen: Gib alles, es lohnt sich! Danke für dein Vertrauen in meine Arbeit und mich. Alles Liebe für dich und euren gemeinsamen neuen Weg. Fühle dich umarmt und denke immer dran: Ich bzw. wir glauben an dich, denn wir wissen, was alles in dir steckt.

In Liebe deine SUSAN

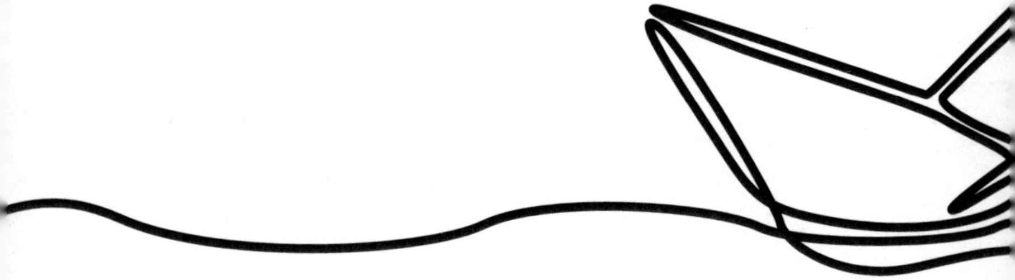

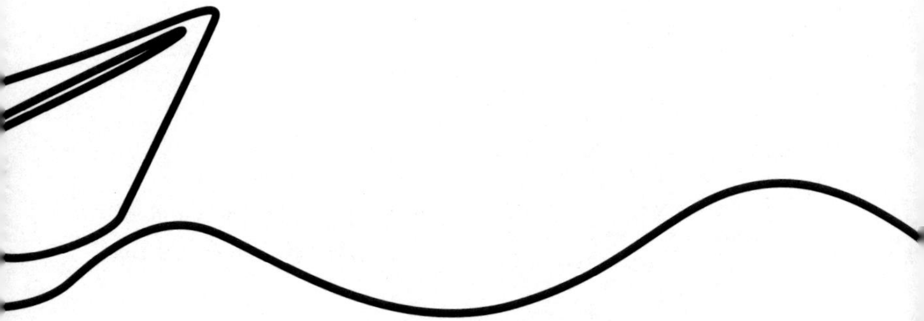

Weitere Übungen gibt es in den zusätzlichen Hörbüchern von Susan Froitzheim

Dein Rendezvous mit dem Jenseits
Übungen & Techniken zum Buch
„Das 1x1 der Unsterblichkeit“

Schutzengel
Übungen & Techniken zum Buch
„Das 1x1 der Engelkommunikation“

Jenseitskontakte
Übungen & Techniken zum Buch
„Das große 1x1 der Jenseitskontakte“

DIR HAT DAS BUCH GEFALLEN?

Vielen Dank, dass du mein Buch gelesen hast. Ich hoffe sehr, dass ich dir etwas mitgeben und dich unterstützen konnte. Wenn es dir gefallen hat, würde ich mich sehr freuen, wenn du ihm bei dem Online-Shop eine Bewertung gibst, bei dem du es bestellt hast. Oder du schreibst bei einem deiner Lieblings-Buchportale eine Rezension.

Deine Meinung zu meinem Buch ist mir sehr wichtig und eine kleine Anerkennung für meine Arbeit. Außerdem hilft es mir, neue Leser für meine Bücher zu finden.

Vielen Dank für deine Unterstützung!

Das 1x1 der Engelkommunikation

Sachbuch – Medium Susan Froitzheim
ISBN: 978-3986600808

www.kampenwand-verlag.de